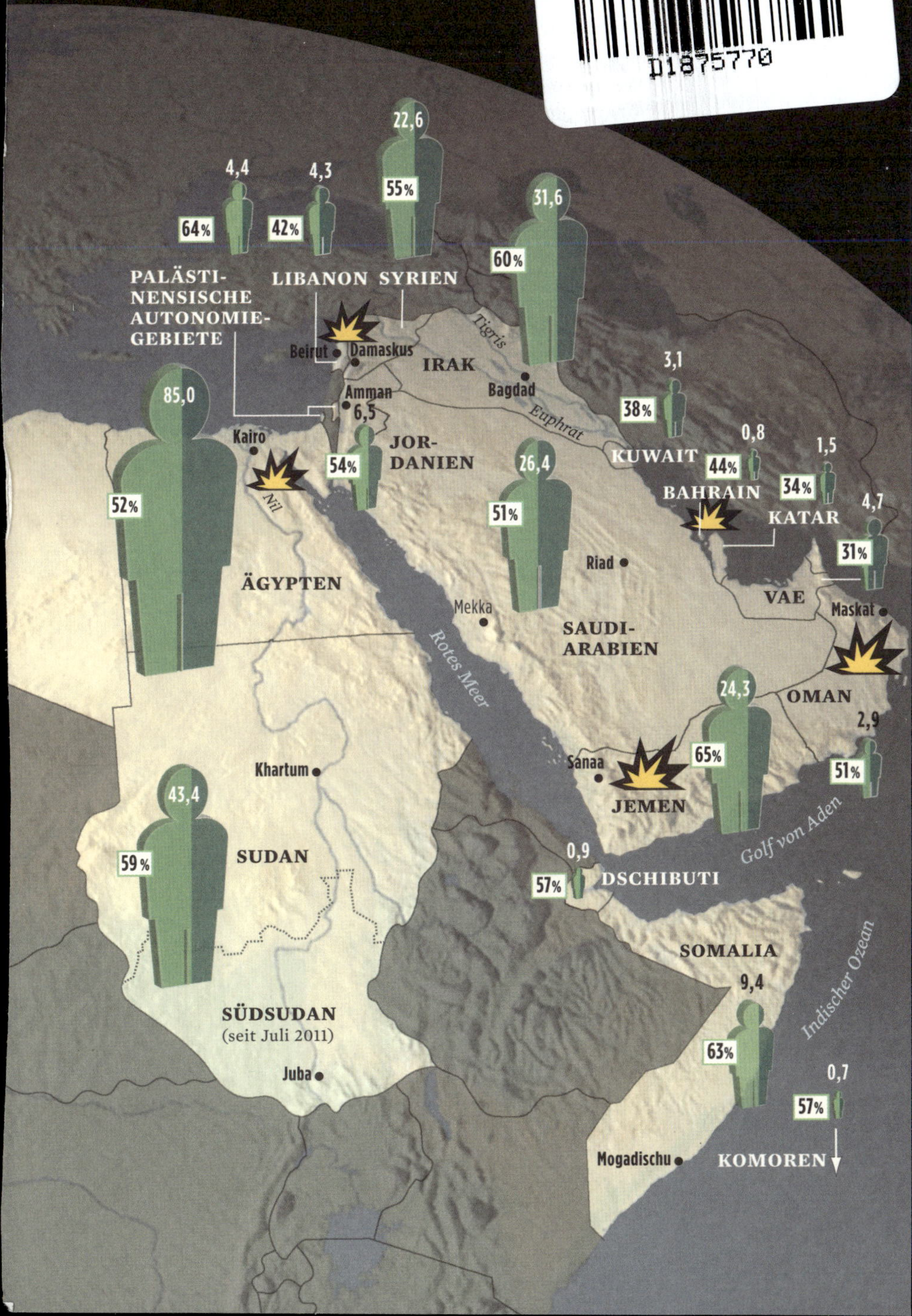
22,6
55%
4,4
64%
4,3
42%
31,6
60%
PALÄSTI-
NENSISCHE
AUTONOMIE-
GEBIETE
LIBANON
SYRIEN
Tigris
Beirut
Damaskus
IRAK
Bagdad
Amman
6,5
85,0
3,1
38%
Euphrat
Kairo
JOR-
DANIEN
54%
26,4
51%
KUWAIT
0,8
44%
1,5
34%
52%
Nil
BAHRAIN
KATAR
4,7
31%
Riad
ÄGYPTEN
VAE
Mekka
Maskat
Rotes Meer
SAUDI-
ARABIEN
24,3
OMAN
2,9
65%
51%
Khartum
Sanaa
43,4
JEMEN
Golf von Aden
59%
SUDAN
0,9
57%
DSCHIBUTI
SOMALIA
Indischer Ozean
9,4
SÜDSUDAN
(seit Juli 2011)
63%
Juba
0,7
57%
Mogadischu
KOMOREN

Die neue arabische Welt

von Beate zum 27.9.14

Annette Großbongardt und Norbert F. Pötzl (Hg.)

Die neue arabische Welt

Geschichte und politischer Aufbruch

Dieter Bednarz, Erich Follath, Anne-Sophie Fröhlich, Christoph Gunkel, Lutz Jäkel, Alexander Jung, Uwe Klußmann, Juliane von Mittelstaedt, Joachim Mohr, Yassin Musharbash, Angelika Neuwirth, Volker Perthes, Dietmar Pieper, Johannes Saltzwedel, Eva-Maria Schnurr, Tom Segev, Stefan Simons, Alexander Smoltczyk, Michael Sontheimer, Daniel Steinvorth, Claudia Stodte, Rainer Traub, Volkhard Windfuhr, Bernhard Zand, Helene Zuber

Deutsche Verlags-Anstalt

Die Texte dieses Buches sind erstmals im Heft
»Arabien. Kalifen, Kriege und der Kampf um Freiheit«
aus der Reihe SPIEGEL GESCHICHTE (Nr. 3/2011) erschienen
und wurden für die Buchausgabe aktualisiert.

FSC
www.fsc.org
MIX
Papier aus verantwortungsvollen Quellen
FSC® C014496

Das für dieses Buch verwendete FSC®-zertifizierte Papier
Munken Premium Cream liefert Arctic Paper Munkedals AB, Schweden.

1. Auflage

Typografie und Satz: DVA/Brigitte Müller
Gesetzt aus der Swift
Druck und Bindung: GGP Media GmbH, Pößneck
Printed in Germany
ISBN 978-3-421-04543-0

www.dva.de

Inhalt

ANHANG

VORWORT

Als sich im Frühjahr in Tunesien, Ägypten, Libyen, Syrien und im Jemen die lang aufgestaute Wut über Regierungsversagen und mangelnde Demokratie in Volksaufständen entlud, da leuchtete plötzlich das Bild einer neuen arabischen Welt am Horizont.

So lange präsentierten sich Arabien im Stillstand wie in einer versiegelten Zeit, so lange schienen die autokratischen Regime unangreifbar trotz eklatanter Missstände und Menschenrechtsverletzungen. Nun, endlich, gingen die Bürger auf die Straße und forderten Freiheit, bürgerliche Rechte und ihren Anteil am Wohlstand, in Ägypten und Tunesien verjagte die Protestbewegung sogar ihre korrupten Herrscher. Die Druckwelle des Wandels breitete sich fast über die ganze Region aus, die von Mauretanien in Westafrika bis in den Oman im Südosten der Arabischen Halbinsel reicht und von Syrien bis in den Sudan.

Arabien kämpft um seine Zukunft. So vieles liegt im Argen: Bei Fortschritt und Entwicklung hinken die Länder der Arabischen Liga mit rund 360 Millionen Einwohnern den anderen Teilen der Welt weit hinterher. Alle 22 arabischen Staaten zusammen schaffen noch nicht einmal das Bruttoinlandsprodukt eines einzelnen europäischen Landes, das von Italien – trotz ihres opulenten Ölreichtums. Rund ein Fünftel der Araber sind Analphabeten, Armut und Arbeitslosigkeit plagen breite Bevölkerungsschichten.

Wie wurde die arabische Welt zu dem, was sie heute ist? Wie kam es dazu, dass das arabisch-islamische Weltimperium, das einst auch Europa mit seinem Wissen und seiner Kultur befruchtete, derart ins Hintertreffen geriet und zurückfiel? Was ist die Geschichte der arabischen Welt? Dieses Buch schaut zurück in die bewegten Epochen dieser besonderen, fast 3000-jährigen historischen Entwicklung.

Die Geschichte beginnt, lange vor Christi Geburt, im Süden der Arabischen Halbinsel, als dort schon blühende Reiche herrschten und Kamelkarawanen entlang der berühmten Weihrauchstraße die Luxusgüter des Orients ins römische Imperium transportierten. Einem Triumphzug gleich einte der Prophet Mohammed die Araber unter dem Banner des Islam. Ihre Herrschaft erstreckte sich von Spanien bis Pakistan, doch das islamische Imperium scheiterte an Überdehnung und Glaubenskämpfen.

Über Jahrhunderte wurden die Araber nach dem Verfall ihrer Macht dann von fremden Regimen regiert: zunächst von osmanischen Sultanen, dann von christlichen Kolonialherren. Vor allem Briten und Franzosen teilten die arabische Welt unter sich auf; nach dem Ersten Weltkrieg entstand ein Naher Osten am Reißbrett des Westens.

Zwar gelang den arabischen Ländern nach 1945, manchen auch davor, der Sprung in die Unabhängigkeit, doch sie verpassten trotz einiger freiheitlicher Aufbruchbewegungen die Chancen des Neuanfangs. Autoritäre Regime entstanden mit Herrschern, die sich mittels Korruption und brutaler Unterdrückung jahrzehntelang an der Macht hielten. In diesem Buch werden Charismatiker wie der Ägypter Gamal Abd al-Nasser beschrieben, der vom Idol zum Diktator mutierte, Exzentriker wie Muammar al-Gaddafi, aber auch das ausgeklügelte Herrschaftssystem der strenggläubigen saudischen Königsdynastie. Das heikle Verhältnis zwischen Israel und seinen arabischen Nachbarn beleuchtet der israelische Historiker Tom Segev.

SPIEGEL-Korrespondenten haben Ägypten, Marokko und die Golfstaaten bereist und beschreiben in ihren Reportagen vor dem Hintergrund der Landesgeschichte den Widerstreit von Aufbruch und Stagnation. Alexander Smoltczyk schaute hinter die faszinierende Glitzerwelt von Dubai und Abu Dhabi. Juliane von Mittelstaedt hat im Oman den Realitätsgehalt des Märchens vom guten Sultan untersucht. In Marokko traf Helene Zuber viele junge Aktivisten, die ihrem Monarchen zwar Reformen abringen wollen, aber keineswegs seinen Sturz fordern. Im Libanon, den Autor Erich Follath seit Jahrzehnten kennt, erstickte der hoffnungsvolle Neustart der »Zedernrevolution« von 2005 im innenpolitischen Dauerkampf und im Würgegriff der Hisbollah.

Tatsächlich ist noch lange nicht entschieden, in welchem Maße die Selbstbefreiung der arabischen Welt gelingt. Syriens Präsident Baschar al-Assad hält sich – noch – mit brutaler militärischer Gewalt an der Macht, in Libyen steht das Regime des Muammar al-Gaddafi bei Drucklegung dieses Buches nach monatelanger Rebellion kurz vor dem Zusammenbruch. In Ägypten wiederum macht sich längst Frustration breit, seit auch die Armee, selbsternannter Garant des Übergangs, immer wieder zaudert oder gegen Demonstranten vorgeht; schwere Übergriffe gegen Christen haben Konflikte mit den religiösen Ultras angeheizt. »Demokratie ist kein plötzliches Paradies«, warnt der populäre ägyptische Schriftsteller und Regimekritiker Alaa al-Aswani in einem Gespräch.

Auch wenn der Ausgang des »arabischen Frühlings« ungewiss bleibt, so ist doch ein Prozess in Gang gesetzt, der vielleicht immer wieder gebremst werden kann, aber langfristig nicht mehr zu stoppen scheint. Ein neues, hochspannendes Kapitel in der langen Geschichte der Araber hat begonnen.

Hamburg, im August 2011
Annette Großbongardt, Norbert F. Pötzl

TEIL I
URSPRÜNGE

Welt aus den Fugen

Rückständig, zerstritten, unterdrückt – seit Jahrhunderten kommen die arabischen Länder nicht voran. Nun rebelliert das Volk, erringt Siege, doch etliche Regime schlagen zurück. Arabiens Zukunft bleibt ungewiss.

Von Bernhard Zand

Kairo, im Winter 2001. Wie seit Jahrzehnten zogen von den Stahlwerken in Helwan braune Schwaden herein, wie jeden Winter verbrannten die Bauern im Nildelta ihr Reisstroh, beißender Smog lag über der Stadt. Ochsenkarren hielten auf dem Nusha-Boulevard den Verkehr auf, vom Flughafen bis ins Zentrum stauten sich die Autos. Müllmänner kehrten den Sand auf die Straße, damit der Fahrtwind der Autos ihn am nächsten Morgen wieder auf den Gehsteig zurückblies – bevor der nächste Stau begann. Diese Stadt, dieser scheinbar unregierbare, irgendwo im letzten Jahrhundert steckengebliebene Moloch mit 16 Millionen Menschen sollte die Hauptstadt der arabischen Welt sein?

Auf eine Weise war sie das wohl: Kairo war die Hauptstadt des Immergleichen, in der die Beharrungskräfte stärker waren als jeder Ansatz zur Neuerung, das Zentrum einer Welt, die sich offenbar nie veränderte. Seit 20 Jahren regierte damals ein Mann das Land, dessen Amtsperioden sich so zuverlässig zu wiederholen schienen wie einst der Zyklus des Nilhochwassers. Die ägyptische Metropole war eine Hauptstadt des Stillstands.

Kairo, im Frühjahr 2011: Immer noch staut sich auf der Nusha der Verkehr, immer noch ziehen von Helwan die braunen Schwaden herein. Doch im Februar wurde Präsident Husni Mubarak zum Rücktritt getrieben, von seinem eigenen Volk; fast drei Jahrzehnte lang hatte er am Ende regiert, fast zwei Drittel der Ägypter erlebten nie einen anderen Staatschef als den Mann, den sie den »Pharao« nannten. Er zog sich mit seiner Familie in ein Refugium auf dem Sinai zurück. Hier, im milden Klima des Badeortes, wollte er seine letzten Tage verbringen.

Zwei Monate lang, einen Wimpernschlag gemessen an seiner Amtszeit, hat das Volk dies geduldet. Aber dann zog es wieder auf den Tahrir-Platz und verlangte, dass der abgesetzte Präsident zur Rechenschaft gezogen wird. Die vom Militär kontrollierte Übergangsregierung folgte dem Willen der Demonstranten: Mubarak wurde festgesetzt und verhört, seine Söhne landeten im Tora-Gefängnis vor den Toren von Kairo.

Dieselbe Regierung allerdings zeigte sich hilflos, als im Stadtteil Imbaba radikale Islamisten eine koptische Kirche in Brand setzten und zwölf Menschen getötet wurden, ja sie duldete, dass Soldaten junge Demonstrantinnen festnahmen, um in einer erniedrigenden Prozedur festzustellen, ob sie noch Jungfrauen seien.

Gibt es gleichwohl einen Zweifel daran, dass das einst so lethargische Kairo die Hauptstadt eines neuen Arabien ist? Kairo ist zum Zentrum einer Bewegung geworden, die in Tunesien begann, die ganze Region erfasste – und in immer mehr Ländern in immer andere Richtungen auseinanderzustieben scheint.

Von Marokko bis in den Oman, von Syrien bis in den Jemen erheben sich die Völker gegen ihre autokratischen Präsidenten, ihre Könige, Sultane und Militärdiktatoren.

Zwei dieser Machthaber sind zurückgetreten, andere haben Zugeständnisse gemacht.

Etliche Despoten aber schlagen zurück: In Libyen und in Syrien bombardieren die Regime ihre eigene Bevölkerung, im Jemen sind seit Beginn der Proteste Hunderte ums Leben gekommen, in Bahrain haben sogar die Armeen der Nachbarstaaten eingegriffen, um den Aufstand niederzuschlagen. Selbst in Tunis, das sich als erste arabische Hauptstadt vom Autokraten befreite, foltert der alte Machtapparat weiter. Und in Kairo ist so offen wie überall in dieser aus den Fugen geratenen Region, ob der »arabische Frühling« die Hoffnungen der Menschen erfüllt oder ihre Ängste bestätigt.

Dass es auch nur so weit kommen würde, damit hatte seit Jahrzehnten niemand mehr gerechnet. »Zum ersten Mal in 1000 Jahren nehmen Araber ihr Schicksal selbst in die Hand«, sagt der amerikanische Publizist Fareed Zakaria. »Seit dem 11. Jahrhundert haben Mongolen, Perser und Türken Arabien kontrolliert. Im 19. Jahrhundert teilten die Europäer diesen Weltteil untereinander auf, und im Kalten Krieg waren es die Supermächte, welche ihre bevorzugten Regime unterstützten.« Auch wenn es zuvor schon Befreiungsbewegungen gab wie im Ägypten der zwanziger oder im Algerien der sechziger Jahre – erst die arabische Erhebung beende, so Zakaria, das Zeitalter der Fremdbestimmung und die Epoche jener, die nur kraft ihrer mächtigen Schutzherren an der Macht bleiben konnten.

So unabsehbar der Ausgang dieser Erhebung für die Herrschenden wie die Beherrschten ist – für Arabien ist es das Ende einer historischen Anomalie, der Ausbruch aus einer Jahrzehnte währenden Unmündigkeit, für die Arabiens Regime verantwortlich sind. Ihre Bilanz ist vernichtend. Nicht nur die Staaten der arabischen Welt traten ja unter schwierigen Bedingungen in das 20. Jahrhundert ein, das galt auch für Europa, Lateinamerika und viele asiatische Staaten. Doch von Schwarzafrika abgesehen, hat keine Weltregion so wenig aus ihren Möglichkeiten gemacht.

Die arabische Welt liegt heute in fast allen Parametern, mit denen Fortschritt, Entwicklung und Produktivität gemessen werden, hinter anderen Regionen zurück: Rund 20 Prozent der Araber sind Analphabeten, zwei Drittel davon sind Frauen, deren Lebenserwartung im Übrigen unter dem globalen Durchschnitt liegt. Alle 22 arabischen Staaten zusammen erzielen ein Bruttoinlandsprodukt, das niedriger ist als das von Italien.

In Saudi-Arabien, den Vereinigten Arabischen Emiraten, Kuwait, Ägypten, Syrien und Jordanien wurden zwischen 1986 und 2000 nur 367 Patente angemeldet; allein in Israel waren es in dieser Zeit 7652. Und jährlich werden fünfmal so viele Bücher ins Griechische übersetzt wie ins Arabische. Seit fast zehn Jahren sind diese Zahlen aus dem »Human Development Report« der Vereinten Nationen bekannt. Dass die arabischen Regierungen dagegen nichts unternommen haben, bezahlten sie in Tunesien, Ägypten und Libyen bereits mit ihrem Sturz.

Viele im Westen allerdings, die aus diesen Zahlen den Schluss zogen, die arabische Welt sei hoffnungslos an der Moderne gescheitert, stehen heute vor einer anderen Frage: Woher kommen die Hunderttausende junger Aktivisten, die mit Leidenschaft, Cleverness und Beharrlichkeit diese Revolution ins Werk gesetzt haben? Und was hat sich in den vergangenen Jahren verändert, dass eine Bewegung zustande kam, welche die scheinbar unüberwindbare Stagnation der arabischen Welt überwunden, scheinbar ewige Wahrheiten zertrümmert und scheinbar unantastbare Autokraten gestürzt hat?

afp/dpa

ABD Rabbo Ammar /ABACA

Arabische Despoten: Saddam Hussein (Irak, um 1998), Zine el-Abidine Ben Ali (Tunesien, 2009), ...

Im Winter 2001 kam ich als Korrespondent nach Kairo. Eine der ersten Wendungen, die ich im ägyptischen Dialekt aufschnappte, war »ala tuul« – ein schlichter, täglich millionenfach gebrauchter, zur örtlichen und zeitlichen Orientierung in jeder Sprache unverzichtbarer Ausdruck. »Ala tuul« bedeutet »geradeaus«, »sofort«, »unverzüglich«. Muss ich zur Nilbrücke noch einmal abbiegen? »Nein, einfach die Straße runter, ala tuul.« Den Tee erst mit der Nachspeise oder sofort? »Ala tuul, jetzt gleich.«

Mit diesem neuerworbenen Begriff flog ich Anfang 2002 zum ersten Mal nach Bagdad. Die Iraker, damals noch von Saddam Hussein regiert und auf die ägyptischen Schwarzweißfilme im Staatsfernsehen angewiesen, lächelten, als ich ihnen mit »ala tuul« kam. Sie kannten den Ausdruck natürlich, aber sie verwendeten ihn nicht: »Wir sagen ›gubal‹ für geradeaus.«

Mit »gubal« versuchte ich es ein paar Wochen später in Beirut. Dort leben viele Schiiten, deren Prediger traditionell im Südirak studieren. »Gubal? Ah, du meinst doghri! Geradeaus!« Am Golf, erfuhr ich später in Bahrain, gebrauchen sie weder »gubal«, »ala tuul« noch »doghri«, dort sagen sie »siida«. Die Algerier verwenden das aus der französischen Besatzungszeit übriggebliebene »tout droit«, die Tunesier sagen »tawali«.

Im modernen Hocharabischen heißt die betreffende Wendung »ila l-amam«. Modernes Hocharabisch sprechen allerdings nur Sprachschüler, Fernseh- und Radiomoderatoren. In ihrer Alltagssprache haben die Araber keinen gemeinsamen Ausdruck für die einfachste, grundlegendste aller Richtungsangaben: geradeaus.

So lehrt das Beispiel eines einzigen Begriffs eine nachhaltige Lektion. Wenige Völker, die kulturell so vieles teilen, unterscheiden sich in ihren Redewendungen, aber auch in ihren Ressentiments, ihrem Weltbild so stark voneinander wie die Araber.

Als »tribes with flags«, Stämme mit Flaggen, werden sie vielfach bezeichnet. Was nach beduinischer Folklore klingt, ist in Wahrheit eine der historischen Ursachen für die arabische Malaise, welche die jungen Aktivisten in Tunis, Kairo, Manama und Sanaa heute überwinden wollen: die Selbstbezogenheit einzelner Clans. In nomadischer Vorzeit vielleicht ein Überlebensmechanismus, hat sie sich auf dem Weg in die Moderne als Fluch erwiesen.

Das Stammesdenken hat verhindert, dass aus den meisten arabischen Staaten, die im letzten Jahrhundert nach und

Amr Ahmad/afp

dpa

... Husni Mubarak (Ägypten, Anfang 2011),
Baschar al-Assad (Syrien, 2011)

nach die Unabhängigkeit erlangten, auch Nationen wurden. Im Irak, klagte etwa der von den Briten eingesetzte König Faisal 1931, gebe es gar »kein Volk, sondern eine unvorstellbare Masse von Menschen, jeder patriotischen Vorstellung abhold, getränkt von religiösen Absurditäten, durch keine Gemeinsamkeit verbunden, anfällig für die Anarchie«.

An dieser Entwicklung war der Westen nicht unbeteiligt – und nicht alle Verschwörungstheorien der arabischen Welt sind so absurd wie jene, die sich um die Hintergründe der 9/11-Anschläge drehen, oder die Behauptung, hinter jedem bedeutenden Ereignis in der arabischen Welt stecke der israelische Geheimdienst.

Großbritannien und Frankreich, die in den Jahren 1915 bis 1925 die Grundlagen des modernen Nahen Ostens schufen, haben auf dem Gebiet des untergegangenen Osmanischen Reiches Grenzen gezogen, die ihren eigenen Interessen, nicht aber der Überlebensfähigkeit der so geschaffenen Staaten dienten. Die heutige Grenzlinie zwischen Syrien und dem Irak etwa geht auf ein Abkommen zurück, in dem Paris und London 1916 das Zweistromland und die Levante untereinander aufteilten. »Richtig behandelt«, schrieb der britische Geheimagent Thomas Edward Lawrence, der 1916 den arabischen Aufstand gegen die Osmanen entscheidend vorantrieb, würden die Araber »über das Stadium eines politischen Mosaiks nicht hinauswachsen, ein Gewebe kleiner, eifersüchtiger Fürstentümer, unfähig zum Zusammenhalt«.

Genau so ist es gekommen, und am Ergebnis krankt die Region bis heute: Nur zwei Staaten der arabischen Welt verfügen über eine stabile, gewachsene Identität: das 5000-jährige Ägypten, dessen stolze Erben ihre Besucher aus den Golfstaaten herablassend »Araber« nennen, weil deren Ahnen schließlich erst vor 1400 Jahren am Nil auftauchten – und Marokko, dessen Königshaus immerhin seit dem 17. Jahrhundert regiert und seine Abstammung auf den Propheten Mohammed zurückführt. Wie sehr es anderen Staaten an echter Staatlichkeit gebricht, erkennt man daran, wie aufdringlich etwa das junge »Haschemitische Königreich Jordanien« stets den Namen seiner alten Dynastie betont oder wie penetrant sich die Golf-Emirate Kuwait und Katar »Der Staat Kuwait« und »Der Staat Katar« nennen.

Welche fatalen Folgen die willkürliche Gründung von Staaten wie dem Libanon und dem Irak mit ihren tiefen ethnischen und konfessionellen Bruchlinien haben sollte, haben jahrelange Bürgerkriege dort blutig bewiesen. Ähnliche Konflikte könnten Libyen bevorstehen, noch schlechter ist die Prognose für den Jemen, dessen zahlreiche Krisen durch extreme Armut verschärft werden.

Die arabische Welt hat nie ernsthaft den Versuch unternommen, ihre Probleme gemeinsam zu lösen – nicht die krassen Wohlstandsunterschiede, nicht die Jugendarbeitslosigkeit, nicht die Benachteiligung der Frauen. Die Geschichte der Arabischen Liga bestätigt dieses Versagen eindrucksvoll.

Immer wieder schoben die Regime die Schuld an den Missständen dem Westen zu, am liebsten als imperialistische Verschwörung. Dass diese alten Feindbilder aber nicht mehr funktionieren, offenbarte sich etwa, als Syriens bedrängter Präsident Baschar al-Assad vergebens versuchte, die Proteste als Komplott des Auslands abzutun.

Schon die ersten Monate des Umsturzes zeigen eine neue Tendenz – die ihren Ursprung gewiss nicht erst im Januar 2011 hat, sondern auf eine grundlegende Erfahrung der Globalisierung zurückgeht. Die jungen Aktivisten in Kairo, Tunis, Amman und Aleppo kommunizieren längst über die Grenzen hinweg, welche von den Briten und Franzosen gezogen und von den Autokraten nachher so eifersüchtig bewacht wurden. Das bringt das Werkzeug ihrer Bewegung zwangsläufig mit sich: Twitter, Facebook und SMS-Nachrichten kennen keine geografischen Grenzen – und die kulturellen, über Jahrhunderte gewachsenen, scheinen sich allmählich aufzulösen: Für das Wort »geradeaus« hat sich in der panarabischen SMS-Sprache, welche die im lateinischen Alphabet nicht darstellbaren Laute des Arabischen mit Zahlen wiedergibt, ein ägyptischer Ausdruck durchgesetzt: »3ALA TOOL«.

Nach dem Sturz von Saddam Hussein im April 2003 besuchte ich Alaa, den »Murafik«, den Aufpasser, den mir das Regime seinerzeit an die Seite gestellt hatte, zum ersten Mal zu Hause. Er hatte sich wie die meisten Iraker nach dem Ende der Zensur einen Stapel zuvor verbotener Filme besorgt, und als ich seine Wohnung betrat, lief dort eine Komödie mit dem Titel »al-Saïm«, »Der Führer«.

Ungläubig und befreit lachend saßen Alaa, seine Brüder, sein Vater und seine Mutter vor dem Fernseher und sahen sich diese Satire auf den arabischen Personenkult an. »Al-Saïm« persifliert den zackigen Auftritt und das pompöse Gehabe eines Mannes, in dem die Tunesier auf Anhieb Zine el-Abidine Ben Ali, die Ägypter Mubarak, die Libyer Muammar al-Gaddafi und die Iraker Saddam Hussein erkannten: seine schillernden Uniformen, seine wechselnden Launen, seine katzbuckelnden Hofschranzen – und seine lächerliche Berufung auf die vermeintliche Revolution, die ihn einst an die Macht brachte. »Wozu haben wir damals eigentlich eine Revolution gemacht?«, fragt im Film einer der Untergebenen den Führer. »Ich kann mich nicht mehr erinnern«, antwortet der. »Ich war auf dem Klo.«

So harmlos die Satire auf den westlichen Betrachter wirken mochte – bei den Irakern löste sie kathartische Wonne aus. Sie rechnete ab mit einem Herrschaftssystem, gegen das sich die Nordafrikaner, die Syrer und Jemeniten acht Jahre später erheben sollten: das als »Sozialistische« oder »Arabische Republik«, gar als »Volksmassenstaat« getarnte Regime, an dessen Spitze ein korrupter Despot stand, der sich nur mit Hilfe der Geheimpolizei an der Macht hielt.

Es waren diese Regime, welche die Entstehung eines bürgerlichen Selbstbewusstseins, einer Zivilgesellschaft jahrzehntelang unterdrückten. Es war der arabische Polizei- und Folterstaat, der die Bildung einer säkularen Opposition verhinderte und Zehntausende von Unzufriedenen dem militanten Islamismus zutrieb – weil die Moschee, ähnlich wie in den einstigen kommunistischen Diktaturen die Kirche, den einzigen Freiraum für Dissens bot.

Eines allerdings übersahen viele im Westen, welche diese zwar undemokratischen, aber vermeintlich stabilen Systeme einer Machtübernahme der Islamisten vorzogen: Sie waren nicht mehr stabil. Die meisten dieser Regime waren innen hohl und ihre Parteiapparate vielfach nur mehr Patronage-Netzwerke, die der ungerechten Verteilung der bescheidenen Staatseinkünfte zu ihren eigenen Gunsten dienten. Nun lösen sich politische, gar ideologische Loyalitäten.

Das galt auch im Irak, dem brutalsten der arabischen Regime. So klar er die Gefahr des islamistischen Extremismus erkannte, die seinem Land drohte – Alaa, der Aufpasser, hatte mir schon vor dem Irak-Krieg angedeutet, dass er und seine Kollegen, alles scheinbar treue Mitglieder der sozialistischen Baath-Partei, hofften, Saddam möge auf den Vorschlag des Scheichs von Abu Dhabi hören und ins Exil gehen.

Dass die arabische Welt auch auf einem anderen Feld in Bewegung geraten war, erfuhr ich im Frühjahr 2006. Ich war gerade aus dem Irak zurückgekehrt, wo der Konfessionskrieg zwischen Sunniten und Schiiten kurz vor seinem Höhepunkt stand: Mitunter kamen dort im Monat 3000 Menschen ums Leben. Nun saß ich am Schreibtisch von Abdullah al-Mulla, dem jungen Chef der »Dubai Media City«, um mich als Korrespondent zu akkreditieren. Mulla, in eine weiße, akkurat gebügelte Dischdascha gekleidet, stets in Eile, zählte mir die Dokumente auf, die ich ihm vorlegen sollte, und blätterte in seinem Kalender, um einen passenden Termin zu suchen.

»Dienstag, den 11. April«, sagte er, »hätte ich noch Zeit.« Seine Assistentin unterbrach ihn: »Dienstag ist aber der

Geburtstag des Propheten.« Mulla stutzte. »Prophetengeburtstag? Haben wir den nicht verschoben?«

Es war eine beiläufige Bemerkung, die im Ägypten, im Libyen, im Saudi-Arabien jener Tage allerdings undenkbar schien. Im Irak ermordeten einander Sunniten und Schiiten – auch weil sie sich über so vermeintlich banale Dinge wie religiöse Feiertage nicht einig waren. Doch dieser Business-Scheich hatte in seiner Firma den Geburtstag des Propheten kurzerhand auf das folgende Wochenende verlegt. »Wozu die Arbeitswoche unterbrechen?«, fragte er. »Wir können doch auch am Freitag beten.«

Mullas Bemerkung machte deutlich, dass in manchen arabischen Staaten fünf Jahre nach dem 11. September eine Generation in den Hierarchien aufrückt, die, ohne areligiös zu sein, ein sehr pragmatisches Verhältnis zu ihrem Glauben hat, ja dass Religion und Innovation, Islam und Fortschritt kein grundsätzlicher Gegensatz sein musste.

Zu den wenigen, die diesen Wandel früh erkannten, gehörte die US-Journalistin Robin Wright, eine der besten Kennerinnen des Nahen Ostens. Sie war die Erste, welche die drei zentralen Begriffe des Umsturzes von 2011 – »Revolution«, »Jugend« und »Facebook« – in einer Reportage zusammenführte. Eine »sanfte Revolution« zeichne sich ab, schrieb sie schon 2009: Arabiens Jugend habe es satt, von 9/11 in Geiselhaft genommen zu werden. Stattdessen dränge sie auf mehr Bildung, Zugang zu moderner Technik und wirtschaftlicher Mobilität. Eine Generation habe sich auf den Weg gemacht, die »entschieden anti-dschihadistisch und ambivalent in ihrer Haltung zu islamistischen Parteien« sei.

Davon war 2006 noch wenig zu sehen, der Aufruhr um die dänischen Mohammed-Karikaturen lag erst wenige Monate zurück. Entschieden ist die religiöse Frage in der arabischen Welt auch heute nicht. Den Sieg über den militanten Dschihadismus auszurufen wäre verfrüht – auch wenn die Tötung Osama Bin Ladens und der bislang ausgebliebene Aufschrei der Empörung in der arabischen Welt eher auf ein Ende dieser Epoche hindeutet als auf eine neue Runde im blutigen Kulturkampf.

Aber die Gewichte haben sich verschoben. In den vergangenen zehn Jahren hatte es den Anschein, als habe die arabische Welt nur die Wahl zwischen den autoritären Regimen und dem politischen Islam. Doch diese von den Autokraten selbst forcierte und vom Westen übernommene »binäre Definition« des Nahen Ostens, so der »New York Times«-Kolumnist Roger Cohen, überzeugt nicht mehr.

Selbst fünf Monate nach Beginn des arabischen Frühlings zeichnet sich in keinem der betroffenen Länder eine Figur ab, die sich mit Ajatollah Ruhollah Chomeini messen könnte, der vor mehr als 30 Jahren die iranische Revolution inspirierte. Die islamistischen Bewegungen sind nur zögernd in den Umsturz gezogen. Und größer als die Gefahr, dass radikale Islamisten den Umsturz kapern, scheint im Augenblick die Beharrungskraft der alten Regime. Sie gehen in Libyen, Syrien und in Bahrain mit so brutalen Mitteln gegen die Protestbewegungen vor, dass diese Länder eher von einer Konterrevolution bedroht scheinen als von einem Durchmarsch der religiösen Fundamentalisten. Können die Machthaber in Tripolis, Damaskus und Manama das Ende ihrer Herrschaft mehr als hinauszögern, können sie es wirklich verhindern? Die Wurzeln des Aufstands scheinen längst tiefer zu reichen als die ihrer Systeme. Der Ausgang des Kampfes wird auch davon abhängen, wie groß die Ausdauer der Revolutionäre ist und wie stark der Widerstand der Seilschaften, die von den alten Systemen profitieren.

In Dubai und auch später in Deutschland waren mitunter die Töchter ägyptischer Freunde für ein paar Wochen bei uns zu Gast – vier junge Frauen, von denen sich zwei für das Kopftuch entschieden hatten, die beiden anderen dagegen. Batta, Rana, Omima und Amani redeten am liebsten über ihre Arbeit, ihr Studium und darüber, was ihnen in Dubai und in Deutschland so gefiel. Wenn die Sprache auf Ägypten kam, beklagten sie sich – über das mühsame Leben in Kairo, über die mangelnde Qualität ihrer Ausbildung, über ihre schlechten Berufsaussichten und die niedrigen Gehälter, die sie zu erwarten hätten. Wenn der Name des Mannes fiel, der zeit ihres Lebens für das System stand, in dem sie aufgewachsen waren, verdrehten sie die Augen: »Solange Mubarak da ist, wird sich an all dem nichts ändern.«

Vor allem Rana, die gerade ihr Medizinstudium abgeschlossen hatte, als sie nach Dubai kam, war frustriert. »Wie kommt es eigentlich, dass jeder, der Protektion von oben hat, ohne Mühe einen tollen Job bekommt«, fragte sie, »während ich für umgerechnet 30 Euro in der Notaufnahme schuften und froh sein muss, dass ich überhaupt Arbeit gefunden habe? Wie soll ich mit diesem Gehalt heiraten und eine Familie gründen?«

Nächtelang saß sie am Computer, um Bewerbungsschreiben für Kliniken in Dubai aufzusetzen – ohne Erfolg. Zu jung, schrieb man ihr zurück, zu wenig Erfahrung. Resigniert kehrte sie Ende 2008 nach Arisch auf dem Sinai zurück – wo sie noch heute für 30 Euro im Monat in der Notaufnahme schuftet.

Ranas Frust, daran besteht heute kein Zweifel, war das Grundgefühl, aus dem die Aufstände von 2011 entstanden. Denn sie teilte ihre Perspektivlosigkeit nicht nur mit Amani, die noch jahrelang auf eine Anstellung als Lehrerin warten sollte, mit deren Schwester Omima, die inzwischen mit ungewissen Aussichten Tourismus studiert, und mit Batta, die als Kindergärtnerin arbeitet. Sie teilte sie mit Millionen von jungen Arabern – und einem gewissen Mohammed Bouazizi, der sich am 17. Dezember 2010 im tunesischen Sidi Bouzid mit Benzin übergoss und sich das Leben nahm.

Aus welchen Gründen auch immer die arabische Welt die Moderne verschlafen hat – ob es der Tribalismus war, das Erbe der Kolonialzeit, der militante Islam, die brutalen Diktatoren oder die Schrecken des Bürgerkriegs: Am Ende aber war es eine soziale Revolution, eine Jugendbewegung, die Arabien aus dem Winterschlaf gerissen hat. Es war die Gesamtheit aller Schikanen und Erniedrigungen, welche die Bevölkerung einfach nicht mehr ertrug. Denn anders als ihre Eltern und Großeltern wissen und sehen die Jugendlichen in Bengasi und Manama, in Kairo, Tunis und Damaskus, wie ihre Zeitgenossen in Paris, in Sydney, in Los Angeles leben.

Der Schlaf der Regime ist vorüber, die Zeit der Unwissenheit ist vorbei – und die der ewigen Gewissheiten auch.

Als Arabien-Korrespondent des SPIEGEL lebte Bernhard Zand mit seiner Familie acht Jahre im Nahen Osten – zunächst in Kairo, dann im Emirat Dubai.

»Glückliches Arabien«

Die Weihrauchstraße ist eine der ältesten Handelsrouten der Welt, bei den Römern war das duftende Harz begehrt. Hier, zwischen Königreichen und Beduinenland, beginnt die Geschichte der arabischen Stämme.

Von Claudia Stodte

Der sagenhafte Reichtum des alten Arabien beruhte auf dem Kamel und zwei wohlgehüteten Geheimnissen: der Kenntnis der Monsunwinde und der Herkunft von Weihrauch und Myrrhe. Viele Jahrhunderte bevor die Griechen etwa um Christi Geburt den halbjährlichen Rhythmus des Monsuns im Indischen Ozean erkannten, kreuzten die Jemeniten bereits mit seiner Hilfe nach Indien, Südostasien und Ostafrika. Auf ihren hölzernen Segelschiffen brachten sie Pfeffer, Zimt, Edelsteine, Seide, Porzellan oder Sklaven in ihre Heimat.

In den Hafenstädten wurde die kostbare Fracht in die Packtaschen Hunderter Dromedare umgeladen, die als »Schiffe der Wüste« die nächsten Etappen des Fernhandels übernahmen. Neben Waren aus Indien und China schleppten sie auch zwei Luxusgüter aus Südarabien: Weihrauch und Myrrhe. So entstand die »Weihrauchstraße«, eine der ältesten Handelsrouten der Welt.

Das goldgelbe Harz, das beim Verglühen einen aromatischen Duft ausströmt, wurde überwiegend im heutigen Oman gewonnen. Im alten Ägypten, in Mesopotamien, Rom und Byzanz war es für religiöse Riten und als desinfizierendes Heilmittel heiß begehrt. Allein im babylonischen

Baal-Tempel verbrannte man im 6. Jahrhundert v. Chr. alljährlich zweieinhalb Tonnen Weihrauch, berichtet der griechische Historiker Herodot.

Die Römer kauften das Harz nicht nur für kultische Zwecke: Mit seinem Duft versuchten sie den bestialischen Gestank in den Gassen der imperialen Hauptstadt zu überdecken. Fast ebenso begehrt war das Baumharz Myrrhe. Es war Bestandteil des heiligen Salböls, diente als Betäubungsmittel – oder der Verführung: Iranische und palästinensische Frauen räucherten damit ihre Kleider ein. Auch die »Heiligen Drei Könige« brachten dem Kind in der Krippe neben Gold die beiden luxuriösesten Wohlgerüche des Orients.

Die Hauptroute der Weihrauchstraße führte mehr als 3000 Kilometer durch den Westen der Arabischen Halbinsel bis nach Gaza ans Mittelmeer. Dromedare, seit dem 2. vorchristlichen Jahrtausend gezähmt, schleppten die Lasten auf wochenlangen Märschen. Das Rote Meer hielten die Jemeniten wegen seiner Riffe und Strömungen noch für unbefahrbar.

Um die 10 000 Lastkamele und etwa hundert Tagesmärsche benötigte man, um die rund 1500 Tonnen Weihrauchharz, die Rom jährlich verbrauchte, nach Gaza zu befördern. Der Karawanenführer, von den Römern »Praefectus deserti« genannt, hatte Zölle und Schutzgelder auszuhandeln. Die Kosten für diesen aufwendigen Transport waren enorm: Seefahrer, Karawanenführer, Kameltreiber, der bewaffnete Begleitschutz und Zwischenhändler mussten bezahlt werden. Die Händler in Rom oder Byzanz wussten wenig vom Ursprungsgebiet der Duftharze. Sie kannten nur die astronomischen Preise, vermuteten in Altsüdarabien sagenhaften Reichtum und nannten die Region »Arabia felix«, »glückliches Arabien«.

Hier, auf der riesigen Halbinsel, beginnt die Geschichte der Araber. Wie ein gigantisches Rechteck schiebt sich das Land zwischen den Mittelmeerraum und den Indischen Ozean. Es ist größer als der Indische Subkontinent und vom gebirgigen jemenitischen Hochland bis zu den Perlenmuschelbänken im Persischen Golf hin geneigt; das Gefälle beträgt über 3700 Meter. Jahrhundertelang war die Halbinsel Handelsbrücke und kulturelles Bindeglied zwischen Südostasien und Europa. Im fruchtbaren Südwesten entstanden in der Antike blühende Königreiche. Sie lebten von dem lukrativen Transithandel, der spätestens seit dem 8. Jahrhundert v. Chr. boomte. Niederschläge von über 500 Millimeter im Jahr sowie ein ausgeklügeltes Bewässerungssystem sorgten für eine florierende Landwirtschaft.

Das berühmteste dieser Reiche war das Königreich von Saba mit seiner Hauptstadt Marib. Ob die vielzitierte Königin von Saba je gelebt hat (und wenn ja, ob im Jemen oder in Äthiopien), ist bis heute umstritten. Bei ihrem Besuch in Jerusalem soll die schöne Sabäerin König Salomo zentnerweise Gold, Balsam und Edelsteine geschenkt haben, heißt es im Alten Testament. Auch im Koran wird sie erwähnt, ebenso wie der berühmte Staudamm von Marib, der als größtes technisches Bauwerk und »Wunder von Arabien« galt.

Die sabäische Götterwelt orientierte sich an den Gestirnen. Der Mondgott war der höchste unter ihnen, dann folgten die Sonnengottheit Schams (noch im modernen

Arabisch das Wort für Sonne) und der Venusgott Attar. Um die Götter günstig zu stimmen, wurden ihnen Tier- und Trankopfer dargebracht. Es ging um Buße und Reue – man flehte um Vergebung für Verfehlungen, auch um Gesundheit und eine reiche Ernte.

Als »Araber« verstanden sich die Träger dieser hochentwickelten Kultur nicht. Diesen Stempel drückten ihnen erst die Griechen um 500 v. Chr. auf: Seit der Umsegelung Arabiens durch einen Admiral Alexanders des Großen dehnten sie die geografische Bezeichnung »Arabien« auf die gesamte Halbinsel aus; damit wurden für sie auch die Bewohner Altsüdarabiens Araber. Der Begriff »Aribi« taucht erstmals in Inschriften aus dem 9. Jahrhundert auf – die Nachbarn Nordarabiens, wie Assyrer und Hebräer, bezeichneten damit die Nomaden, die auf ihren Kamelen den Assyrern als Hilfstruppen dienten. Auch im Alten Testament kommen Araber allgemein als »Wüstenbewohner« vor.

Den größten Teil der Halbinsel mit seinen riesigen Wüsten und Steppengebieten nannten die Römer »Arabia deserta«. In den nördlichen Wüstensteppen lebten semitische Nomaden, die ihren Unterhalt mit Viehhaltung, Pferdezucht und Raubzügen bestritten – im Arabischen heißen sie »Beduinen« (von arab. badija, »Wüste«). Landwirtschaft war nur in Oasen möglich. Bauern pflanzten dort Dattelpalmen, Pfirsich- und Zitronenbäume und bauten Getreide an. In den größeren Oasen entwickelte sich städtisches Leben mit Handwerk, Handel und regelmäßigen Märkten.

Die antike Gesellschaft Nordarabiens unterschied sich von der Altsüdarabiens: Hier existierten Stadtkultur, Landwirtschaft und Nomadentum in einer engen Wechselbeziehung. Die Nomaden lieferten Milch, Fleisch, Felle, Häute und Wolle, dazu Reit- und Lasttiere. Im Tausch erhielten sie Produkte des täglichen Bedarfs. In der Hierarchie der

Beduinen standen die Kamelnomaden und Pferdezüchter an der Spitze. Sie blickten auf die sesshaften Bauern und Städter herab und priesen ihre Ideale: Ehre, Stolz, Freiheitsliebe und Gastfreundschaft. »Die Sesshaften sind in ihrem Wohlleben erschlafft, ihr Charakter ist verdorben; bei den bescheiden lebenden Beduinen dagegen haben sich Tugend und Manneszucht erhalten«, schreibt noch Ibn Chaldun, der große arabische Historiker des 14. Jahrhunderts.

Vor allem in Krisenzeiten kam es zu handfesten Konflikten: Bei Dürren oder politischen Wirren griffen die Nomaden die sesshafte Bevölkerung an oder überfielen Handelskarawanen – das Wort »Razzia« stammt aus dem Arabischen. Die Oasenbauern ihrerseits versuchten oft, ihre Anbaugebiete auf Kosten der Nomaden zu erweitern.

Sowohl die Beduinen als auch die Städter und Bauern waren in Stämmen organisiert, die sich aus Familien und Clans zusammensetzten. Ein Stamm konnte einige Hundert bis zu vielen Tausend Menschen umfassen. Verbunden fühlten sie sich durch den gleichen arabischen Dialekt und durch ihre gemeinsame Abstammung, die sie auf einen oft legendären Stammvater zurückführten. Zentral für den Zusammenhalt eines Stammes waren jedoch die wirtschaftlichen Interessen. Der Scheich führte den Stamm, bei Streitigkeiten bemühte man oft geachtete Männer als Schlichter: Auch der Prophet Mohammed übernahm diese Rolle, als er in die Oasenstadt Jathrib (Medina) übersiedelte.

Nur selten schlossen sich arabische Stämme zu größeren und dauerhaften Bündnissen zusammen. Eine Ausnahme war das Königreich der Nabatäer, deren Hauptstadt Petra zu großer Blüte gelangte. Sie beherrschten den Fernhandel von Ägypten bis zum Zweistromland – bis das Reich 106 n. Chr. zur römischen Provinz »Arabia Petraea« wurde. Auch der Stamm der Kinda konnte für zwei Jahrhunderte

Muhammad Hamed/Reuters

Der Grabtempel al-Dair, etwas außerhalb des Zentrums von Petra, ist heute Teil des Unesco-Weltkulturerbes.

im heutigen Saudi-Arabien ein Nomadenkönigreich errichten, das bis 528 n. Chr. bestand.

Das Recht orientierte sich in Nordarabien am »Brauch der Väter« (arab. Sunna). Es war nicht religiös begründet, so die Berliner Islamwissenschaftlerin Gudrun Krämer: »Das Recht beruhte auf dem Grundsatz von Schädigung und Entschädigung, sprich: Vergeltung, Blutrache und Blutgeld.« Eine übergeordnete Obrigkeit gab es nicht – der Einzelne war auf den Schutz der Familie oder des Clans angewiesen. In ihrer überaus reichhaltigen Sprache mit einer Vielzahl an Dialekten sieht Krämer die »größte kulturelle Leistung der vorislamischen Araber«.

Von der Religion der Beduinen und Oasenbauern ist, anders als in Altsüdarabien, wenig bekannt. Sie beschränkte sich wohl auf die Verehrung von heiligen Steinen und Bäumen, die man als Verkörperungen männlicher und weiblicher Naturgottheiten auffasste. Wesentlich war der Glaube an Geister und Dämonen (arab. Dschinn). Wahrsager versuchten, mit dem Losorakel die Zukunft zu deuten.

Seit dem 1. Jahrhundert n. Chr., vor allem aber im 4. Jahrhundert, ließen sich Juden und Christen auf der Halbinsel nieder, eingewandert über Syrien oder Äthiopien. Größere jüdische Gemeinden entstanden, in Medina herrschten Juden sogar zeitweise über die Araber. Einige arabische Stämme traten zum Christentum über, im Süden verbreitete sich die Religion stark im Königreich Himjar, das dem Reich der Sabäer folgte.

Der Niedergang des einst so glänzenden Altsüdarabien hatte da bereits begonnen. Die Entdeckung der Monsunwinde sowie die ptolemäisch-ägyptische Erschließung des Seeweges durch das Rote Meer hatten das jemenitische Handelsmonopol beendet und den Verfall der alten Hochkulturen eingeleitet. Ende des 6. Jahrhunderts, so der Berner Alttestamentler Axel Ernst Knauf, brach die altsüdarabische Zivilisation gänzlich zusammen, der Jemen wurde nun von nordarabischen Beduinen »arabisiert«. Mekka stieg neben Jathrib zur bedeutendsten Handelsstadt der Halbinsel auf, zentral auch als Wallfahrtsort mit der Kaaba, an der Hunderte von Götterstatuen aufgestellt waren; verehrt wurden auch drei weibliche Gottheiten.

Längst strahlten nun im Norden glanzvolle Reiche, vor allem das der Lachmiden mit der Hauptstadt Hira im heutigen Südirak, das von christlichen Nestorianern und iranischen Mazdaisten geprägt war. Hier entwickelte sich vom 4. Jahrhundert an eine Frühform der arabischen Schrift, hier lag auch ein Zentrum altarabischer Dichtkunst. Die am höchsten geschätzte Gedichtform war die Ode, die stets mündlich vorgetragen wurde. Die Dichter priesen das beduinische Leben, die Solidarität und Tapferkeit ihres Stammes, besangen die Vergänglichkeit.

Beduinen wie Städter liebten die Poesie, und die altarabische Dichtung wurde zu dem einheitsstiftenden Element Arabiens. Erst durch sie bildete sich im 3. und 4. Jahrhundert eine gemeinsame nordarabische Hochsprache heraus – und das unbestimmte Gefühl einer arabischen Einheit. Der lachmidische König Imru al-Kais war der Erste, der sich 323 n. Chr. selbst als »Araber« bezeichnete: Seine Grabinschrift preist ihn als »König aller Araber«. Doch erst der Islam sollte die heterogene Bevölkerung Arabiens einen – sowie den Sieg über die angrenzenden Großmächte Byzanz und Sasanidenreich erringen, denen es nie gelungen war, in Arabia Fuß zu fassen.

CHRONIK 853 V. CHR. BIS 2011: GLANZ, KRIEGE UND KRISEN

853 v. Chr.
Erste Erwähnung von Arabern in einer Inschrift

168 v. Chr.
Die Nabatäer, ein Verbund nordwestarabischer Nomadenstämme, bilden ein Königreich mit der Hauptstadt Petra.

622
Aus Mekka verjagt, gründet Mohammed in Jathrib (Medina) das erste islamische Gemeinwesen.

632
Mohammed stirbt, nachdem er die traditionell verfeindeten Stämme Arabiens erstmals geeint hat – im Namen des Islam.

634–644
Unter dem zweiten Kalifen erobern die Araber riesige Gebiete.

661
Von Syrien aus übernimmt die Dynastie der Umajjaden die Macht im arabisch-islamischen Reich.

711
Die arabische Expansion erreicht Spanien.

750
Die Abbasiden-Revolution ethnischer Minoritäten und nichtprivilegierter Araber stürzt die Umajjaden.

813–833
In Bagdad blühen Wissenschaft und Kultur.

973
Schiitische Fatimiden machen Kairo zur Hauptstadt.

1099
Christliche Kreuzfahrer fallen in Jerusalem ein, das unter der Herrschaft der Fatimiden steht.

1187
Sultan Saladin erobert Jerusalem zurück.

1258
Die Mongolen verwüsten Bagdad, Ende des abbasidischen Kalifats.

1260
Nach ihrem Sieg über die Mongolen herrschen die Mamluken-Sultane offiziell im arabischen Reich.

1517
Die Osmanen erobern Syrien und Ägypten, zerschlagen das Mamluken-Sultanat.

1798
Napoleon in Ägypten

1830
Die Franzosen marschieren in Algier ein.

1882
Die Briten besetzen Ägypten und später den Sudan.

1917
Die Briten erobern Palästina und den Irak.

1920
Konferenz von San Remo; der Völkerbund unterstellt daraufhin 1922 Syrien und den Libanon französischem, Palästina und den Irak britischem Mandat. Ägypten wird Königreich.

1945
In Kairo wird die Arabische Liga gegründet.

1948
Gründung Israels, das britische Mandat endet. Arabisch-israelischer Krieg.

1954–1962
Unabhängigkeitskrieg in Algerien

1956
Ägyptens Präsident Gamal Abd al-Nasser verstaatlicht den Suezkanal.

1967, 1973
Arabisch-israelische Kriege

1979
Frieden zwischen Ägypten und Israel

1981
Der ägyptische Präsident Anwar al-Sadat wird bei einem Attentat getötet, Husni Mubarak folgt ihm.

1980–1988
Irakisch-iranischer Krieg

1990–1991
Irak besetzt Kuwait – und verliert den »Golfkrieg«.

1994
Israelisch-jordanischer Friedensvertrag

2003
Sturz Saddam Husseins

2011
Eine demokratische Aufstandsbewegung erfasst große Teile der arabischen Welt. In Tunesien und Ägypten werden autokratische Regime gestürzt, in Libyen, Syrien, dem Jemen und Bahrain werden Proteste blutig unterdrückt.

TEIL II
GROSSMACHT ARABIEN

Die Macht der Kalifen

Geeint und befeuert vom Islam, schufen die Araber ein Großreich. Sie eroberten Gebiete von Spanien bis zum heutigen Pakistan. Dann zerbrach das Imperium an Überdehnung, Glaubenskämpfen und Rivalitäten.

Von Rainer Traub

Die Wüste war der Ort, an den sich der Handelsmann Mohammed aus Mekka zu einsamen Meditationen zurückzog, dort empfing er auch seine ersten Offenbarungen. Es war um das Jahr 610, und er begann, als Gesandter des einzigen Gottes Allah aufzutreten – inmitten des Kuraisch-Stammes, der einer Vielzahl von Göttern huldigte. Der Prophet wurde nicht nur zum Sprachrohr einer neuen Religion. Er legte zugleich die Grundlage für eine bisher ungekannte arabische Identität, die Stammes- und Ländergrenzen überschritt. Denn die Stämme, die über die Arabische Halbinsel verstreut lebten, bekriegten einander und waren durch viele Konflikte gespalten.

Gemeinsam war ihnen vor Mohammed nur die Sprache. Das Arabische, reich an Kehllauten und mit überaus differenziertem Wortschatz, hatte sich nicht zuletzt durch die Dichtung zur Hochsprache entwickelt und konnte so zum Medium des neuen Glaubens werden, der etwa 20 Jahre nach Mohammeds Tod zum Koran schriftlich zusammengestellt wurde. In diesem ersten Buch in arabischer Sprache heißt es, Gott habe seinem Propheten Mohammed die Heilsbotschaft »auf Arabisch herabgesandt« (Sure 12, Vers 2). Zunächst war also »nur der arabischsprechende Teil der Menschheit der

Adressat dieser besonderen göttlichen Offenbarung«, so der Tübinger Islamhistoriker Heinz Halm.

Zwölf Jahre predigte Mohammed in Mekka, konnte aber nur ein Häuflein von Anhängern um sich scharen. Die Mehrheit des herrschenden Kuraisch-Stammes begegnete dem Propheten mit wachsender Feindseligkeit. Er wollte ihnen ja nicht nur die althergebrachten Götter ausreden, sondern drohte auch das einträgliche Geschäft mit den zu diesen nach Mekka pilgernden Besuchern zu verderben.

Im Jahr 622 musste Mohammed mit seinen Getreuen fliehen, die ihren Glauben »Islam« nannten, was »Ergebung« (in Gottes Willen) bedeutet; sich selbst bezeichneten sie als »Muslimun«, (Gott-)Ergebene. Zuflucht fanden sie in der Oasenstadt Jathrib, später Medina genannt, 350 Kilometer nordwestlich von Mekka. Dort waren mehrere Stämme miteinander tief verfeindet. In solchen Fällen wurde auf der Arabischen Halbinsel nicht selten ein neutraler Schlichter von außen herbeigerufen. Und eine starke Persönlichkeit wie der in Mekka missliebige Mohammed schien die richtige Wahl.

Der Prophet avancierte zum Oberhaupt von Medina, wo sich die muslimische Gemeinde (»Umma«) schnell vergrößerte. Wie ein Stammesscheich hatte Mohammed nun ganz praktische Probleme politischer, sozialer und juristischer Art zu lösen; in Mekka hatte er sich nur um die Verkündigung gekümmert. So verbanden sich bei der arabischen Geburt des Islam Glaube und Gemeinwesen früh unauflöslich. Die zahlreichen damals entstandenen Koranverse, die Regeln für Alltagssituationen beschreiben, belegen das.

Vergebens versuchte der mekkanische Kuraisch-Stamm, die islamische Urgemeinde von Medina auszulöschen: Unter dem Befehl des Propheten, der sich nun auch als militärischer Führer bewährte, schlugen die Muslime ihre Angreifer in mehreren Schlachten. Schließlich ergaben sich die Kuraisch, übergaben Mekka und traten zum Islam über.

Immer mehr arabische Stämme schlossen sich der neuen Bewegung an, die im Namen des einzigen Gottes eine gerechte Gesellschaft der Gleichen verhieß. Als Mohammed 632 starb, war die gesamte Arabische Halbinsel erstmals seit Menschengedenken vereint – unter dem Banner des Islam.

Einen Nachfolger hatte der Prophet nicht bestimmt. So wählte sich die junge muslimische Gemeinde den alten Mohammed-Gefährten Abu Bakr zum neuen Oberhaupt, als »Stellvertreter« (»Chalifa«) des Propheten. Abu Bakr war sogleich mit einer existentiellen Bedrohung der jungen Religion konfrontiert, denn etliche arabische Stämme verweigerten ihm die Gefolgschaft. Ihre Loyalität habe allein Mohammed gegolten, erklärten sie und stellten die Zahlung der Armenabgabe (»Sakat«) nach Medina ein. Weil die aber zu den Grundgeboten des Islam gehört, erklärte Kalif Abu Bakr die Meuterei zum »Abfall vom Islam« (»Ridda«).

Hätte jene Abspaltungsbewegung Erfolg gehabt und die alten Stammesrivalitäten der Araber zurückgebracht, wäre der Glaube des Propheten womöglich eine regionale Episode geblieben, statt eine Weltreligion zu werden. Doch Kalif Abu Bakr warf den Aufstand in den »Ridda-Kriegen« militärisch nieder und vereinte die Arabische Halbinsel erneut im Zeichen des Islam.

Nach nur zweijähriger Amtszeit starb der erste Kalif. Sein Nachfolger Umar, auch er ein alter Mohammed-Gefährte, formte den Islam als politische Ideologie und erwies sich als exzellenter Militärstratege; im Jahrzehnt seiner Führung bis 644 entstand ein Riesenreich.

Große Teile entrissen die Araber zwei scheinbar übermächtigen Nachbarn. Rund ums Mittelmeer herrschte damals das oströmische oder byzantinische Reich. Nordöstlich breitete sich das sasanidisch-persische Reich aus. Die Muslime konnten es selbst kaum fassen, dass sie, wohl im Jahr 636, Byzantiner wie Sasaniden kurz nacheinander vernichtend schlugen; sie führten ihre Triumphe auf einen göttlichen Heilsplan zurück. Einen ausdrücklichen Missionsauftrag formuliert der Koran allerdings nicht. So gilt das religiöse Element auch nur als eines von vielen dieser beeindruckenden Machtexpansion.

644 waren ganz Arabien, ein Teil des Sasanidenreiches und die syrischen und ägyptischen Provinzen der Byzantiner erobert. Und um die Mitte des 7. Jahrhunderts stießen die Wüstensöhne, nachdem sie von byzantinischen Gefangenen den Schiffbau gelernt hatten, auch mit Flotten im Mittelmeer vor. Sie begannen, Sizilien anzugreifen, und vernichteten im Jahr 655 eine byzantinische Armada vor der Küste Kleinasiens.

Historiker erklären den verblüffenden Siegeszug der Araber mit einem Bündel von Ursachen, zu denen vor allem die Schwäche ihrer Gegner gehört. Denn die Reiche der Byzantiner und Sasaniden waren erschöpft von langen Kriegen, die sie gegeneinander geführt hatten. Auch unterschätzten sie die Wucht des arabischen Ansturms. An Überfälle einzelner Beduinenstämme waren sie gewöhnt, aber die neue Qualität des islamisch geeinten Angriffs begriffen sie erst, als es zu spät war: Auf einen solchen Feind waren sie nicht vorbereitet.

Für viele Bewohner der eroberten Gebiete war die neue Herrschaft weniger drückend als die alte – und durchaus attraktiv. Denn die Araber dachten gar nicht an eine gewaltsame Bekehrung der Bevölkerung. Stattdessen hatten Nichtmuslime an die Eroberer eine Kopfsteuer zu entrichten. Im Gegenzug erwarben sie den Status von »Schutzbefohlenen«

(»Dhimmis«): Leib und Leben, Eigentum und freie Ausübung der angestammten Religion waren ihnen garantiert. So zielte die Strategie der Araber keineswegs auf Massenbekehrung der Besiegten. Die hätte nur die Finanzierungsgrundlage der arabischen Expansion untergraben. Schließlich war jeder, der zum Islam übertrat, ein Steuerzahler weniger, da Muslime keine Kopfsteuer, sondern lediglich die geringere »Sakat«-Abgabe zu entrichten hatten.

Derweil entbrannten in Medina heftige Kämpfe um die Führung des schnell wachsenden arabisch-islamischen Imperiums. Unzufriedene ägyptische Bittsteller ermordeten im Jahr 656 den dritten Kalifen Uthman. Sein Nachfolger wurde der langjährige Kalifen-Kandidat Ali – der Cousin und Schwiegersohn des Propheten, der mit dessen Tochter Fatima verheiratet war. Unter Alis Kalifat brach ein muslimischer Bürgerkrieg aus. Uthmans Cousin Muawija aus dem Clan der Umajjaden, den der ermordete Kalif zum Statthalter in Damaskus gemacht hatte, hatte sich eine regelrechte Privatarmee aufgebaut.

Er bezichtigte Ali, bei der Ermordung seines Cousins die Hand im Spiel gehabt zu haben – und ging als Sieger aus einem Machtkampf hervor, in dessen Verlauf auch Ali im Jahr 661 eines gewaltsamen Todes starb. Während aus der Partei (arab. »Schia«) Alis im Lauf der Zeit die islamische Minderheitsströmung der Schiiten entstand, schwang Muawija sich zum Kalifen auf, erhob Damaskus zur neuen Hauptstadt und begründete dort die Dynastie der Umajjaden, die bis 750 die größte Machtausdehnung der Araber erreichte. Das Reich erstreckte sich von Spanien und Marokko bis an den Indus im heutigen Pakistan. Auch gilt die Umajjaden-Zeit mit ihrer prächtigen monumentalen Architektur und raffinierten höfischen Dichtung als ein Höhepunkt islamischer Kultur.

Die vier ersten Kalifen waren noch durch einen Ältestenrat (»Schura«) der muslimischen Gemeinde gewählt worden; sie versuchten, jeder auf seine Weise, Mohammeds Offenbarungen umzusetzen. Wegen dieser Nähe zum Gründer der Religion tragen sie im Islam den ehrenden Beinamen der »rechtgeleiteten Kalifen«. Und bis in die Gegenwart haben sich Reformer und demokratische Bewegungen im Islam nicht zufällig immer wieder auf das Argument gestützt, das Institut der »Schura« beweise, dass zum Wesenskern des Islam eine Art Basisdemokratie gehöre.

Seit der umajjadischen Ära vererbte sich die Macht aber nun auch in der arabisch-islamischen Welt nach dem uralten dynastischen Prinzip. Das Kalifat wurde »ein Reich wie jedes andere«, so der afghanisch-amerikanische Autor Tamim Ansary. Der selbsternannte Kalif Muawija musste sein Legitimationsdefizit ausgleichen. Wie Bernard Lewis, der Nestor der westlichen Islamkunde, schreibt, betrieb er nun »die Umwandlung des Reiches von einer theoretischen

Arabisch-islamische Expansion
bis 750 n. Chr.

islamischen Theokratie in eine arabische Monarchie, die sich auf die mächtigsten arabischen Stämme stützte«.

Unter der Herrschaft Muawijas drangen die Araber nach Zentralasien vor; sie nahmen Herat, Kabul und Buchara ein. Freilich fehlte die sachkundige Elite für die Administration des rasant wachsenden Imperiums. So blieben die alten Verwaltungsapparate der Perser und Byzantiner in den eroberten Gebieten intakt. Die herrschenden arabischen Muslime stellten, Schätzungen zufolge, noch um die Mitte des 8. Jahrhunderts weniger als zehn Prozent der Bevölkerung in den heutigen Gebieten von Iran und Irak, von Syrien, Ägypten, Tunesien und dem ab 711 eroberten Spanien. In Ägypten sollen bis ins 14. oder 15. Jahrhundert die christlichen Kopten gegenüber den Muslimen in der Mehrheit gewesen sein.

Zwischen die arabische Elite und die alteingesessene nichtmuslimische Mehrheit schob sich im Lauf der Zeit eine neue soziale Schicht von Muslimen, die aufgrund ihrer Abstammung keine vollgültigen Mitglieder eines arabischen Stammes waren. Diese »Mawali« bestanden, so Lewis, aus »persischen, aramäischen, ägyptischen, berberischen und anderen nichtarabischen Konvertiten« sowie aus solchen, die zwar Arabisch sprachen und auf eine arabische Abstammung verweisen konnten, aber entweder nie zur Herrscherkaste gehört oder ihre Zugehörigkeit verloren hatten. Bald übertraf die Zahl der Mawali die der Araber. In den islamischen Heeren fochten sie an der Seite der Araber, mussten sich aber mit geringerem Sold und kleineren Beuteanteilen zufriedengeben und waren in vieler Hinsicht sozial benachteiligt. Damit waren sie immer weniger einverstanden.

Ein weiteres Element trug dazu bei, die Umajjadenherrschaft langsam, aber sicher von innen zu zersetzen. Im Jahr

680 hatte der Propheten-Enkel Hussein, der jüngere Sohn des vierten Kalifen Ali, bei Kerbela im Zentralirak einen aussichtslosen Aufstand gegen die Umajjaden unternommen. Er kam dabei um – avancierte aber nun zum verehrten Märtyrer der unterlegenen Anhänger Alis.

Waren die Schiiten bei Kerbela machtpolitisch gescheitert, so versuchten sie fortan, als religiöse Bewegung zu obsiegen und die Gläubigen auf ihre Seite zu ziehen. Sie bestritten die Legitimität der ersten drei Kalifen und legten als Anhänger des vierten Kalifen Ali entscheidenden Wert auf Charisma und spirituelles Feuer ihrer religiösen Führer, der Imame. Schiitische Propagandisten appellierten an alle Unzufriedenen, besonders an die Mawali. So sammelte sich unter religiösen Parolen eine politische Opposition; sie zog vor allem Perser an, die unter arabischer Dominanz litten.

Der entscheidende Grund aber, dass die Umajjaden ihre Herrschaft nicht anhaltend etablieren konnten, liegt Historikern zufolge in der tiefen Rivalität zwischen nord- und südarabischen Stämmen, die weit in die vorislamische Zeit zurückreicht. Die jeweils herrschenden Kalifen flüchteten sich in eine Schaukelpolitik, die eine dauerhafte Stabilität des Imperiums verhinderte.

Auf persischem Gebiet brach schließlich ein Aufstand los, der von unzufriedenen Stämmen ausging, zahlreiche Mawali mitriss und sich immer weiter ausbreitete. Die siegreiche Dynastie wurde nach einem Onkel des Propheten, von dem ihr Anführer abzustammen behauptete, Abbasiden genannt. Im Jahr 750 stürzten sie die Umajjaden und begründeten die abbasidische Ära. Es ging um weit mehr als um die Ablösung einer Dynastie durch eine andere: Ein Kenner des Orients wie Lewis vergleicht den vor allem sozial motivierten Umsturz mit abendländischen Umwälzungen, wie es die Französische oder Russische Revolution waren.

An der Spitze der Macht hatten bisher rein arabische Muslime gestanden, gefolgt von Muslimen mit einem arabischen und einem nichtarabischen Elternteil. Dann kamen nichtarabische Muslime mit nichtmuslimischen Eltern, gefolgt von Nichtmuslimen, die zumindest Monotheisten waren; zuunterst schließlich die nahezu rechtlosen Anhänger polytheistischer Religionen. Nun aber wurde diese hierarchische Sozial- und Glaubenspyramide umgestürzt, die sich in 120 Jahren anstelle der von Mohammed verheißenen Gemeinde der Gleichen entwickelt hatte. In der neuen Ära der Abbasiden verschwand das aristokratische Abstammungsprinzip; tatsächlich waren, Lewis zufolge, vom frühen 9. Jahrhundert an »die meisten Abbasidenkalifen und muslimischen Herrscher in ihrer Nachfolge die Söhne von Sklavinnen, die in der Mehrzahl Nichtaraberinnen waren«.

Wer leer ausging, waren Alis Anhänger, die Schiiten. Sie, die als benachteiligte Minderheit zu den Triebkräften des abbasidischen Umsturzes gehört hatten, fielen ihrerseits der Revolution zum Opfer. Weil die islamische Orthodoxie im arabischen Reich insgesamt deutlich verbreiteter war als die Lehre der Schiiten, schwenkten die Sieger auf die Hauptrichtung des Islam ein, die fortan Sunna (»Brauch«) hieß. Die Schiiten wurden auf Dauer zur Opposition der Sunniten.

Arabisch, bisher die Sprache der göttlichen Offenbarung, entwickelte sich unter den Abbasiden zur Sprache der gesamten religiösen und juristischen Literatur und etablierte sich als universale Wissenschaftssprache der islamischen Welt. Konvertiten nichtarabischer Herkunft lasen den Koran auf Arabisch. Besonders Iraner spielten, wie der libanesisch-britische Orientalist Albert Hourani urteilte,

»eine bedeutende Rolle bei der Ausformung des Gedanken- und Rechtssystems, das im Koran wurzelte«.

Als Hauptstadt der Abbasiden wurde Bagdad am Ufer des Tigris zur prachtvollen Metropole ausgebaut. Waren die Umajjaden in Damaskus wie mächtige arabische Stammesscheichs aufgetreten, so hielten die Abbasiden in Bagdad wie orientalische Großkönige Hof. Im ersten Drittel des 9. Jahrhunderts wurde Bagdad zur ersten Millionenstadt und zu einem geistigen Zentrum der damaligen Welt. Hierhin drängten Übersetzer aus aller Welt, zum ersten Mal in der Geschichte wurde in Bagdad Wissenschaft in internationalem Rahmen betrieben.

Aber das Kalifenreich war zu groß geworden, um noch von einem einzigen Zentrum aus beherrscht werden zu können. Indem es in regionale Teilreiche zerfiel, begann es zu schrumpfen. Vom Jahr 909 an etablierte sich im tunesischen Kairouan erstmals ein dauerhaftes Gegenkalifat als Herausforderer der Abbasidenkalifen. Die tunesischen Fatimiden führten ihre Abstammung auf die Prophetentochter Fatima, Ehefrau des schiitischen Stammvaters Ali, zurück und stützten sich auf Berber-Krieger. Sie erklärten sich zu den wahren Erben Mohammeds und wurden als erste schiitische Dynastie eine politische Macht.

Ein weiteres Reich entstand auf der Iberischen Halbinsel, wo Abd al-Rahman – ein Umajjadenspross, der dem blutigen Machtwechsel entkommen war – eine eigene Dynastie begründete. Seine Hauptstadt Córdoba, Andalusiens wirtschaftlich und kulturell blühende Metropole, avancierte zur größten Stadt im Europa seiner Zeit. Einer seiner Nachkommen, Abd al-Rahman III., nahm im Jahr 929 ebenfalls den Kalifentitel an.

Die tunesischen Fatimiden eroberten 969 die Macht in Ägypten. Die neue Hauptstadt Kairo, die sie am Ufer des

Nils bauten, konnte sich auf die Kornkammer des Nildeltas und die Rohstoffe Nordafrikas stützen, lag günstig für den Mittelmeerhandel und verfügte über beste Verbindungen zu den Märkten am Indischen Ozean. Die Fatimiden errichteten in Kairo die erste Universität der Welt, die bis heute bestehende al-Azhar. Binnen relativ kurzer Zeit schloss Kairo mit seiner politisch-kulturellen Ausstrahlung zu Bagdad und Córdoba auf.

So existierten um das Jahr 1000 neben regionalen Dynastien (wie etwa den Idrisiden in Fès) drei arabisch-islamische Reiche: die sunnitischen Kalifate der Abbasiden in Bagdad und der Umajjaden in Córdoba sowie das schiitische Kalifat der Fatimiden in Kairo.

Das größte von ihnen war das der Abbasiden. Doch in Bagdad erodierte die Macht der Herrschenden zusehends – das Reich war einfach zu groß geworden. Der riesige bürokratische Apparat, der die Befehle der Herrscher umsetzen sollte, erstarrte und verknöcherte, die Kalifen waren den gewöhnlichen Sterblichen völlig entrückt. Und das islamische Imperium ereilte das gleiche Geschick, das einst dem Imperium Romanum widerfahren war. »Wie die römischen Kaiser«, schreibt Ansary, »umgaben sich die Abbasidenkalifen mit einer Leibwache, und wie in Rom verwandelte sich diese Leibwache schließlich in den Schwanz, der mit dem Hund wedelt.«

Ein Sohn des legendären Kalifen Harun al-Raschid hatte 815 damit angefangen, junge türkische Sklaven, die »Mamluken«, als Elitesoldaten auszubilden. Als Jugendliche verschleppt, ohne Stammes- und Familienbindung, waren sie anfangs nur ihrem Herrscher ergeben. Sie konnten aber freikommen, sogar zu Offizieren und Generälen aufsteigen. Bald herrschten ehemalige Sklaven und deren Nachkommen als Mamlukensultane. Diese setzten die Kalifen nach Belieben ein- und ab, während das Abbasidenkalifat formell fortbestand.

Die christlichen Kreuzzüge ab 1095 trafen Palästina und den Orient in einer Epoche der politischen Zersplitterung, Verunsicherung und Barbarisierung, die vom Einfall der türkischen Seldschuken geprägt war. Deshalb dauerte es fast ein Jahrhundert, bis der Heerführer Saladin, der zum Herrscher über Ägypten und Syrien geworden war, die Eindringlinge im Jahr 1187 aus Jerusalem vertreiben konnte. Zuvor hatte er, um die Muslime im Kampf gegen die Christen zu einigen, die schiitische Ära in Kairo beendet. Er unterstellte Ägypten wieder dem abbasidischen Kalifat von Bagdad.

Doch im Mongolensturm, der die islamische Welt weit tiefer erschütterte als die Kreuzzüge, gingen 1258 auch die Abbasiden samt ihrer prächtigen Metropole Bagdad unter. Baibars, der bedeutendste Mamlukensultan in Ägypten, schlug die gefürchteten asiatischen Horden 1260 zurück – und begründete eine Mamluken-Dynastie, unter der Ägypten die führende Nation der arabischen Welt wurde. Noch Napoleon traf in Ägypten auf eine Mamlukenarmee.

Die außerordentliche Bedeutung des Mamlukentums erkennt der Historiker Halm darin, dass es »die arabische Welt für Jahrhunderte mit militärischen und politischen Eliten versorgte, die nichtarabischer Herkunft waren und auch, wenn sie das Arabische als Sprache übernahmen, sich ihres fremden Volkstums bewusst blieben«. In dem Jahrtausend bis zu unserer Gegenwart seien in der arabischen Welt Herrscherhäuser arabischer Herkunft eher die Ausnahme als die Regel gewesen.

Es mutet an wie ein paradoxes Lehrstück der Geschichte: Die Kolonisierung der Araber durch das Osmanische Reich und der westliche Imperialismus seit Napoleon setzten nur eine viel ältere Tradition der Fremdherrschaft fort. Historiker Lewis führt ein besonders sinnfälliges Beispiel aus dem 14. Jahrhundert an: Da spricht ein mamlukischer Sekretär syrischer Herkunft die Araber nicht etwa in der gemeinsamen Muttersprache Arabisch an, sondern auf Türkisch. Denn »er befürchtete, sein Gesicht zu verlieren, wenn er die verachtete Sprache des unterjochten Volkes spräche«.

Das früh geschaffene arabische Großreich mit seiner arabisch-islamischen Universalkultur mündet in eine schier endlose Bevormundung der Araber durch nichtarabische Eliten.

Versiegelte Zeit

350 Millionen Menschen auf der Welt sprechen Arabisch, das einst globale Bildungssprache war. Durch den Koran gilt es als sakral und unantastbar – verhindert das eine zeitgemäße Auffrischung?

Von Angelika Neuwirth

Als sich der Islam im 7. Jahrhundert zur Großmacht aufschwang, bekamen die spätantiken Mächte auch sprachlich Konkurrenz. Mit der Ausbreitung des Islam in den Mittelmeerraum und nach Mesopotamien wurde Arabisch die vierte große Kultursprache der spätantiken Welt. Diese war bisher von Griechisch, Latein und Syrisch-Aramäisch beherrscht.

Der Siegeszug der arabischen Sprache war zunächst nicht abzusehen. Unter den »semitischen Sprachen«, zu denen Arabisch gehört, waren andere politisch und literarisch viel erfolgreicher gewesen: Babylonisch oder Akkadisch etwa, die Sprachen der altmesopotamischen Großreiche, oder Aramäisch, das danach jahrhundertelang die überregionale Verkehrssprache des Nahen Ostens war und wohl auch von Jesus gesprochen wurde; ganz zu schweigen vom Hebräischen, der Sprache des bedeutendsten literarischen Monuments des Nahen Ostens, der Bibel.

Das Auftreten der Araber ist zwar schon etliche Jahrhunderte vor Christus nachgewiesen. Aber über ihre damalige Sprache ist kaum Genaues bekannt, da sie keine nennenswerten schriftlichen Spuren hinterlassen haben. Es gibt nur vereinzelte Inschriften wie etwa der Nabatäer, die die sagenhafte Felsenstadt Petra im heutigen Jordanien schufen. Selbst aus dem zeitweise überregional bedeutsamen Südarabien, wo die legendäre Königin von Saba geherrscht haben soll, sind nur wenig aussagekräftige schriftliche Zeugnisse überliefert.

Die weitaus wichtigste Dokumentation der vorislamischen arabischen Sprache besteht in einem umfangreichen Schatz von Gedichten, deren älteste aus dem 6. Jahrhundert stammen. Lange Zeit wurden sie nur mündlich überliefert, erst im 9. Jahrhundert niedergeschrieben.

»Eine zarte Traumgestalt hielt mein Auge schlaflos, sie umschwebte mich, während die Karawane in der Wüste Jusur lagerte«, heißt es etwa bei einem Dichter des 7. Jahrhunderts. Die westliche Wertschätzung schwankt zwischen Bewunderung für die »Kraft und Schönheit der Wüstenpoesie« und Überdruss angesichts der Monotonie der Themen. Doch diese Dichtung ist kein arabisches Exotikum, sondern weist enge Verbindungen zur vorislamischen hellenistischen Literatur auf. Gemeinsam ist ihnen vor allem die Trauer über die Vergänglichkeit menschlichen Lebens. Zugleich preist sie den Genuss weltlicher Freuden. Eingekleidet in die Rede beduinischer Helden, die ein heroisches Weltbild verkörpern, ist sie in manchem Detail mit den homerischen Epen verwandt.

Obwohl der Koran bestrebt gewesen war, das heidnische Erbe zu tilgen, konnte sich mit der Dichtung doch ein

Angelika Neuwirth
Die Professorin für Arabistik an der Freien Universität Berlin, Jahrgang 1943, erforscht unter anderem die Geschichte des Koran und die moderne arabische Literatur der Levante.

Stück heidnischer Welt noch Jahrhunderte nach Mohammeds Missionierung auf der Arabischen Halbinsel halten. Der Koran selbst ist nicht zuletzt eine Auseinandersetzung mit dieser Dichtung und ihrem Weltbild, er ist vor allem in ihrer Sprache gehalten.

Denn die von den nordarabischen Stämmen mündlich tradierte Dichtkunst hatte lange vor Mohammed eine Dichtersprache hervorgebracht, die sich als ideales Medium für die neue Botschaft erwies. Dafür mussten die diesseitigen Ideale der heroischen Dichtung mit ebenso raffinierten sprachlichen Mitteln allerdings durch neue ersetzt werden, mit denen der Gläubige bei seiner Rechenschaft beim Jüngsten Gericht bestehen konnte. Mehrfach betont wird im Koran, dass nach den alten Offenbarungsschriften der Juden und Christen mit ihm nun eine göttliche Botschaft »in deutlicher arabischer Sprache« gekommen sei.

Über Mohammeds eigenes Arabisch ist viel spekuliert worden. Als Mekkaner dürfte er den hedschasenischen Dialekt gesprochen haben, bei dem bestimmte Laute von der späteren Hochsprache etwas abweichen. Ob seine Verkündung aber Spuren dieses Dialekts aufgewiesen hat, lässt sich nicht beweisen.

Auch die in jüngerer Zeit aufgestellte These, der Koran basiere auf einer arabisch-aramäischen Mischsprache und sei erst im Nachhinein in die hocharabische Form überführt worden, ist angesichts der frühen schriftlichen Dokumentation des Textes nicht aufrechtzuerhalten: Die ältesten Koranhandschriften enthalten bereits den Konsonantentext, wie er uns vorliegt. Angesichts der kurzen Zeitspanne zwischen dem Tod Mohammeds 632 und der Entstehung dieser Handschriften etwa 30 Jahre später ist eine nachträgliche Veränderung so gut wie ausgeschlossen.

In der koranischen Verkündung ist das Arabische als Sprache der letztgültigen Offenbarung bezeugt. Dieser Rang spiegelt sich in den – auch im Vergleich zum Judentum und Christentum – ungewöhnlich intensiven und nachhaltigen Bemühungen, den Text in seiner Urform zu erhalten. Die daraus im 9. Jahrhundert hervorgegangene Lehre von der sprachlichen Unnachahmlichkeit des Koran hat – anders als im Fall der Bibel – dessen Übersetzung in andere Sprachen vereitelt. Arabisch konnte als Kultsprache daher auch nicht durch die Muttersprachen der Muslime anderer Sprachräume ersetzt werden.

Dies trug entscheidend dazu bei, dass sich bei den Arabern in besonderer Weise ein an die Sprache gebundenes kulturelles Selbstbewusstsein entwickelte. Es war diese hochentwickelte Sprachkultur, die zusammen mit dem Koran selbst in den folgenden Jahrhunderten das Rückgrat der universellen islamischen Bildungswelt darstellen sollte.

Kazuyoshi Nomachi/Corbis

Koranschüler in Medina

Das Fundament für den Vorrang des Arabischen legte nicht die Machtübernahme der Araber in den eroberten Gebieten, sondern erst die dort entstehende neue Kultur. Einige ihrer Herrscher träumten von einem arabisch-islamischen Reich, das an die Stelle des alten Sasanidenreichs und der byzantinischen Herrschaft treten sollte.

Einen solchen Ehrgeiz hatte der Umajjade Abd al-Malik (685 bis 705), der vierte Kalif der ersten arabischen Dynastie von Damaskus. Die Eroberungsfeldzüge, die noch unter den ersten »rechtgeleiteten« Kalifen von Medina aus begonnen worden waren, hatten zwar bereits zur Einnahme der Hauptstadt des persischen Sasanidenreichs samt Mesopotamien geführt wie auch der byzantinischen Provinzhauptstadt Damaskus, 638 schließlich auch von Jerusalem und ab 641 von Ägypten. Aber die Eroberungen konnten nur dauerhaft Bestand haben, weil stets sofort religiöse Zentren eingerichtet wurden und eine eigene neue Verwaltung.

In einer Welt, deren Wertmaßstäbe und Ordnungsvorstellungen in der Religion verankert waren und in der die Bedeutung der großen Kultursprachen von ihren Glaubensgemeinschaften abhing, bedurfte es von Anfang an der Synergie religiöser und politischer Macht. Der Bau des Felsendoms in Jerusalem 691 und der großen Moschee im gerade gegründeten ägyptischen Fustat belegen den frühen Anspruch, den Islam und mit ihm die arabische Kultsprache an die Stelle der griechisch-, syrisch-aramäisch- und koptischsprachigen christlichen Dominanz zu setzen.

Ebenso rasch vollzog sich der Siegeszug durch die nordafrikanischen Küstengebiete, der ebenfalls mit der Gründung neuer religiöser Zentren einherging. Das bedeutendste, Kairouan im heutigen Tunesien, entstand um 670. Dabei mussten die traditionsreichen Bischofssitze in der Region – der Kirchenvater Augustinus war von 396 bis 430 Bischof von

Hippo Regius im heutigen Algerien – und mit ihnen die lateinische Sprache bald einer neuen Kultur weichen.

Im Laufe dieser Eroberungszüge, die erst 732 bei Tours und Poitiers zum Stillstand kamen, schufen die Araber in Spanien die Grundlage für eine arabischsprachige, aber ethnisch und kulturell höchst vielfältige Kultur: die andalusische. Nachdem die Umajjaden-Dynastie in Damaskus 750 ausgeschaltet und durch die von Bagdad aus regierenden Abbasiden ersetzt worden war, verlagerten sich die Machtzentren, was nachhaltige kulturelle Folgen hatte. Unter arabischer Herrschaft in Spanien entstanden nicht nur maßgebliche Werke islamischer Theologie sowie arabischer Prosa und Dichtung. Auch bedeutende jüdische Literatur wurde außer auf Hebräisch in arabischer Sprache geschrieben. Gleichzeitig erlebte die arabische religiöse wie säkulare Literatur auch in dem von Bagdad aus beherrschten Osten eine Hochblüte.

Nun schrieben auch Gelehrte aus anderen Kulturen Arabisch. Sie sorgten zudem dafür, dass die wichtigsten literarischen Zeugnisse ihrer Sprachkulturen ins Arabische übersetzt wurden, was der Kalifenhof zeitweise intensiv förderte. Um 1200 lag daher das gesamte Schrifttum der griechisch-hellenistischen gelehrten Bildung auch in arabischer Sprache vor.

Dass dabei so viel mehr literarische und gelehrte Werke entstanden als zur gleichen Zeit im westlichen Abendland, lag nicht nur an der Größe des Gebiets von Spanien bis ins heutige Afghanistan und von der Mittelmeerküste bis in den Jemen. Viel ausschlaggebender war im 8. Jahrhundert eine mediale Revolution: Papier, dessen Herstellung in China entwickelt worden war und sich nun im arabischen Raum verbreitete, war erheblich leichter herzustellen und billiger als das im Abendland benutzte Pergament.

Dadurch konnten auch Werke publiziert werden, die nicht vom Staat oder von Mäzenen gefördert wurden. Mehrere Hunderttausend Handschriften wurden so veröffentlicht.

Die bereits seit dem 11. Jahrhundert erodierende Kalifatsherrschaft fiel 1258 vollends dem Mongolensturm zum Opfer. Damit schrumpfte die weitestgehend von arabischer Bildung geprägte Welt – übrig blieb schließlich nur ein Gebiet, das im Wesentlichen den heutigen arabischen Ländern entspricht.

In den östlichen Provinzen, die nun unter der Kontrolle zumeist turkstämmiger Herrscher standen, setzte sich das Neupersische immer mehr durch. Persische Dichtung, bis dahin nur lokal gepflegt, trat neben die arabische, und Persisch wurde die Verwaltungssprache der iranischen und weiter östlich gelegenen Provinzen. Im 13. Jahrhundert erlebten die Christen Mesopotamiens eine »postmongolische Renaissance« ihrer syrisch-aramäischen Sprache und Literatur.

Noch deutlicher war die Abkehr vom Arabischen in Spanien, wo eine säkulare hebräische Literatur der Juden neu erstand. Wichtige, in arabischer Sprache entwickelte literarische Gattungen wie die Liebesdichtung, der Schelmenroman und die Epistel wurden in der wiederentdeckten hebräischen Muttersprache reproduziert. Mit der Reconquista fiel Spanien 1493 endgültig an die Christen, und die arabische Kultur im Land erlosch. Seinen Rang als alleinherrschende Bildungssprache weiter Regionen des Islam verlor das Arabische also bereits in der Vormoderne – in erster Linie wohl deshalb, weil es sich nicht überall als Umgangssprache hatte durchsetzen können. Eine »Nationalsprache«, in der Umgangs- und Bildungssprache identisch sind, konnte in einem Vielvölkerstaat wie dem Bagdader Kalifat ohnehin nicht entstehen. Nach dessen Zerfall gewannen in allen Bereichen außerhalb der Theologie die

Regionalsprachen die Oberhand. In den arabischsprachigen Kernländern hingegen – Arabien, Irak, Syrien, Jemen, der Golfregion, Ägypten und dem Maghreb – blieb Arabisch als Bildungs- und Schriftsprache ungeschmälert erhalten. Hier erlebte das Arabische im Verlauf des 19. und 20. Jahrhunderts eine Renaissance, die es zur modernen Hochsprache der arabischen Nation formte.

Durch die Expansion des Druckwesens, später durch Rundfunk, Film und Fernsehen drang das Hocharabische immer weiter vor. Nicht zuletzt konnten sich jetzt Frauen, die jahrhundertelang von der Außenwelt abgeschirmt lebten, öffentlich einbringen. Schriftstellerinnen traten bereits während der »Nahda«, der sogenannten arabischen Renaissance, Ende des 19. Jahrhunderts auf.

Intellektuelle, die in europäischen Sprachen gebildet waren, und vor allem von der ägyptischen Regierung entsandte Studienmissionen trieben um die Wende vom 19. zum 20. Jahrhundert die geistige Auseinandersetzung mit europäischen Ideen, auch mit europäischer Macht- und Kolonialpolitik an. Dabei erkannte man die Notwendigkeit, die eigene Sprache zu einem Instrument modernen Denkens zu schärfen. Es galt, die kulturelle Identität zu wahren, andererseits aber auch den Anschluss an die Entwicklung der übrigen Welt zu finden.

In mehr als 20 Staaten mit gut 350 Millionen Menschen ist Hocharabisch heute Amtssprache. Vom klassischen Arabisch unterscheidet es sich grammatikalisch kaum, umso mehr aber im Stil. Aus dem Französischen oder Englischen wurden viele Lehnwörter übernommen, wie etwa futbol, filim, dimuqrati oder akademi.

Die weitaus meisten Araber sprechen jedoch nicht Hocharabisch als Muttersprache, sondern Dialekte, die Regionalsprachen entsprechen. Sie unterscheiden sich zwar sehr, sind aber den jeweils anderen nicht völlig unverständlich. Dabei bilden die Maghreb-Dialekte eine eigene Gruppe, während etwa der syrische, der libanesische und der palästinensische Dialekt der Hochsprache sehr nahestehen. Der ägyptische Dialekt ist vielen vertraut, weil er durch die lange von Ägypten stark monopolisierte Produktion von Kinofilmen und Fernsehdramen weite Verbreitung fand.

In der gesamten arabischen Welt klaffen allerdings hochsprachliche Norm und sprachliche Realität auseinander. Das klassische Arabisch gilt noch immer als unantastbar, es gibt keine offizielle neuarabische Grammatik. Gleichwohl weicht das in der Literatur und in den Medien gebrauchte Arabisch vielfach von den klassischen Regeln ab – was als gängige Praxis toleriert wird. Die klassische arabische Kultur als das alle Araber einende Band gilt als Ideal, doch die Realität ist ganz anders. Europäische Kritiker haben diesen Zustand als Zeichen der Stagnation, als Ausdruck einer »versiegelten Zeit« (so der Historiker Dan Diner) beschrieben. Die arabische Sprache erscheine als unantastbar, weil sie den Anspruch auf Sakralität erhebe.

Auch arabische Schriftsteller sehen ein höchst problematisches Erbe darin, dass die Alltagssprache, die mit frommen Formeln durchsetzt ist, und mehr noch die Hochsprache unterschwellig religiöse Normen vermitteln. Moderne Autoren wie der Libanese Raschid al-Daif wollen die arabische Sprache deshalb entmythisieren. So greift Daif etwa die stark von männlichen Idealen beherrschten Formulierungen in literarischen Texten an, vor allem aber das Tabu, über Sexualität zu reden. Er tut es demonstrativ, wie schon seine Buchtitel verraten: »Ich nenne die Dinge beim Namen« oder »Die Verschwulung der Welt«.

Licht aus dem Osten

Arabiens Wissensschätze haben Europas geistige Welt im Hochmittelalter entscheidend verändert: mit Lehrbüchern für Ärzte, mit Naturwissenschaft, vor allem aber durch kühne, aufklärerische Philosophie.

Von Johannes Saltzwedel

Was war so erstaunlich an dem Seehändler, der da um 1075 im italienischen Hafen Salerno einlief? Machte sein Sprachtalent Eindruck, oder waren es die erlesenen Kräuter seiner Fracht? Hatte er wundersam hilfreiche Rezepturen dabei? Irgendwie jedenfalls verblüffte er die Gelehrten des Ortes mit ärztlichem Fachwissen – so sehr, dass sie den weitgereisten Mann zu bleiben baten.

Sie sollten es nicht bereuen. Der arabische Pflanzenexperte ließ sich auf den Namen Constantinus Africanus taufen, wurde gar benediktinischer Laienbruder und begann, arabische Medizinliteratur ins Lateinische zu übersetzen. Zwei umfangreiche Handbücher und ein kürzeres Übersichtswerk brachte er hervor; außerdem entstanden Einzelstudien: zur Fieberlehre und zum Puls, über Depressionen, Augenkrankheiten und Bauchleiden.

Für Salerno, die junge Hochburg der Heilkunde, kam die Informationsspritze aus der muslimischen Welt wie ein Wunder. Endlich konnten Ärzte nachlesen, wozu Galen, der legendäre Meisterdoktor aus der römischen Kaiserzeit, wirklich riet und wie arabische Experten sein Lehrgebäude ausgebaut hatten. Constantinus, der bald eine Klause im nahen Kloster Monte Cassino beziehen durfte, wurde als

»Weiser von Orient und Okzident« und »neu erglänzender Hippokrates« gefeiert. Als er 1087 starb, setzten jüngere Fachleute sein Werk zwar in Kommentaren fort, aber geistiger Nachschub aus Arabien fehlte fürs Erste.

Neue Kontakte entstanden seit etwa 1130: mitten auf der iberischen Halbinsel, in Toledo. Hier, nahe der umkämpften Grenzzone von muslimischer und europäischer Kultur, bot sich die Chance, das überlegene Wissen der Araber gründlich zu erkunden, keineswegs nur in der Medizin. Ein ganzes Team von Spezialisten um die Italiener Gerhard von Cremona und Dominicus Gundissalinus stürzte sich nun auf arabische Handschriften, die sie so wörtlich wie möglich ins Lateinische brachten. Weit über ein Jahrhundert lang lösten sich die fleißigen Übersetzer ab. Was sie zutage förderten, machte unauslöschlichen, ja epochalen Eindruck.

Da hatte Plato von Tivoli, ein Experte für Mathematik und Himmelskunde, anfangs mit großem Recht gewettert, auf Latein gebe es kein einziges gescheites Kompendium für Astronomie, »nur Narrheiten, Träume und Altweibergeschichten«. Jetzt standen die lang vermissten Grundlagenbücher bereit: das Œuvre des Erd- und Himmelskundlers Ptolemaios, die Standardwerke der Mathematik-Gründerväter Euklid und Archimedes, auch große Portionen aus dem reichen Werkkatalog Galens. All diese antiken Schätze waren in arabischer Fassung erhalten.

Nicht minder imponierte, was die Araber selbst geleistet hatten: Gabir Bin Aflah und al-Chwarismi in der Mathematik, Alhazen in der Optik, Abu al-Kasim in der Medizin, das waren nur die wichtigeren Namen. Ganz obenan stand der persische Arzt und Universalgelehrte, den man lateinisch Avicenna nannte: Abu Ali al-Hussein Ibn Sina, 1037 nach bewegtem Leben in Hamadan gestorben, ein wahrer Fürst der Wissenschaften.

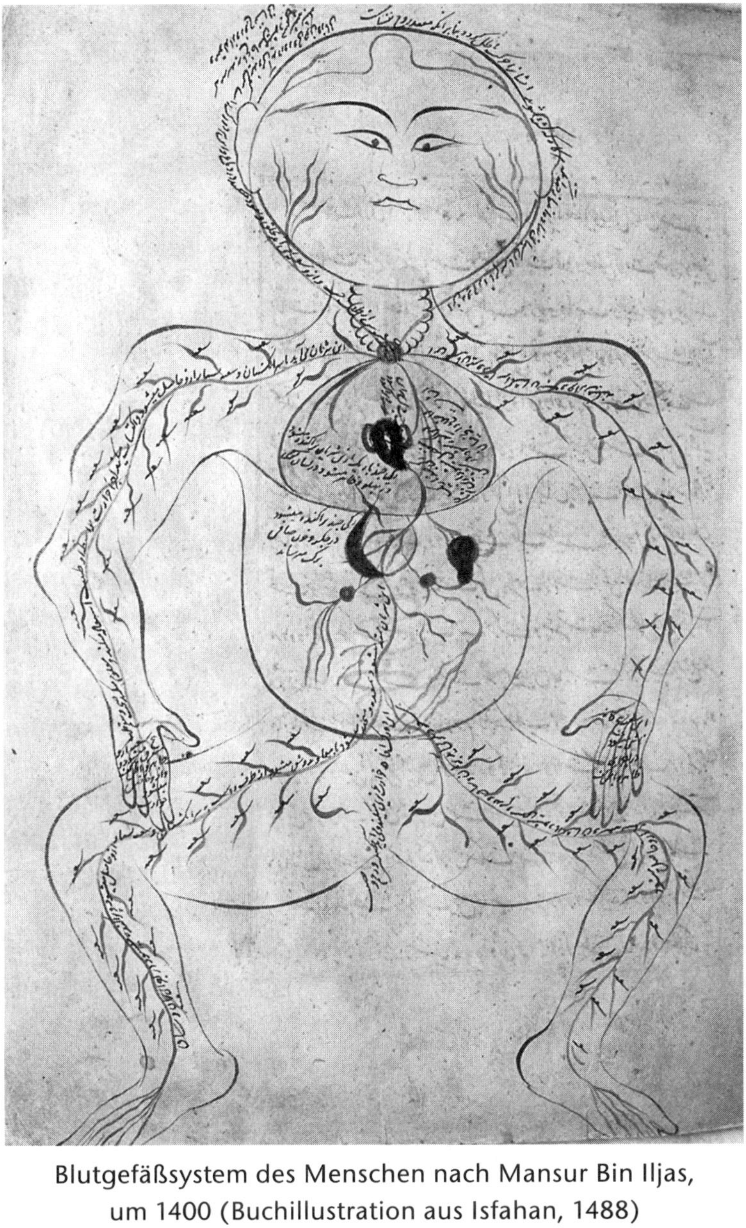

Everett Colle/Picture Alliance/dpa

Blutgefäßsystem des Menschen nach Mansur Bin Iljas, um 1400 (Buchillustration aus Isfahan, 1488)

Natürlich hatte Avicenna für seine enzyklopädischen Bücher nicht bei null angefangen; vielfach berief er sich auf Aristoteles, den Patriarchen empirischer Forschung im alten Athen. Goldgräberstimmung muss unter den Übersetzern von Toledo aufgekommen sein, als sie in den arabischen Großbibliotheken auch Übersetzungen eines Großteils der erhaltenen Werke des Aristoteles selbst fanden.

Bei orientalischen Gelehrten hieß der Weise, der als Lehrer Alexanders des Großen legendär geworden war, oft einfach »der Philosoph«. Mit Recht: Was immer Aristoteles über Politik und Tierkunde, Seelenlehre, Himmelsbau und viele weitere Wissenszweige zusammengetragen hatte, alles sollte sich zu einem Gefüge ordnen, das auf klaren philosophischen Grundlagen fußte. Das Anfänger-Lehrbuch hierüber, die sogenannten »Kategorien«, war den Intellektuellen Europas lange vertraut. Nun aber kam nicht nur Aristoteles' Lehrbuch über logische Schlüsse dazu, sondern vor allem seine Metaphysik, eine bis zur Vertracktheit dichte Abhandlung über die Grundbegriffe des Denkens. Zu allem Überfluss hatte eine ganze Schar arabischer Autoren kluge Bemerkungen und Einsprüche beigesteuert.

»So etwas wie die Aufklärung im Mittelalter« nennt der Mainzer Philosophie-Historiker Kurt Flasch die Folgen des enormen Wissenszustroms für das Abendland. Das ist eher noch untertrieben. Denn Europas Theologen, die sich bislang meist an den Lehren des Kirchenvaters Augustinus orientiert hatten, konnten nicht leugnen, dass Aristoteles und seine arabischen Kommentatoren vielfach überzeugender argumentierten – und in ganz anderer Richtung.

Naturkundlern machte das nichts aus; bei profaner Weltkenntnis ging es ja vor allem um Genauigkeit. Den Staufer-Kaiser und Wissenschaftsfreund Friedrich II. zum Beispiel, der im sizilischen Palermo selbst an einem Kreuzungspunkt gelehrter Traditionen regierte, reizten vor allem biologisch-physikalische Fachkenntnisse. Um 1230 engagierte er Michael Scotus, einen der Besten aus dem Team von Toledo, der am Hof prompt eine Übersetzerwerkstatt gründete. Friedrich selbst konnte sogar die vorher unzugängliche »Mechanik« des Aristoteles studieren und für sein grundgelehrtes Buch über Falken und die Falknerei in Avicennas Tierkunde nachschlagen.

Aristoteles habe »allen Suchenden den Weg der Wahrheit geöffnet«, jubelte 1159 der belesene John von Salisbury. Ihm wie praktisch allen anderen Meisterdenkern, etwa später Albertus Magnus, galt Aristoteles als Lichtgestalt echten, umfassenden Wissens – und mit ihm ein Araber, der bienenfleißig und gleich in drei unterschiedlich dicken Versionen die aristotelischen Schriften erläutert hatte: Abu al-Walid Mohammed Ibn Ruschd, lateinisch: Averroes. Unter Insidern hieß der verblüffend rationalistisch argumentierende Mann aus Córdoba schlichtweg »der Kommentator«.

Averroes hielt Aristoteles für »eher göttlich als menschlich«, für einen Superhelden: »Er hat die Wissenschaften (Logik, Metaphysik und Physik) vollendet, denn keiner seiner Nachfolger hat bis heute, das heißt während 15 Jahrhunderten, seinen Schriften etwas hinzufügen oder in ihnen einen bedeutenden Irrtum finden können.«

Abendländische Forscher, die seinen Enthusiasmus teilten, begaben sich damit auf heikles Terrain: Wie ließen sich Lehren, die von antiken Heiden wie Aristoteles und Muslimen wie Averroes verkündet worden waren, überhaupt mit der christlichen Doktrin vereinbaren? Ging es um Grundsätzliches, empfanden Kirchenobere geradezu eine Pflicht, bösen Anfängen zu wehren: Schließlich waren die Märtyrer von Heiden umgebracht worden, und weiterhin kämpften Kreuzfahrerheere meist gegen Araber. Verkündete nun beispielsweise ein Medizinexperte, der ausgerechnet an der römischen Kurie arbeitete, nach antiken Vorbildern: »Die Welt ist Gott«, dann widersprach das eklatant der Schöpfungslehre und untergrub so die kirchliche Autorität.

1210 beschloss die Synode von Paris, Europas wichtigster und regster Universitätsstadt, dass weder die naturphilosophischen Schriften des Aristoteles noch Kommentare dazu gelesen werden dürften, sowohl vom Hörsaalkatheder als auch privat. Wer es dennoch tue, werde exkommuniziert – keine leere Drohung zu einer Zeit, da man überall Ketzer witterte. Über Jahrzehnte hielt sich der Erlass, freilich eher auf dem Papier als in der Praxis. Denn längst war allen Klügeren klar: Ignorieren konnte man, was aus Arabien kam, allenfalls zum eigenen Schaden. Und 1255 vollzog sich dann, wiederum in Paris, die historische Kehrtwende: Fortan war das Aristoteles-Studium nicht bloß erlaubt, sondern zwingend vorgeschrieben.

Jetzt konnten Koryphäen wieder arbeiten, zum Beispiel der große Kirchenlehrer Thomas von Aquin, der mit immenser Quellenkenntnis den Bau der Theologie von Grund auf neu zu errichten begann, aber auch der Oxforder Naturforscher und Philosoph Roger Bacon und andere. Von der Wissenschaftstheorie bis hin zu verästelten Fragen nach Wesen und Sein oder den feinen Unterschieden zwischen Seele, Geist und Intellekt begannen die Scholaren nun europaweit verblüffend offen zu disputieren.

Um sich doch noch mit dem Klerus anzulegen, musste man schon sehr undiplomatisch sein wie der brillante Siger von Brabant. Er leugnete in seinen Aristoteles-Kommentaren entgegen aller Kirchenlehre die Vorsehung und den freien Willen – und wurde vor den Inquisitor zitiert. Die meisten übrigen Forscher studierten dankbar den Schatz von Einsichten aus der arabischen Welt, ließen sich oft zu eigenständigen Thesen anregen und überwanden so fast unbemerkt den überkommenen Buch- und Autoritätenglauben.

Wie weit dieser Weg führte, zeigt ausgerechnet ein Werk herber Analyse, geschrieben um 1460: Die »Sichtung des Korans« von Nikolaus von Kues. Gestützt auf die über 300 Jahre zuvor entstandene lateinische Standardübersetzung, nahm sich der als Kirchendiplomat weit herumgekommene Kardinal das Buch des Propheten Mohammed genauestens vor. So deutlich er sich von dem »gänzlich verworrenen« Opus aus Arabien distanzierte, so häufig fand er auch verständnisvolle Worte.

»Moses beschrieb einen Weg« zu Gott, heißt es da beispielsweise; »Christus erleuchtete und vollendete ihn, und doch bleiben bis jetzt noch viele ungläubig. Mohammed bemühte sich, diesen Weg als leichteren zu beschreiben, damit alle, auch die Götzendiener, ihn annähmen« – was Nikolaus rundweg anerkennt. Führe der Koran dann in die Irre, geschehe das nicht böswillig, sondern nur durch Mohammeds »Unwissenheit«.

Selbst den Bau des Buches, die eigentümlich abgeschlossene Gedichtform jeder Sure, nahm der christliche Denker ernst – noch ein Beleg dafür, wie viel Respekt er seinem Gegenstand zollte. Seit wenigen Jahren war Konstantinopel in osmanischer Hand; jetzt musste sich Europas Christentum auf seine Kernwerte besinnen. Aber ebenso ist in der Koran-Studie eine Hoffnung auf Verständnis zu spüren.

Ohne Zutrauen zur Vernunft der jeweils anderen Seite kann es das nicht geben. Nikolaus von Kues, der die »coincidentia oppositorum«, die Einheit der Gegensätze, zum Leitwort seiner Philosophie gemacht hatte, baute auf die Kraft des Dialogs – auch weil er genau wusste, wie beschränkt sein Abendland ohne die umfassende geistige Infusion aus Arabien geblieben wäre.

Derwisch für Dänemark

Wie sah der Jemen um die Mitte des 18. Jahrhunderts aus? Der deutsche Forschungsreisende Carsten Niebuhr ging auf lange, beschwerliche Expedition – seine Beschreibung von Arabien setzte Maßstäbe.

Von Johannes Saltzwedel

Ja, auch das Fässchen musste inspiziert werden. Bitten und gute Worte nützten nichts: Schon flog der Deckel auf. Pfui Teufel, welch ein Mief! Skeptisch begannen die Zöllner in der Brühe herumzurühren, bis das Tönnlein auch noch umfiel. Sogleich verbreitete sich überall »Gestank von verdorbenen Fischen und Branntwein« – kein guter Start für einen Forschungsaufenthalt in Mokka, der bedeutenden Hafenstadt im Südwesten des Jemen.

Dabei hatte der junge Biologe Peter Forsskål nur ein paar ungewöhnliche Fische aus dem Roten Meer mitnehmen wollen, in Alkohol konserviert. Jetzt wurden er und die Reisegefährten argwöhnisch beäugt. Branntwein und Verfaultes, hier unter reinlichen Muslimen? Eine besondere Flasche enthielt gar tote Schlangen in Spiritus. Begreiflich, dass die Ordnungshüter nach solchen Entdeckungen nicht einmal das Bettzeug der dubiosen Gäste aus dem fernen Europa ungeprüft herausrücken wollten.

Erst ein »ansehnliches Geschenk« von 50 Dukaten habe nach mehreren Tagen das Misstrauen beschwichtigt, protokollierte Forsskåls Kollege, der Mathematiker Carsten Niebuhr, ein Bauernsohn aus Lüdingworth im Land Hadeln nahe der Elbmündung. Er tat es ohne beleidigten Unterton: Schließlich hatten die jungen Wissenschaftler – neben Forsskål und Niebuhr der Sprachkundler von Haven, der Arzt Cramer und der Zeichner Baurenfeind, dazu der Diener Berggren – schon so viel im Orient erlebt, dass kleinere Zwischenfälle sie nicht mehr nervös machten.

Vor mehr als zwei Jahren war die bestens ausgestattete Expedition im Auftrag der dänischen Krone abgesegelt, war durch das Mittelmeer über Konstantinopel bis Kairo gekommen. Nach längerem Aufenthalt dort hatte man nun, im Frühjahr 1763, damit begonnen, die legendäre, aber weiterhin fast unbekannte Region im Süden der Arabischen Halbinsel, »Arabia felix«, zu erkunden.

Araber »lieben die Freiheit und wenige Worte«, so viel war ihnen schon klar. Aufgeschlossen für die Landessitten und meist in ortsüblicher Kleidung, hatten sie, von Dschidda kommend, den nördlichen Teil der jemenitischen Küstenebene durchstreift, hatten Klima, Vegetation und Altertümer in Wort und Bild festgehalten und dabei manchmal beinah rührende Gastfreundschaft erfahren.

Vom Zeltbau (»gemeiniglich sieben oder neun Stäbe«) und dem kaum vorhandenen Mobiliar (»Ein rundes Stück Leder ist der Araber Tischtuch«) bis hin zum komplexen Nebeneinander vieler Stämme und Regionalherrscher wussten die Forscher inzwischen ganz gut Bescheid. Islamische Feste konnte der versierte Astronom Niebuhr kalendarisch sogar besser vorausberechnen als die Einheimischen.

Besonders faszinierten ihn die vielen verschiedenen Kopfbedeckungen der Morgenländer. Kawuk, Turban, der mit Laken und Lammfell überzogene Kalpak oder der kleinere Fez, das waren offenbar nur wenige Haupttypen in einer fast unüberschaubaren Fülle. An die 50 Varianten sammelte und beschrieb Niebuhr genauer. Frauen seien

»ebenso viel, wo nicht mehr« auf ein modisches Äußeres bedacht als in Europa. Unübersehbar sei jedoch, dass der Gesichtsschleier für Musliminnen in der Öffentlichkeit das wichtigste Kleidungsstück darstelle: »Ein Engländer überraschte einmal eine Frauensperson, die sich bei Basra

Arabische Kopfbedeckungen
(Stich aus Niebuhrs Reisebeschreibung)

im Euphrat badete, und diese hielt nur die Hände vor das Gesicht, ohne sich darum zu bekümmern, was der Fremde sonst sehen möchte.«

Am liebsten machten die neugierigen Europäer möglichst unauffällig ihre Beobachtungen. Während der Fahrt durch das Rote Meer nach Dschidda freilich hatte Niebuhr auf dem engen Schiffsdeck keine Wahl: Eine Sonnenfinsternis war angekündigt; nun wollten auch Kapitän und Kaufleute durch die rußgeschwärzten Gläser blicken. Als das Himmelsschauspiel eintrat, waren die umstehenden Araber »darüber sehr vergnügt« – und schlossen aufgrund ihrer eigenen Wissenschaftstraditionen, die astronomisch beschlagene Abordnung aus der Ferne sei wohl eine Gruppe exzellenter Ärzte. »Alle schienen auf einmal krank zu werden«, bemerkte Niebuhr schmunzelnd. Forsskål, eigentlich Arabist und Botaniker, gab harmlose Ratschläge wie »mehr oder weniger zu schlafen und bessere Diät zu halten«. Als einer klagte, er sehe des Nachts so wenig, erhielt er den Tipp, doch vielleicht mal ein Licht anzuzünden – und alles begann zu lachen. Selbst in arabischem Humor schienen die Fremdlinge sich gut einfühlen zu können.

Völlig sorglos mochten sie sich an Land dennoch nicht bewegen. Man reise »allezeit bewaffnet«, bemerkte Niebuhr, als er im März 1763, zünftig in Turban, Oberrock, Hemd, Hosen und Pantoffeln gekleidet, auf einem Mietesel durch die weite Küstenebene zog. »Mein Eseltreiber, der zugleich mein Wegweiser und Bedienter war und mir zu Fuß folgte, hatte außer seinem breiten Messer vor dem Leibe einen Säbel und einen Schild; andere arme reisende Araber haben statt des Säbels eine kleine Lanze oder ein kleines Beil.« Essbesteck hingegen brauche man auf solchen Touren nicht.

Emsig trugen die fünf Experten Daten und Fakten zusammen, die lange vorhalten sollten – Niebuhrs Jemen-Karte zum Beispiel blieb für viele Jahrzehnte unerreichter Standard. Aber auch ganz alltägliche Lebensumstände interessierten sie: Bauholz etwa stellte in weiten Teilen des Landes eine Kostbarkeit dar; Trinkwasser für die Stadt Dschidda wurde mühsam mit Lasttieren von den Bergen herangeschafft. Als ein Feuer große Teile der Stadt Bait al-Fakih, Knotenpunkt und wichtiges Quartier der Wissenschaftler, vernichtete, zeigten die Einheimischen erstaunliche Ruhe: »Man hörte kein Heulen und Schreien auf den Straßen, und wenn man ihr Schicksal bedauerte, so antworteten sie: Es ist Gottes Wille.«

Viel mehr blieb auch Niebuhr nicht zu sagen, als 1763 kurz nacheinander seine Kollegen von Haven und Forsskål an Malaria starben – beide noch vor dem letzten Ziel der Expedition im Jemen, dem Aufenthalt in der weiter nördlich gelegenen Residenzstadt Sanaa. Der mächtige Imam hatte in seinem Audienzsaal alle Männer seiner Familie und viele weitere Edle für den Empfang der weitgereisten »Derwische« zusammengerufen und nahm nun huldvoll deren Gruß entgegen. Bald darauf, bei der Stadtbesichtigung, entdeckte Niebuhr weit oben auf dem Kastell der Stadt eine alte deutsche Haubitze mit der Inschrift »Iorg Selos gos mich, 1513«.

Auch diesen kuriosen Fund lässt er unkommentiert. Einfälle und Stimmungen hat der nüchterne Norddeutsche ohnehin kaum je festgehalten; zu wichtig war ihm wissenschaftliche Gründlichkeit, zu gut entwickelt wohl auch seine aufgeklärte Einsicht, dass fremde Sitten keineswegs von sich aus verwerflich seien. Und doch muss ihm die Fortführung seines Tagebuchs immer wieder schwer geworden sein. An Bord des Seglers, der sie von Mokka aus nach Indien bringen sollte, starben nach wenigen Tagen zwei weitere seiner Gefährten: der Bediente Berggren und

Getty Images

Arabische Tracht im Jemen – vielleicht ein Porträt Niebuhrs
(Stich aus seinem Reisebericht)

der Zeichner Baurenfeind. Lapidar hieß es, nach je einem knappen Lebensresümee: »Beide Leichen wurden in die See geworfen.«

Mit dem Glück des Standhaften, selbst nur knapp dem Tropenfieber entkommen, erreichte Niebuhr als Einziger des Teams 1767 wieder Kopenhagen. Nachdem er in Bombay auch Cramer hatte sterben sehen, gelangte er allein über Maskat und den Persischen Golf, Bagdad und Mossul ins syrische Aleppo, sah auf einem kurzen Abstecher Jerusalem und reiste dann über Konstantinopel und Warschau auf dem Landweg heim – nicht ohne in Göttingen Station zu machen. Dort nämlich lehrte Johann David Michaelis, der berühmte Alttestamentler und Orientalist, dessen Fragenkatalog die dänische Expedition seinerzeit überhaupt erst in Gang gebracht hatte.

Gewissenhaft machte sich Niebuhr sogleich an die Aufarbeitung der Resultate. Schon 1772 hatte er seine bahnbrechend genaue, mit vielen Kupferstichen angereicherte »Beschreibung von Arabien« fertig, zwei Jahre später den ersten Band seines Reiseberichts. Der fleißige, bedächtige Mann, der seit 1778 als Landschreiber in Meldorf amtierte, war zur Autorität in Sachen Morgenland geworden. Bis weit über seinen Tod 1815 hinaus sollte dieser Ruhm Bestand haben: Noch die Entzifferer der Keilschrift-Monumente von Persepolis konnten die sorgsamen Kopien nutzen, die Niebuhr während eines eiligen Ausflugs angefertigt hatte.

Auf Abenteuer war der vielgeprüfte Forscher niemals aus gewesen – daran wagte sich dann erst der Friese Ulrich Jasper Seetzen, dem es 1809 gelang, als Pilger verkleidet bis nach Medina und in den heiligen Bezirk von Mekka vorzudringen, was kurz darauf auch der Schweizer Jean Louis Burckhardt schaffte. Seither hat die Herausforderung von Wüstenklima, Felslandschaft und fremder Kultur noch viele waghalsige Extremtouristen angelockt.

In seiner Gründlichkeit und Unvoreingenommenheit aber ist Niebuhr nur von wenigen übertroffen worden. »Die Einwohner der Provinz Jemen oder des südlichen Teils von Arabien, welchen die Europäer gemeiniglich das glückliche Arabien zu nennen pflegen, waren schon in den allerältesten Zeiten gesittet und wegen ihres Handels mit den Auswärtigen berühmt« – von diesem ersten Satz seines Reiseberichts an ließ er respektvolle Sachlichkeit walten. »Ich war zufrieden, dass ich die Araber ebenso menschlich fand als andere gesittete Nationen«, schrieb Niebuhr anderswo; entsprechend historisch-objektiv lesen sich bis heute seine Urteile. Erst das imperiale 19. Jahrhundert, das die Welt in koloniale Interessensphären aufteilte, projizierte dann auf Arabien jenes widersprüchliche Gemisch aus der Magie von »Tausendundeine Nacht«, Haremsphantasien und den Schrecken grausamer Despotie, das westliche Orientvorstellungen bis heute in Bann hält.

TEIL III
KOLONIALMÄCHTE

Glitzernde Fassade

Die Osmanen eroberten im 16. Jahrhundert fast die ganze arabische Welt. Doch das Riesenreich war von Konstantinopel aus schwer zu regieren. Immer wieder lehnten sich die Provinzen gegen den türkischen Sultan auf.

Von Christoph Gunkel

Die hohen Offiziere nahmen kein Blatt vor den Mund. »Dein Sohn Ahmed«, sagten sie dem vom Alter gezeichneten Sultan Bayezid II. ins Gesicht, »gleicht ganz dir und ist nichts als ein Taugenichts auf Erden: Er hat keinen Mumm und ist dem Kriege abhold, fett und kugelrund mit seinem angemästeten Wanst.« Das Osmanische Reich, so fuhren die Militärs nach dem Bericht eines Chronisten fort, brauche einen anderen Nachfolger als Ahmed, »einen feurigen, tatkräftigen und blutdürstigen Mann … der mit männlichem Mute Großes und Denkwürdiges unternimmt«. Dieser Mann solle Bayezids Sohn Selim sein.

Der greise Sultan wehrte sich gegen die Bevormundung. Sein Leben lang war er ein friedfertiger Herrscher gewesen. Er wusste, dass der ehrgeizige Selim, der sogar einmal Krieg gegen ihn geführt hatte, aus einem anderen Holz geschnitzt war. Doch 1512 musste Bayezid schließlich nachgeben und seinem verhassten Sohn den Thron überlassen.

Ein Machtwechsel in Konstantinopel mit dramatischen Folgen, besonders für die ferne arabische Welt. Binnen weniger Jahre sollten eigenständige Sultanate zu tributpflichtigen Provinzen absinken und stolze Metropolen wie

Kairo und Bagdad ihre Unabhängigkeit verlieren. Mit dem Putsch in Konstantinopel begann der politische Abstieg der arabischen Welt. Denn Selim I., Beiname »der Gestrenge«, enttäuschte seine kriegslüsternen Förderer nicht. Erst sicherte er seine Macht im Inneren, ließ all seine Brüder und Söhne bis auf seinen Wunschnachfolger töten und vergiftete angeblich sogar seinen Vater. Dann zog er im

Osmanen-Herrscher Bayezid II. (Tuschezeichnung)

Frühjahr 1514 mit 140 000 Mann, der mächtigsten Armee des Orients, gegen den gefährlichsten Nachbarn der Osmanen: das schiitische Perserreich.

Nun zeigte sich die organisatorische und technische Überlegenheit der Angreifer, die ihre Armee frühzeitig mit Musketen und Feldgeschützen modernisiert hatten, die in anderen islamischen Ländern noch als unehrenhaft verpönt waren. Fast mühelos besiegte Selim den persischen Schah Ismail, eroberte weite Landstriche im Euphrat-Raum und rückte in die Hauptstadt Täbris ein. Rastlos wandte er sich kurz danach schon seinem nächsten Gegner zu: dem riesigen Mamlukenreich, das sich über Syrien, Palästina und Ägypten bis ins heutige Saudi-Arabien erstreckte.

Selim griff damit das bedeutendste islamische Reich an, auf dessen Gebiet sich die heiligen Pilgerorte Mekka, Medina, Jerusalem und Hebron befanden. Und die Osmanen überrannten die Mamluken wie zuvor die Perser. In atemraubender Geschwindigkeit eroberten sie 1516 Aleppo und Damaskus, bis sie schon im Januar 1517 vor den Toren Kairos standen. Wieder siegten Selims Soldaten dank der Überlegenheit der modernen Geschütze.

Binnen fünf Jahren hatte der Sultan das Staatsgebiet des Osmanischen Reiches fast verdoppelt und war zum mächtigsten Mann der arabischen Welt aufgestiegen. Er herrschte nun über die fruchtbaren Landstriche am Nil, in der libanesischen Bekaa-Ebene und im palästinensischen Galiläa. Wichtiger noch: Selim durfte sich fortan »Hüter der beiden heiligen Stätten« nennen und seiner Fremdherrschaft damit eine religiöse Legitimation verleihen.

Der Feldherr träumte jetzt von der Alleinherrschaft über die Welt, aber 1520 verstarb er überraschend. Über seinen Nachfolger Süleyman schrieb ein Chronist: »Alle Menschen sind sich darüber einig, dass ein sanftes Lamm einem wilden Löwen gefolgt ist.« Doch das vermeintlich »sanfte Lamm« setzte die rigorose Expansionspolitik seines Vaters fort. Geschickt unterstützte er lokale Piratencliquen, um sich die Herrschaft über die Hafenstädte Tripolis, Tunis und Algier zu sichern. Den legendären Freibeuter Chairaddin, genannt Barbarossa, erhob Süleyman gar in den Rang eines osmanischen Großadmirals. Jahrzehntelang lieferten sich Barbarossa und seine Nachfolger eine erbitterte Dauerfehde mit den Spaniern und den anderen christlichen Mächten, entrissen ihnen Rhodos und Djerba und machten die Osmanen zu einer Handelsmacht im Mittelmeer.

Und auch im Osten konnte Süleyman große Erfolge feiern: Er eroberte den Jemen mit der Hafenstadt Aden am Arabischen Meer und nahm in Mesopotamien die alten Handelszentren Bagdad, Mossul und Basra ein. Das Osmanische Reich, um 1300 von dem türkischen Stammesführer Osman I. in Kleinasien begründet, erstreckte sich nun über Teile Asiens, Afrikas und Europas: von Algier im Westen bis nach Basra am Persischen Golf, vom jemenitischen Sanaa im Süden bis kurz vor Kiew im Norden.

Dank ihrer arabischen Provinzen waren die Osmanen zur Weltmacht geworden. Doch der Erfolg barg Probleme. In den nächsten drei Jahrhunderten drohte fast ständig ein Auseinanderbrechen des heterogenen arabischen Riesenreichs: Da gab es die gegensätzlichen Interessen von traditionellen Stämmen und städtischen Großhändlern; die religiösen Konflikte zwischen Maroniten, Drusen, Kopten, Schiiten und Sunniten; das Autonomiestreben mächtiger Familienclans und die Interventionen der Europäer.

Mit ihrem straff zentralisierten Verwaltungssystem versuchte die »Hohe Pforte«, wie der Sitz der osmanischen Regierung genannt wurde, die Kontrolle zu gewinnen. Die Geschicke Kairos und Damaskus' wurden plötzlich am fernen Bosporus entschieden. Dort ernannte der Sultan alle Gouverneure und regionalen Statthalter für die neugebildeten Provinzen und Finanzdistrikte. Die arabischen Gebiete wurden exakt vermessen, um die Steuern einzutreiben, die einen großen Teil der osmanischen Staatseinnahmen ausmachten. Militärs erhielten Staatsland als vererbbares Lehen. So bildete sich schnell eine neue türkische Elite, die sich aber mit der arabischen Oberschicht vermischte: Die Mamluken in Ägypten etwa belegten trotz ihrer Niederlage noch für Jahrhunderte hohe Positionen in Verwaltung und Militär.

Für die Menschen brachte die neue Fremdherrschaft nicht zwangsläufig Nachteile. Handelszentren wie Aleppo und Kairo boomten, und das einst von den Mongolen verwüstete Bagdad blühte wieder auf. Künstler verschmolzen arabische, persische und osmanische Stilelemente zu einer einzigartigen Mischkultur. Das schlug sich besonders im Gebrauch der Sprache nieder: Theologen lehrten auf Arabisch, Poeten bevorzugten Persisch, und die Amtssprache Türkisch wurde in arabischer Form niedergeschrieben.

Auch das Ausland war von der neuen Großmacht im Orient angetan. Sultan Süleyman, der im Westen den Beinamen »der Prächtige« genoss, blendete Staatsgäste mit sündhaft teuren Festen. Der bombastische orientalische Prunk war Teil seiner Außenpolitik, die das Osmanische Reich zum gleichberechtigten Partner im Kreis der europäischen Großmächte machte.

Hinter dieser glitzernden Fassade blieb die arabische Welt jedoch ein Krisenherd. 1524 etwa erhob sich Ägyptens Gouverneur Ahmed Pascha, ein Mann mit »despotischem Charakter«, wie ein Chronist schrieb, eigenmächtig zum Sultan. Die osmanischen Truppen mussten die Rebellion niederschlagen und köpften den Aufrührer zur Abschreckung. Es half wenig: 1574 musste ein Aufstand der schiitischen Saiditen im Jemen mühsam niedergekämpft werden. Und im Maghreb konnten sich die lokalen Herrscher fast dauerhaft der Kontrolle Konstantinopels entziehen.

Zur Schwäche an der arabischen Peripherie kam der schleichende Zerfall im Inneren. Schon unter Süleyman war der Haushalt am Ende defizitär gewesen. Die Feldzüge der Osmanen verschlangen solch horrende Summen, dass in den Provinzen ein stehendes Heer nicht dauerhaft finanzierbar war. Notgedrungen kämpften die Soldaten in den Privattruppen verfeindeter Clans oder erpressten sogar Schutzgelder von städtischen Handwerkern.

Die Probleme nahmen zu, als nach Süleymans Tod 1566 eine Reihe unbegabter Sultane den Thron bestiegen: Selim II. war ein notorischer Trunkenbold, dessen Sohn Murad III. wiederum interessierte sich einzig für seinen Harem und zeugte 103 Nachkommen. Unter Murad nahmen Korruption und Ämterkauf zu. Den explodierenden Staatskosten begegnete er mit einer Halbierung des Silberanteils in den Münzen – und trat damit eine verheerende Inflation los.

Auch die anfangs prosperierenden Provinzen gerieten nun ins Straucheln. Der Historiker Mustafa Ali war entsetzt, als er 1599 Kairo besuchte – 31 Jahre nachdem ihn die Stadt bei seinem ersten Aufenthalt noch so begeistert hatte. »Kairo wurde von allen chronischen Krankheiten befallen«, schrieb er. Die Stadt habe »Ehrlichkeit und Sittsamkeit vollständig verloren« und gleiche einer »Wüste voller Schlangen und Skorpione«. In 50 Punkten zählte Ali die Missstände auf: das »despotische Verhalten der Gouverneure« und die »Verschwendungssucht« hoher Beamter etwa. Oder das »schamlose Verhalten« ägyptischer Reitertruppen, die sich am Neujahrsfest maßlos betrinken – »am Ende widersetzen sie sich ihrem Kommandeur oder beteiligen sich an einer Rebellion«. Ägypten, so die bittere Bilanz des Chronisten, befinde sich in einem »beklagenswerten Zustand«. Geführt von einer unfähigen Elite, profitiere es nur von der Schwäche seiner Feinde.

Und die formierten sich zunehmend. Im 17. und 18. Jahrhundert nahm der Einfluss Konstantinopels auf seine arabischen Regionen weiter ab. »Was in den entfernteren Provinzen geschicht, überlässt die Pforte dem Zufall«, berichtete ein französischer Schriftsteller 1783 aus Ägypten. »Sie beschränkt sich darauf, die Streitigkeiten zwischen den Parteien zu schüren, damit keine zu stark wird.« Eine Strategie, die lange gutging, aber die Sultane in falscher Sicherheit wiegte.

Denn Konstantinopel verpasste die längst überfällige Modernisierung seiner Armee, der es einst seinen kometenhaften Aufstieg zu verdanken hatte. 1623 ging Bagdad zwischenzeitlich wieder an die schiitische Safawiden-Dynastie verloren. Besonders in den unwegsamen Gebirgs- und Wüstenregionen loteten lokale Herrscher nun immer selbstbewusster aus, wie weit sie ihre persönlichen Ambitionen treiben konnten.

So schuf sich Drusenfürst Fachraddin vom Libanongebirge bis an die Mittelmeerküste Palästinas einen faktisch selbständigen Staat, der eigene politische Beziehungen mit Frankreich aufnahm. Während Fachraddin diese Provokation mit dem Leben bezahlte und 1635 in Konstantinopel hingerichtet wurde, konnten schiitische Gotteskrieger zur selben Zeit im Jemen die osmanische Herrschaft langfristig abschütteln.

Gleichzeitig geriet das Osmanische Reich in Rückstand zu anderen Großmächten. Während der Orient wirtschaftlich stagnierte, löste die koloniale Expansion der Europäer eine beispiellose wirtschaftliche Dynamik aus. Schon bald nach der ersten Umsegelung des Kaps der Guten Hoffnung 1488 hatten sich die Handelswege zum Nachteil der Osmanen verschoben: Der lukrative Gewürzhandel mit Indien lief nicht mehr ausschließlich über das Rote Meer und Kairo.

Anfangs konnten die Osmanen die Einbußen durch begehrte neue Luxusgüter wie Kaffee ausgleichen, der aus der jemenitischen Stadt Mokka in alle Welt exportiert wurde. Doch im 18. Jahrhundert setzten die Europäer ihre Wirtschaftsinteressen immer aggressiver durch. Bezeichnenderweise hießen die Handelsprivilegien, die sie dem Osmanischen Reich abrangen, »Kapitulationen«. Europäische Händler überschwemmten die arabischen Märkte mit günstiger Massenware aus ihren Manufakturen, während sie selbst nur Rohstoffe wie Getreide, Baumwolle oder Seide einkauften.

Dem schleichenden Abstieg folgte 1798 ein Schock: Napoleon landete überraschend in Alexandria, um Großbritannien die Vorherrschaft im Mittelmeer streitig zu machen. Ohne große Verluste eilte die französische Armee von Sieg zu Sieg. Erstmals seit den Kreuzzügen war damit ein christlicher Herrscher in ein arabisches Kernland vorgedrungen, um seine Interessen mit Waffengewalt durchzusetzen. Nun war Konstantinopel zu Reformen bereit.

Der Sultan setzte dabei auf einen der wenigen, die sich im Kampf gegen die Franzosen ausgezeichnet hatten: den Albaner Mohammed Ali. 1805 wurde er zum Pascha und Vizekönig von Ägypten ernannt. Er stieg schnell zum Volkshelden auf, als er 1807 die Briten aus dem Land vertrieb, die nach Napoleons Rückzug mit 6000 Mann in Alexandria gelandet waren. Rastlos und brutal versuchte Mohammed Ali, Ägypten zu modernisieren. Vorbild waren europäische Nationalstaaten wie Frankreich – allerdings ohne deren demokratischen Anstrich. Er schuf Ministerien, ließ Schulen, Krankenhäuser und Textilfabriken aus dem

Boden stampfen, verbesserte die Bewässerung und verstaatlichte Landwirtschaft und Industrie. Die Wirtschaft zog an, Hunderte Studenten wurden erstmals zur Ausbildung ins Ausland geschickt, und in Ägypten gab es auf einmal eine Staatsdruckerei und eine Zeitung.

Bezahlt wurde der Fortschritt mit der Despotie des Modernisierers. Für den Bau eines Kanals von Alexandria zum Nil verpflichtete er kurzerhand 300 000 Bauern zur Zwangsarbeit. Potentielle Feinde, wie die immer noch mächtigen Mamluken, ließ Mohammed Ali 1811 im ganzen Land niedermetzeln.

Europäische Beobachter blickten mit einer Mischung aus Faszination und Besorgnis auf den Wandel am Nil – besonders auf die Streitkräfte, die Mohammed Ali sich haupt-

Rue des Archives/Süddeutscher Verlag

Ägyptischer Vizekönig Mohammed Ali (Gemälde, 1840)

sächlich von ehemaligen französischen Generälen aufbauen ließ. Ägypten schuf sich binnen zwei Jahrzehnten mit 150 000 Soldaten eine der größten Armeen der Welt. Nachdem Mohammed Ali 1821 den Sudan erobert hatte, machten seine Rekruteure dort systematisch Jagd auf Sklaven. Das habe, so ein britischer Augenzeuge, »zu einer weitgehenden Entvölkerung ganzer Landstriche geführt«.

Ägypten wurde so zur ersten afrikanischen Kolonialmacht nach europäischem Muster. Nur noch formell war es Provinz des Osmanischen Reichs. 1831 wagte Mohammed Ali den Konflikt mit Konstantinopel: Sein Sohn Ibrahim überrannte mit 25 000 Mann Syrien. Mehrmals versuchte der osmanische Sultan Mahmud II., Syrien zurückzuerobern, doch stets wurde er vernichtend geschlagen.

Jetzt wurden die Europäer unruhig. Ein starkes Großägypten widersprach ihren Interessen. Großbritannien, Russland, Österreich und Preußen drohten dem Pascha 1840 mit Krieg, falls er Konstantinopel angreifen würde. Als Kaufleute getarnte englische Agenten wiegelten im Libanon die Drusen gegen die ägyptische Herrschaft auf. Britische Kriegsschiffe beschossen Beirut. Als ihre Kanonen auch auf den königlichen Ras-el-Tin-Palast in Alexandria zielten, lenkte Mohammed Ali ein. Er wurde nun zwar als erblicher Vizekönig Ägyptens anerkannt und sicherte seiner Familie damit die Macht. Doch dafür musste er Syrien aufgeben und sein Land für ausländische Händler öffnen. Der Traum von einem unabhängigen arabischen Großstaat war zerplatzt.

Die Europäer hingegen konnten beginnen, die Filetstücke aus dem maroden Osmanischen Reich zu reißen – und leiteten für die arabische Welt damit eine Zeitenwende ein: Auf die Fremdherrschaft der muslimischen Osmanen folgte die Ausbeutung durch christliche Kolonialherren.

Kollision der Kulturen

1798 marschierte die Orientarmee unter Napoleon Bonaparte in Ägypten ein. Die französische »Expedition« weckte das Interesse der europäischen Mächte am Nahen Osten.

Von Eva-Maria Schnurr

Die Franzosen haben sich wirklich Mühe gegeben. Haben Flaggen mit dem türkischen Halbmond neben der Trikolore gehisst, Soldaten in Revolutionsuniformen defilieren lassen und ein Feuerwerk abgebrannt. Und sie haben nicht nur einen großen Triumphbogen errichtet, um ihren Sieg zu feiern, sondern als Zeichen der Toleranz auch noch einen kleinen mit dem islamischen Glaubensbekenntnis der Besiegten.

Bei dem Fest am 22. September 1798 in Kairo war jeder Programmpunkt ein Symbol. Anfang Juli war die französische Orientarmee unter General Napoleon Bonaparte in Ägypten einmarschiert, hatte die einheimischen Truppen in der »Schlacht bei den Pyramiden« geschlagen und die Hauptstadt eingenommen. Nun sollte die Inszenierung auf dem Asbakija-Platz den Ägyptern die französische Herrschaft schmackhaft machen. »Der Geist der Freiheit, der die Republik seit ihrer Entstehung zur Schiedsrichterin Europas gemacht hat, weitet sich jetzt auf die entferntesten Länder aus«, pries General Bonaparte seinen Eroberungszug.

Doch in Ägypten wusste kaum jemand von der Französischen Revolution, die Europa neun Jahre zuvor aufgewühlt hatte, und erst recht nicht von den politischen Ideen der Franzosen. Niemand habe verstanden, worum es bei dem Fest in Kairo eigentlich ging, schrieb der zeitgenössische Historiker Abd al-Rahman al-Gabarti. Als wenige Tage später der große französische Triumphbogen einstürzte, vermerkte er erleichtert: »Die Menschen sahen das als gutes Omen an.«

Es lief nicht gut für Frankreich in Ägypten, obwohl die Nation Stärke demonstrierte wie nie zuvor außerhalb Europas: Mit 38 000 Soldaten war Bonaparte im Frühjahr 1798 von Toulon nach Ägypten übergesetzt, wollte das Land rasch einnehmen, um Frankreich den Handelsweg über das Rote Meer nach Indien zu öffnen. Dieser geopolitische Schachzug sollte Großbritannien einen schweren Schlag versetzen, denn die Großmacht kontrollierte die einträgliche Indienroute um Afrika herum. Am Nil und in Indien wollte Bonaparte französische Kolonien gründen, als Ersatz für verlorenen Überseebesitz in Amerika. Und weil man sich nach der Revolution von 1789 auch im Krieg ganz aufgeklärt gab, schrieb sich der 28-jährige General den Export der brandneuen westlichen Werte »Freiheit, Gleichheit, Brüderlichkeit« auf die Fahnen. Er sah Ägypten als Wiege der Zivilisation, heruntergewirtschaftet durch die mamlukische Militärelite, welche die Provinz des Osmanischen Reichs regierte. Frankreich, so sein selbstherrlicher Plan, werde das Land wieder zivilisieren. Deshalb waren Wissenschaftler, Ingenieure und Künstler beim Feldzug dabei, um die Ägypter mit ihren Fähigkeiten zu beeindrucken, beim Aufbau einer Kolonie zu helfen und zu forschen.

Die Realität am Nil allerdings hatte mit Bonapartes Vorstellungen wenig gemeinsam: Die Einheimischen begrüßten die Franzosen nicht, wie erhofft, als Befreier von den Mamluken und ihren hohen Steuern, sondern leisteten

Widerstand. Das Osmanische Reich, eigentlich Frankreichs Verbündeter, war über den Einmarsch in seine Provinz irritiert und erklärte den Krieg – zu fadenscheinig war Bonapartes Beteuerung, er wolle doch nur die Ordnung in dem von Hungersnöten und Machtkämpfen geschüttelten Land wiederherstellen. Am härtesten aber traf den ehrgeizigen Feldherrn, dass der britische Admiral Nelson die französische Flotte im August 1798 vor der Hafenstadt Abukir vernichtend schlug: Mit seiner Seeblockade schnitt Nelson den Franzosen Rückzug wie Nachschub ab.

Gerade noch hatte Bonaparte Schauspieler, Tänzerinnen und Schnapsbrenner in Paris geordert, jetzt jedoch musste er ohne Hilfe aus der Heimat eine Kolonie errichten. Mit Propaganda wie dem Fest auf dem Asbakija-Platz buhlte der General um die Sympathie der Ägypter, präsentierte sich gar als Freund des Islam. Die Religion sollte ihm helfen, das Land zu regieren, deshalb berief er Gelehrte der traditionsreichen Azhar-Universität in den »Diwan«, den Rat, der an der Spitze der ägyptischen Verwaltung stehen sollte. Dass die Ratsherren allerdings eine Schärpe und eine Kokarde in den französischen Farben tragen sollten, behagte ihnen ebenso wenig wie die freigeistigen Äußerungen Bonapartes, der erklärte, die christlichen Dogmen lehne er ab. Zwar boten die Gelehrten den Franzosen schließlich an, sie als Herrscher über Ägypten zu akzeptieren, wenn sie zum Islam konvertierten – doch Bonaparte mochte seinen Soldaten Beschneidung und Alkoholverbot nicht zumuten.

Erstmals seit den Kreuzzügen trafen Europa und die arabische Welt so massiv aufeinander, erstmals wurden beiden Seiten die kulturellen und sozialen Unterschiede bewusst; Missverständnisse belasteten das Verhältnis. Rückständig und unzivilisiert fanden die Franzosen die Ägypter, verrückt und unzivilisiert fanden die Ägypter die

Franzosen: »Wenn einen Franzosen die Natur überkommt, erledigt er sein Geschäft, wo immer er gerade ist, sogar wenn ihn andere sehen – und danach geht er einfach weg, ohne sich die Hände zu waschen. Wenn er ein Mann mit Geschmack und Kultiviertheit ist, wischt er sich den Hintern mit irgendetwas ab, das er gerade findet, sogar mit beschriebenem Papier«, wetterte der Historiker Gabarti. Immerhin, die Rechtsprechung der Franzosen begeisterte ihn, ebenso Technik und Wissenschaft. Und die militärische Überlegenheit über die ägyptisch-mamlukischen Reiterheere war allzu offensichtlich.

Doch sie nutzte ihnen letztlich nichts, richtig Fuß fassen konnten die Franzosen in Ägypten nicht, nur in Kairo und im Nildelta sicherten sie ihre Herrschaft einigermaßen – durch harte Strafmaßnahmen gegen Aufständische, die den aufklärerischen Idealen hohnsprachen. 1799 versuchte Bonaparte, eine Blamage noch einmal abzuwenden, zog Osmanen und Briten in Syrien entgegen. Gaza und Jaffa nahm er ein, doch als er mit seinen von der Pest geschwächten Truppen an der Eroberung von Akkon scheiterte, machte er sich am 17. August heimlich nach Frankreich davon. Dort putschte er sich im November zur Alleinherrschaft. Französische Generäle hielten die Besatzung in Ägypten noch eine Weile mehr schlecht als recht aufrecht, 1801 gaben sie sich den Briten geschlagen, die mit osmanischen Verbänden ins Land einrückten.

Beseelt vom eigenen Überlegenheitsgefühl hatte Bonaparte die Gemengelage aus Interessen und Traditionen in Ägypten unterschätzt. Frankreich musste seine Ambitionen im Nahen Osten fürs Erste zügeln. Doch die Expedition an den Nil machte Europa die strategische Bedeutung Ägyptens bewusst und lenkte die kolonialen Gelüste der europäischen Großmächte auf die Region. Auch wenn sich durch die kurze Besatzung in Ägypten zunächst wenig veränderte, wertet der Nahost-Experte Juan Cole den Orientzug als Beginn einer neuen Epoche – auf beiden Seiten des Mittelmeers: »Bonapartes Expedition war der erste Versuch in der neueren Geschichte, eine orientalische Gesellschaft von Bedeutung in ein europäisches System einzugliedern.« Es blieb nicht der letzte.

»Der Muslim ist nicht fortschrittlich«

Mit der Besetzung von Algier 1830 begann Frankreichs Kolonialisierung in Nordafrika. Aus Arabern und Berbern wollten die Franzosen »moderne Menschen« machen. Am Ende stand einer der blutigsten Befreiungskriege des 20. Jahrhunderts.

Von Daniel Steinvorth

Man schrieb den 30. Ramadan im Jahre 1242 islamischer Zeitrechnung – den 27. April 1827 anno Domini –, als dem ehrwürdigen Dey von Algier, dem Türken Hussein Pascha, die Nerven durchgingen. Es war der letzte Abend des heiligen islamischen Fastenmonats, und der Statthalter der osmanischen Provinz Algerien hatte alle europäischen Gesandten zu einem prunkvollen Empfang in seine Residenz geladen. Auch Pierre Deval, der Generalkonsul Frankreichs, sollte kommen. Mit ihm hatte Hussein eine monetäre Angelegenheit von äußerster Dringlichkeit zu besprechen.

Es ging um die stattliche Summe von einer Million Francs, die Frankreich dem osmanischen Vasallenstaat zurückzahlen sollte. Kein Geringerer als Napoleon Bonaparte hatte für den Italienfeldzug 1796 Getreidelieferungen von einem jüdisch-algerischen Handelshaus bezogen – ohne je dafür zu zahlen. Oberster Gläubiger der Algerier war der Dey von Algier. Er forderte sein Geld zurück und schrieb einen Brief an den französischen König, doch eine Antwort blieb aus. Nun wollte Hussein Pascha den Konsul zur Rede stellen.

Deval, ein erfahrener Diplomat, war durch einen längeren Aufenthalt in Konstantinopel der türkischen Sprache mächtig. Doch was der Franzose zu sagen hatte, konnte den stolzen Dey schwerlich besänftigen. Weder der König noch die Regierung von Frankreich, so Deval, werde auf einen Brief aus Algier antworten, solange die Sache für sie nicht von Nutzen sei.

Ein ungeheuerlicher Affront für den osmanischen Statthalter, der dem Konsul daraufhin drei Schläge mit einem Fliegenwedel versetzte und ihn aus seiner Residenz verwies. Eine »Beleidigung, die alle erträglichen Grenzen überschritt«, sei der Auftritt des frechen Franzosen gewesen, schrieb Hussein später an den osmanischen Großwesir in Konstantinopel. »Er hat es gewagt, die muslimische Religion zu schmähen und die Ehre Eurer Majestät zu missachten.« Aber auch Deval sah in dem Vorfall einen Ehrverlust seines Landes. Gekränkt berichtete er dem französischen Außenminister: »Wenn Eure Exzellenz nicht wünscht, dass diese Affäre die ernste Aufmerksamkeit erfährt, die sie verdient, so sollte mir wenigstens gestattet sein, mit Verlaub in den Ruhestand zu treten.«

Drei Jahre sollten vergehen, bis Frankreich eine »angemessene« Antwort auf die Schmähung fand. Zunächst hatte Paris Hussein aufgefordert, eine Salutsalve zu Ehren der französischen Flagge abzufeuern. Als er sich weigerte, blockierte man den Hafen von Algier – eine Maßnahme, die jedoch weniger den Algeriern als vielmehr den eigenen Händlern schadete. Schließlich, im Juni 1830, ordnete die Regierung von König Karl X. einen finalen Militärschlag an. Es war der Startschuss für die Besetzung Algiers und weiter Teile Nordafrikas, die 132 Jahre andauern sollte. Es war der Beginn des französischen Kolonialismus in Arabien.

Dabei hatte Karl, der Bourbonenkönig, schon genügend Probleme in der Heimat. Sein Versuch, in Frankreich das Rad der Geschichte im Sinne des Absolutismus zurückzudrehen, scheiterte kläglich, die Julirevolution stand kurz bevor. Allein ein militärisches Abenteuer in der Ferne könne ihm womöglich helfen, so das Kalkül, den Patriotismus der Franzosen anzuheizen und die politische Stimmung noch einmal zugunsten des Königs zu wenden.

Als Vorwand, die südliche Mittelmeerküste anzugreifen, diente aber nicht nur die Fliegenwedel-Affäre. Auch die Eindämmung der Seeräuberei lieferte einen Grund: Schon seit Jahrhunderten hatten muslimische Korsaren Jagd auf europäische Handelsschiffe gemacht, die Bewohner küstennaher Siedlungen entführt und als Sklaven nach Nordafrika verschifft. Die sogenannten Barbaren- oder Piratenstaaten, zu denen auch Algier zählte, lebten seit dem 16. Jahrhundert in kriegerischer Feindschaft zu ihren nördlichen Nachbarn – die ihrerseits stets versucht hatten, an der nordafrikanischen Küste Fuß zu fassen. Rein formell war es der osmanische Sultan, der die meisten Barbarenstaaten regierte. Die Korsarenführer hatten sich unter seinen Schutz gestellt. Tatsächlich aber genossen die Vasallen weitgehende Autonomie, und im Hinterland der Stämme war von einem Staatswesen ohnehin kaum zu sprechen.

Hussein Pascha konnte sich auf Hilfe aus Konstantinopel allerdings nicht mehr verlassen. Der Dey hatte den Sultan verärgert, weil er ihm Hilfstruppen für den gerade verlorenen russisch-türkischen Krieg verweigert hatte. Und so landeten am 17. Juni 1830 in der Bucht von Sidi Ferruch, westlich von Algier, rund 37000 französische Soldaten, denen die Truppen des Deys nichts entgegenzusetzen hatten. Hussein kapitulierte am 5. Juli – das Ende der Osmanenherrschaft war besiegelt.

Für die arabischen und berberischen Bewohner Algeriens brachte die Invasion der »Frandsch«, der Franzosen, ein

Novum. Sie kannten Krieg und Streitereien zwischen muslimischen Fürsten und Stammesführern zur Genüge. Doch sie hatten keine Vorstellung, was von ihren neuen, christlichen Herren zu erwarten war. Wohl kaum einer ahnte, dass es der Großmacht aus Europa um viel mehr gehen könnte als die Bezwingung eines Gegners.

Nach der Eroberung von Algier brachten die Franzosen nicht nur andere wichtige Hafenstädte wie Oran und Bône unter ihre Kontrolle. Unaufhaltsam rückten die Soldaten auch ins Landesinnere vor – begleitet von Beamten, Siedlern, Kaufleuten und Forschern. Ein Plan nahm Gestalt an: Es ging nicht allein um die militärische Absicherung der besetzten Gebiete, sondern auch um den Schutz des Handels und der Lebensmittelversorgung, um weitere Landnahme und um die Aussicht auf beträchtliche Gewinne.

Die algerische Journalistin Salima Mellah glaubt, dass die Franzosen von Anfang an mit dem Gedanken gespielt hatten, dieses riesige und so gut wie menschenleere, unbebaute Land mit europäischen Siedlern zu erschließen – ganz nach dem Vorbild der frühen Einwanderer in Amerika. Frankreich war trotz politischer Turbulenzen immerhin eine Wirtschaftsmacht, die auf Expansion drängte.

Zunächst aber galt es einen widerspenstigen und äußerst listigen Feind zu besiegen: den jungen Araberführer Abd al-Kadir. Er war gerade 24 Jahre alt, als ihn die Stämme Westalgeriens 1832 zu ihrem Emir, zum Führer im Kampf gegen die Franzosen, ernannten. Abd al-Kadir, Sohn eines einflussreichen Sufi-Scheiches, rief die Muslime zum »heiligen Krieg« gegen die Besatzer auf.

Dass er den mächtigen »Frandsch« tatsächlich über 15 Jahre lang die Stirn bieten konnte, ließ Abd al-Kadir schon zu Lebzeiten zur Legende werden. Mit einer überschaubaren, aber schlagkräftigen Armee von 8000 Infanteristen,

2000 Reitern und 240 Artilleristen konnte er den Franzosen jederzeit – im Stile klassischer Guerillataktik – empfindliche Hiebe versetzen. Überstieg die Zahl feindlicher Truppen die seiner eigenen, zogen sich Abd al-Kadirs Männer in die Wüste zurück.

Zweimal zwang Abd al-Kadir die Franzosen in einen Friedensvertrag zu seinen Bedingungen, über Jahre beherrschte er selbst einen unabhängigen Staat im Landesinneren. Er galt als entschlossen, mutig und gerecht, europäische Intellektuelle sahen in ihm den »noblen Araber«. Der französische Schriftsteller Victor Hugo romantisierte ihn gar als »schönen Soldaten und schönen Priester«. Doch im Dezember 1847 kapitulierte er, nachdem die Franzosen einen brutalen Vernichtungskrieg gegen seine Anhänger geführt hatten und ihm der Sultan von Marokko Asyl verwehrte. Triumphal feierte Paris den Sieg gegen seinen berühmten Feind. Abd al-Kadir wurde eingekerkert, 1852 aber von Louis Napoleon begnadigt.

Einen gleichermaßen charismatischen Führer sollten die Algerier nicht mehr finden. Der Widerstand war gebrochen, und der hemmungslosen Besiedelungspolitik Frankreichs stand nichts mehr im Wege. Den überwiegend französischen, aber auch italienischen, spanischen und maltesischen Immigranten (»Colons«) stellte man weite Ländereien zur Verfügung, die zumeist von Arabern und Berbern konfisziert waren. Aus heimischen Kleinbauern waren Pächter oder landlose Bauern geworden, die sich auf den Äckern der Europäer verdingen durften. Zahllose Algerier wurden in die Wüste vertrieben.

An die 110 000 Colons lebten im Jahre 1847 auf algerischem Boden, rund eine Million sollten es vor Ausbruch des Zweiten Weltkriegs sein. Schritt für Schritt wurde das Land in das französische Verwaltungsgebiet eingebunden, einheimische Notabeln durch Kolonialbeamte ersetzt. Algerien, so sah es die republikanische Verfassung von 1848 vor, wurde zu einer »partie intégrante du territoire français«, zu einem dauerhaften Bestandteil Frankreichs.

Doch wer war gleichberechtigter Staatsbürger? Sicher nicht die muslimische Bevölkerungsmehrheit. Sie blieben einfache Untertanen, ohne französisches Bürgerrecht. Für sie dachte sich die koloniale Administration 1875 einen besonderen Rechtsstatus aus: den »code de l'indigénat« (Eingeborenenrecht). Wer ihm unterstand, musste oft schon bei geringsten Vergehen mit seiner Internierung in Arbeitslagern rechnen, nicht selten wurden auch Kollektivstrafen gegen ganze Dörfer verhängt.

Mitleid mit den Eingeborenen, die sich vereinzelt zu neuen Aufständen formierten, verstanden vor allem die Militärs als Schwäche. Ein Kommandeur der französischen Kolonialtruppen drückte es so aus: »Hört, mein tapferer Freund, wie man Krieg gegen Araber führen muss. Alle Männer über 15 Jahre töten, alle Frauen und Kinder auf Schiffe verladen und sie nach den Marquesas-Inseln oder einen anderen Ort verfrachten; mit einem Wort, all das vernichten, was nicht zu Füßen kriecht wie Hunde.«

Während die Generäle Widerstandsnester aushoben, kümmerten sich Forscher und Missionare um die wissenschaftliche Erfassung und das Seelenheil der Eingeborenen, nicht selten mit fragwürdigen Ergebnissen. »Intellektuell ist der Muslim ein Gelähmter«, heißt es etwa in einer Abhandlung des französischen Gelehrten André Servier, der Anfang des 20. Jahrhunderts in Algerien lebte, »sein Hirn, das im Laufe der Jahrhunderte der rauen Disziplin des Islam unterworfen war, ist allem, was nicht vom religiösen Gesetz vorgesehen, verkündet und spezifiziert wurde, verschlossen. Der Muslim, der seiner Religion treu geblieben ist, ist nicht fortschrittlich. Er ist ein Widerspenstiger vor jeder Zivilisation.«

Dass daraus die konsequente Unterordnung unter die westliche Lebensweise folgen müsste oder, besser noch: die Konversion zum christlichen Glauben, verstand sich von selbst. Missionare, die sich eingehend mit den Bräuchen der Muslime beschäftigten, Arabisch und Berbersprachen lernten, hatten die Aufgabe, Algeriens Eroberung auch religiös zu legitimieren. Schon Marschall Thomas Robert Bugeaud, der den Feldzug in den 1840er Jahren anführte, hatte in ihnen nützliche Helfer gesehen, um »das Herz der Araber für uns zu gewinnen, die wir mit der Gewalt der Waffen unterworfen haben«.

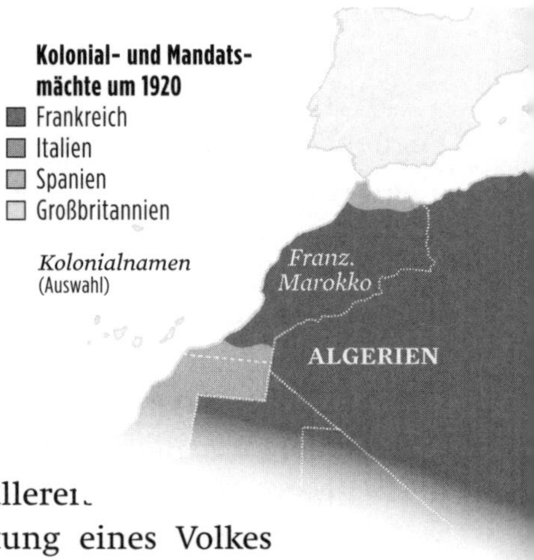

Indes: Wie groß konnte der Wille der Kolonialmacht sein, aus muslimischen Algeriern tatsächlich »echte« Franzosen zu machen, wenn Frankreich damit seine natürliche Kontrolle über die Eingeborenen verlöre? Dass sich die Kolonialherrschaft als »System« zuallerei die wirtschaftliche Ausbeutung eines Volkes drehte, wie es der französische Philosoph Jean-Paul Sartre Jahrzehnte später formulieren würde, ließ sich mit dem Humanismus der Missionare kaum vereinbaren.

Am Ende des 19. Jahrhunderts, auf dem Höhepunkt des europäischen Imperialismus, stellte in Frankreich kaum einer die koloniale Ideologie in Frage. Die Grande Nation hatte sich 1881 Algeriens Nachbarland Tunesien einverleibt – gerade noch rechtzeitig, weil auch Italien ein Auge auf das kleine Mittelmeerland geworfen hatte – und war bereits tief ins Innere des Schwarzen Kontinents vorgedrungen. Tunesien behielt als Protektorat gewisse Freiheiten, es wurde kein Teil des französischen Mutterlandes, doch strömten die europäischen »Colons« jetzt auch hierher und eigneten sich ganze Landstriche an.

Und schließlich Marokko, das letzte Stück vom Kuchen Nordafrikas, das sich jahrhundertelang als unabhängiges Sultanat behaupten konnte: Mit dem Vertrag von Fès vom 30. März 1912 unterstellte es sich der Schutzherrschaft Frankreichs. Nun war der gesamte Maghreb, mit Ausnahme einiger spanischer Enklaven, Teil des französischen Kolonial-

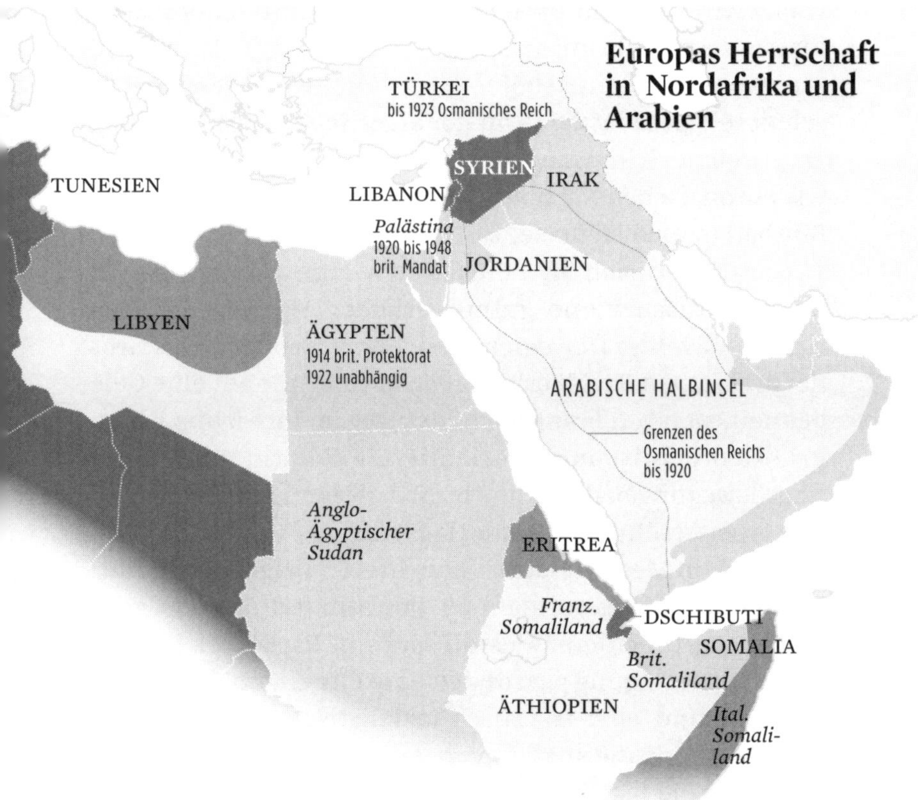

reiches. Dem vorkolonialen Elend der Araber, so jubelte der Historiker Augustin Bernard, sei damit endlich ein Ende gesetzt: »Wir haben uns bemüht, ihre physischen, intellektuellen und ökonomischen Bedingungen zu verbessern.« Die Eingeborenen könnten sich rückblickend versöhnen mit dem Gedanken an eine Eroberung, »die für sie wohltuend war«.

Doch die Dankbarkeit der Eingeborenen hielt sich in Grenzen. Insbesondere die Algerier, die anders als ihre Nachbarn zwar »Fleisch vom Fleische Frankreichs« und dennoch »Nichtfranzosen« waren, nahmen zähneknirschend wahr, wie der Kolonialstaat ein diskriminierendes Zweiklassensystem in ihrem Land verfestigte. Wie kein anderer spürte der Schriftsteller Albert Camus, dessen Familie schon seit Generationen an der algerischen Küste ansässig war, welche Stimmung sich unter seinen muslimischen wie europäischen Nachbarn zusammenbraute, auf welches Blutbad man zusteuerte.

Zwar hatte sich in den Städten eine dünne Schicht profranzösischer und gutbürgerlicher Algerier, die sogenannten Evolués (»Entwickelte«), herausgebildet. Das Gros der arabischen Bevölkerung aber wartete nur auf eine Gelegenheit, sich von Frankreich loszusagen. Ihre Sympathien gehörten den islamisch orientierten Reform- und Befreiungsbewegungen des Scheichs Abd al-Hamid Bin Badis und des Arbeiterführers Messali Hadsch.

Vor allem Messali Hadsch hauchte dem algerischen Nationalismus, den es vor dem 20. Jahrhundert so nicht gegeben hatte, Leben ein. Messali hatte in Paris eine illegale Arbeitervereinigung gegründet, er wollte ein unabhängiges Algerien und eine islamisch-sozialistische Gesellschaft – eine Synthese, die später auch von der »Nationalen Befreiungsfront« FLN aufgegriffen wurde.

Im September 1947 bekamen auch die Araber und Berber die französische Staatsbürgerschaft zuerkannt, doch damit gaben sich die Befreiungskämpfer nicht mehr zufrieden. Am 1. November 1954 ließ die FLN an 30 Orten Bomben detonieren, zeitgleich griffen ihre Anhänger im ganzen Land Posten der französischen Armee und Polizei an. Es war der Beginn des Algerienkriegs, in dessen Verlauf über 17 000 französische Soldaten, geschätzte 140 000 Kämpfer der FLN sowie zwischen einer halben und 1,5 Million überwiegend algerische Zivilisten ihr Leben ließen.

Einer der blutigsten Befreiungskriege des 20. Jahrhunderts endete am 18. März 1962 mit dem Friedensvertrag von Evian. Er bedeutete eine historische Zäsur für Frankreich, wo gleich mehrere Regierungen stürzten und die Vierte Republik unterging. Für den einstigen »Barbarenstaat« Algerien aber bedeutete er – 135 Jahre nachdem ein wütender Türke einen arroganten Franzosen mit dem Fliegenwedel schlug – die Unabhängigkeit. Ruhe aber sollte das riesige Land zwischen Mittelmeer und Sahara noch lange nicht finden.

Schifffahrt durch die Wüste

Gegen viele Widerstände wurde das größte Bauvorhaben des 19. Jahrhunderts durchgesetzt: der Suezkanal. Er verkürzt den Seeweg zwischen Europa und Asien dramatisch.

Von Joachim Mohr

An einem Tag Anfang September 1854 nimmt Ferdinand de Lesseps auf seinem Landgut in der Nähe von Paris wie jeden Tag vom Postboten einen Stapel Zeitungen entgegen. Eine Meldung fesselt ihn sofort: Der ägyptische Herrscher Abbas I. wurde am 16. Juli in seinem Palast in Banha am Nil ermordet. Lesseps ist über die Nachricht hocherfreut. Augenblicklich soll sich der ehemalige französische Diplomat an seinen Schreibtisch gesetzt haben. Begeistert gratuliert er in einem Brief dem neuen Herrscher Ägyptens, Mohammed Said. Endlich sieht Lesseps die Chance vor sich, den Traum seines Lebens zu verwirklichen: den Bau des Suezkanals.

Der 1805 geborene Adlige war in den dreißiger Jahren französischer Konsul in Kairo und anschließend Generalkonsul in Alexandria gewesen. In dieser Zeit hatte er eine freundschaftliche Beziehung zu einem Sohn des damaligen Herrschers Mohammed Ali Pascha aufgebaut: dem neuen ägyptischen Regenten Mohammed Said.

Lesseps reist nach Ägypten und unterbreitet Said bei einem Ausflug in die Wüste seinen Plan von einem Schifffahrtskanal, der das Mittelmeer mit dem Roten Meer verbinden soll. Seit über 20 Jahren beschäftigt er sich schon mit dieser Idee. Und es gelingt ihm, den Vizekönig von Ägypten, so der offizielle Titel

Saids, zu überzeugen: Am 30. November 1854 erhält Lesseps die erste Konzession, den Kanal zu errichten. Damit beginnt ein 15 Jahre dauernder Kampf um politischen Einfluss, gegen enorme technische Schwierigkeiten und große finanzielle Nöte.

Seit der portugiesische Seefahrer Vasco da Gama 1498 den Seeweg nach Indien entdeckt hat, müssen Schiffe den afrikanischen Kontinent umrunden, um von Europa nach Asien zu gelangen. Ein Kanal durch Ägypten würde die Entfernung etwa von Marseille nach Bombay von 16 400 auf 7400 Kilometer verkürzen, die Passage Mitte des 19. Jahrhunderts rund 30 Tage schneller machen.

Bianchetti Stefano / Leemage

Karikatur des Kanal-Erbauers Ferdinand de Lesseps

Der Plan für einen Wasserweg durch die Landenge von Suez reicht zurück bis ins alte Ägypten. Im 16. Jahrhundert wollen dann die Venezianer die Osmanen für ein Kanalprojekt gewinnen, im 17. Jahrhundert schlägt der deutsche Gelehrte Gottfried Wilhelm Leibniz dem französischen »Sonnenkönig« Ludwig XIV. vor, einen Kanal zu bauen. Als Napoleon Bonaparte 1798 Ägypten erobert, lässt er Ingenieure das Vorhaben genau prüfen. Die Landvermesser kommen allerdings zu dem Schluss, dass der Spiegel des Roten Meeres 9,908 Meter höher liegt als der des Mittelmeers. Damit gilt das Vorhaben als zu aufwendig. Erst 1830 stellt sich der berechnete Höhenunterschied als Irrtum heraus.

Unmittelbar nachdem Lesseps 1854 seine Konzession erhalten hat, versucht Großbritannien mit allen Mitteln, das Projekt zu verhindern. Englische Diplomaten setzen Sultan Abd al-Madschid I. in Konstantinopel unter Druck, Ägypten ist ja Teil des Osmanischen Reiches, und sie intervenieren am französischen Hof. Die englische Regierung weiß, dass, wer den Kanal beherrscht, den Zugang nach Asien kontrolliert. Der Suezkanal würde die Vorherrschaft Englands auf den Weltmeeren massiv gefährden.
Auch Lesseps besucht den Sultan, er trifft zweimal den englischen Premierminister Lord Henry John Temple Palmerston, startet eine öffentliche Werbekampagne für sein Kanalprojekt. Die meisten europäischen Mächte befürworten das Vorhaben, wollen es sich aber nicht mit England verderben. Auch die Hohe Pforte, die osmanische Regierung, scheut sich deshalb, eine offizielle Baugenehmigung zu erteilen. Lesseps gründet eine Aktiengesellschaft, sammelt Kapital für den Bau ein und sieht nur eine Chance: Am 25. April 1859 lässt er die Arbeiten ohne Genehmigung aus Konstantinopel beginnen. Der ägyptische Herrscher Mohammed Said unternimmt nichts, um die Arbeiten zu stoppen.
Es wird das größte Bauvorhaben seiner Zeit: Maschinen, Werkzeuge, Kohle, Eisen und Holz müssen aus Europa herangeschafft werden. Zeitweise schuften in der Wüste mehrere 10 000 Arbeiter, viele lässt der ägyptische Vizekönig zwangsrekrutieren. Durch die rasante industrielle Entwicklung in der zweiten Hälfte des 19. Jahrhunderts kommen von Jahr zu Jahr mehr Maschinen, vor allem riesige Bagger, zum Einsatz.
Nach dem Tod Mohammed Saids im Januar 1863 spitzt sich der Streit um den Kanal weiter zu. Ein Jahr später gelingt es Napoleon III. als Vermittler, die Auseinandersetzungen zwischen Konstantinopel, dem Nachfolger Saids in Alexandria und Lesseps zu schlichten: Im März 1866, die Bauarbeiten laufen zu diesem

Zeitpunkt bereits sieben Jahre, erhält Lesseps endlich die offizielle Genehmigung der Hohen Pforte in Konstantinopel, und die britische Regierung beendet ihren Widerstand gegen das Projekt.
Am 17. November 1869, nach zehn Jahren Bauzeit, wird der Suezkanal eröffnet. Rund 30 000 Araber und 6000 ausländische Gäste nehmen an den Feierlichkeiten teil. Angereist sind der österreichische Kaiser Franz Joseph, Kronprinz Friedrich von Preußen, der russische Großfürst Michael und die französische Kaiserin Eugénie. England schickt nur seinen Gesandten aus Konstantinopel.
Die Baukosten belaufen sich auf über 400 Millionen Francs. Wirtschaftlich profitieren vom Kanal vor allem die Handelsmächte des Mittelmeers, die nun eine schnellere Verbindung in den Nahen und Fernen Osten haben als die Staaten Nord- und Westeuropas. Am Ende gehört sogar Großbritannien zu den Gewinnern. Als Ägypten 1875 vor dem Staatsbankrott steht, übernimmt die englische Regierung unter Königin Viktoria das Aktienpaket des ägyptischen Staates und erlangt so entscheidenden Einfluss auf den Kanal. Am 29. Oktober 1888 wird der Suezkanal durch die Konvention von Konstantinopel zur neutralen Zone erklärt, Handels- wie Kriegsschiffe aller Nationen dürfen den Kanal gegen Gebühren befahren.
Ferdinand de Lesseps ist ein gefeierter Held. Er erhält weltweit Auszeichnungen, darunter auch von der englischen Königin den Orden Grand Cross of the Star of India. Auf dem Höhepunkt seines Ruhmes zieht er sich aus der Betreibergesellschaft des Kanals zurück. Im Jahr 1879, er ist fast 75 Jahre alt, lässt er sich zu einem weiteren kühnen Vorhaben bewegen, dem Bau des Panamakanals – und scheitert. Tausende Anleger verlieren ihr Geld, Lesseps wird wegen Betrugs verurteilt. Er stirbt, verbittert, am 7. Dezember 1894 auf seinem Landgut bei Paris.

Die Wurzel allen Übels

Die Briten brachten im 19. Jahrhundert weite Teile des Nahen Ostens unter ihre Kontrolle. Im Ersten Weltkrieg versprachen sie dem Emir von Mekka einen unabhängigen Staat, betrieben aber ein doppeltes Spiel.

Von Norbert F. Pötzl

Baumwolle war ein Exportschlager, weite Teile Ägyptens verwandelten sich in eine riesige Plantage. Eine Handelsblockade während des Bürgerkriegs in den USA von 1861 bis 1865 hatte in den Südstaaten die Ausfuhr des Malvengewächses fast zum Erliegen gebracht – die große Chance für Ägypten, den Weltmarkt mit den begehrten Samenfasern zu versorgen. Die Knappheit des Rohstoffs trieb die Preise in die Höhe. Vor allem die Textilmanufakturen in England kauften ägyptische Baumwolle.

Das Land blühte auf. Ägyptens Herrscher, Khediven genannt, nutzten die Einnahmen, um die heimische Infrastruktur zu verbessern. Sie ließen Schulen, Eisenbahnen, Straßen und Bewässerungsanlagen bauen.

Zwar unterstand Ägypten seit 1517 dem osmanischen Sultan von Konstantinopel. Aber der 1805 als Statthalter der Hohen Pforte eingesetzte Vizekönig Mohammed Ali, ein osmanischer Offizier albanischer Herkunft, hatte sich weitgehende Selbständigkeit erstritten – und das Recht, die Herrschaft auf seine Nachkommen zu vererben. Sein Enkel Ismail, der Ägypten von 1863 bis 1879 regierte, beging den Fehler, sich für Modernisierungsmaßnahmen enorm zu verschulden. Zur Finanzierung nahm er großzügig Kredite zu ungewöhnlich schlechten Bedingungen auf – bis zu 25 Prozent Zinsen wurden fällig, und das bei einem Abschlag von insgesamt über 20 Millionen Pfund Sterling auf den Nominalwert von 68 Millionen. Mit den Profiten aus dem Baumwollexport, glaubte Ismail, würden sich die Schulden bestimmt leicht tilgen lassen.

Überdies investierte die ägyptische Regierung zwölf Millionen Pfund in den Suezkanal, obwohl Ägypten von dem Prestigeprojekt wirtschaftlich gar keinen Nutzen hatte. Als nach dem Ende des amerikanischen Bürgerkriegs der Erlös aus den Baumwollausfuhren dramatisch einbrach, musste Ägypten 1875 seine Suezkanal-Aktien für vier Millionen Pfund an die Londoner Regierung verkaufen.

Der britische Premierminister Benjamin Disraeli ahnte da noch gar nicht, welcher Coup ihm damit gelungen war. Der Wert der Aktien verzehnfachte sich auf 40 Millionen, und mit einem Schlag hatte Großbritannien neben dem bis dahin viel einflussreicheren Frankreich in der ägyptischen Politik ein entscheidendes Wort mitzureden.

Im Jahr darauf war das Land am Nil pleite. Die Gläubiger erzwangen die Einsetzung einer internationalen Schuldenverwaltung. In der Regierung, die 1878 in Kairo gebildet wurde, erhielt ein Engländer das Finanzressort, ein Franzose wurde Minister für Öffentliche Arbeiten. So führte, wie der Konstanzer Historiker Jürgen Osterhammel resümiert, »eine Mischung aus europäischem Raubrittertum und nichteuropäischer Sorglosigkeit und Verschwendung« in Ägypten zu einem finanziellen Desaster – wie in vielen anderen abhängigen Ländern jener Zeit.

Die demütigende Fremdbestimmung löste im Herbst 1881 in Ägypten eine nationalistische Bewegung aus. Ihr Wortführer war der Oberst Ahmed Urabi, der die Parole ausgab: »Ägypten den Ägyptern!« Offiziere, Landbesitzer, Kaufleute, Intellektuelle und religiöse Führer schlossen trotz aller internen Differenzen ein Bündnis und verlangten vom Khediven – seit 1879 regierte Ismails Sohn Taufik – eine Verfassung, um ihre Rechte zu schützen. Unter dem Druck der Reformer gab Taufik nach. Er berief eine Deputiertenkammer ein, die im Januar 1882 einen Verfassungsentwurf vorlegte. Und er ernannte eine neue Regierung, in der Oberst Urabi Kriegsminister und deren führender Kopf wurde.

Als der Khedive im Mai 1882 Urabi auf Drängen der Briten und Franzosen entließ, weil dieser angeblich eine Verstaatlichung des von ihnen kontrollierten Suezkanals plante, riss der abgesetzte Minister in einer Militärrevolte die Macht an sich. Taufik bat die Briten um Hilfe, und die kamen gern – nicht, um ihm zu helfen, sondern aus eigenen Interessen.

»Den Vorwand für ein Eingreifen der Briten lieferte die Behauptung, die Regierung rebelliere gegen die legitime Autorität, und die Ordnung im Lande sei zusammengebrochen«, analysierte der libanesisch-englische Historiker Albert Hourani. Der wahre Grund sei jedoch »der Drang nach Macht« gewesen, »den Staaten in einer Zeit der Expansion entwickeln und den die Sprecher der europäischen Finanzinteressen noch verstärkten«.

Kriegsschiffe zogen vor Alexandria auf. Am 11. Juli 1882 gab Admiral Sir Frederick Beauchamp Seymour das Zeichen zum Angriff. Aus allen Rohren feuerten die Panzerfregatten und Kanonenboote auf die Befestigungsanlagen am Hafen und auf die Stadt. Als nach zwei Tagen das Bombardement eingestellt wurde, lag Alexandria in Trümmern und wurde von britischen Soldaten besetzt. Auch vom Osten Ägyptens her näherten sich britische Truppen, die im September 1882 in Suez landeten. Nach einem nächtlichen Marsch durch die Wüste besiegten sie die ägyptische Armee in der Schlacht bei Tell al-Kebir. Ahmed Urabi geriet in Gefangenschaft und wurde nach Ceylon verbannt. Erst knapp 20 Jahre später, 1901, durfte er zurückkehren.

Der Traum von der nationalen Freiheit eines arabischen Landes hatte nur ein knappes Jahr gewährt. Nun begannen sieben Jahrzehnte britischer Vorherrschaft in Ägypten. Sie dauerte bis ins Jahr 1952, als ein weiterer Offiziersaufstand mit Gamal Abd al-Nasser den letzten Vertreter der von Mohammed Ali begründeten Dynastie, den korrupten König Faruk, samt der britischen Schattenherrschaft hinwegfegte.

Der deutsche Orient-Reisende Victor Ottmann, der sich zu Beginn des 20. Jahrhunderts zwei Jahre lang in Ägypten aufhielt, erkannte schon 1908 das Wesen der britischen Kolonialisten: 1882 sei England mit dem Versprechen gekommen, »das Land zu verlassen, sobald die Ordnung wieder hergestellt wäre. Die Ordnung ist längst wieder hergestellt, aber England bleibt. Denn es besitzt eine ganz hervorragende Kraft der Beharrlichkeit – eine schöpferische Kraft, der es sein Weltreich verdankt.«

Obschon Ägypten nominell ein Bestandteil des Osmanischen Reiches blieb, regierte in Wahrheit ein britischer Generalkonsul. Evelyn Baring, später zum Earl of Cromer erhoben, übte das Amt bis 1907 aus. Formell blieb Cromer stets Berater der Regierung. Tatsächlich wandelte sich der Khedivenstaat unter seiner Führung zu einem britischen Protektorat.

Die Briten dehnten ihre Herrschaft sogar noch nach Süden in den Sudan aus. Dort hatte sich Mohammed Ahmed Bin al-Sajjid zum »Mahdi«, einer Art muslimischem Messias, erklärt und den Heiligen Krieg gegen die osmanisch-ägyptische Herrschaft und deren britische Protektoren ausgerufen. Er eroberte 1885 die Hauptstadt Khartum und führte seine Glaubenskrieger zum Sieg über die Kolonialtruppen – die erste erfolgreiche afrikanische Rebellion. Erst 14 Jahre später konnte Londons Empire-Stratege Herbert Kitchener an der Spitze einer technisch überlegenen Armee die Nachfolger des kriegerischen Mystikers unterwerfen. Der Sudan blieb bis 1956 faktisch eine britische Kolonie.

Wie am Nil nisteten sich die Briten im Laufe des 19. Jahrhunderts auch rund um die Arabische Halbinsel ein. 1839 nahm die East India Company Aden in Besitz, einen wichtigen Stützpunkt am Eingang des Roten Meeres, der nach der Eröffnung des Suezkanals 1869 erst recht an Bedeutung gewann. An der »Piratenküste« am Persischen Golf brachten die Briten 1853 durch einen »Ständigen Seefrieden« die dortigen Scheichtümer, die seit 1971 die Vereinigten Arabischen Emirate bilden, unter ihr Protektorat. Mit Bahrain und Oman, von wo aus die Straße von Hormus, der schmale Ausgang des Golfs, gut zu kontrollieren war, schloss England ebenfalls »Schutzverträge«. Die Briten nutzten die Schwäche des Osmanischen Reiches aus. Formal reichte das Imperium zwar immer noch von der Adria bis zum Persischen Golf und vom Kaukasus bis zum Golf von Aden. Aber vor allem an der Peripherie verfiel die Autorität des Sultans unaufhaltsam.

Zu Beginn des Ersten Weltkriegs stand der Großteil der arabischen Provinzen des Osmanischen Reiches unter dem Einfluss der Briten oder Franzosen. Die Osmanen hofften, sie abschütteln zu können, indem sie auf Seiten Deutschlands und Österreich-Ungarns in den Krieg eintraten und den Dschihad gegen die Kolonialmächte ausriefen.

Der Sultan von Konstantinopel war zugleich Kalif und damit Oberhaupt der Muslime. Die Briten befürchteten, dass die muslimischen Araber ihre türkischen Glaubensbrüder unterstützen würden. Deshalb schrieb der inzwischen zum Lord geadelte und zum Kriegsminister avancierte Herbert Kitchener an Hussein Bin Ali, den Emir der heiligen Stadt Mekka, und stellte ihm in Aussicht, nach dem Ende des Krieges ein eigenes arabisches Kalifat zu errichten. Hussein versprach stillzuhalten.

Denn die Beziehungen zwischen Osmanen und Arabern waren gespannt, seit hohe Offiziere und Beamte, die sich »Komitee für Einheit und Fortschritt« oder »Jungtürken« nannten, 1908 in Konstantinopel die Macht ergriffen hatten. Sie wollten das Reich modernisieren, aber auch durch stärkere Zentralisierung stabilisieren. Überall im Reich, auch in den arabischen Regionen, besetzten sie entscheidende Positionen mit Türken. Dagegen lehnte sich eine nationalistische arabische Autonomiebewegung auf, die von den Europäern bereitwillig unterstützt wurde. Tatsächlich »strömten die Araber im Namen des arabischen Nationalismus massenweise ins Lager der Alliierten, um sich gegen die muslimische Großmacht der damaligen Zeit zu verbünden«, beschreibt der französische Politologe und Islam-Experte Olivier Roy die Fronten.

Zu ihrer Überraschung erhielt die britische Residentur in Kairo im Sommer 1915 einen Brief von Emir Hussein, dem Scherifen von Mekka, in dem er forderte, fast der gesamte asiatische Teil Arabiens solle ein Königreich unter seiner Führung werden. Was Hussein nicht verriet: Er hatte inzwischen erfahren, dass ihn die Hohe Pforte absetzen wollte. Henry McMahon, der britische Hochkommissar in Ägypten, antwortete schließlich, dass Großbritannien bereit sei, »die Unabhängigkeit der Araber in den Gebieten anzuerkennen, deren Grenzen der Scherif vorgeschlagen hat«. Der haschemitische Emir verließ sich auf die vage Zusage und rief seine Stämme zum Aufstand gegen die Türken auf.

Ullstein Bild

Der britische Verbindungsoffizier Thomas Edward Lawrence im Beduinengewand (um 1917)

Als Verbindungsoffizier zu Hussein wurde der 28-jährige Archäologe und Historiker Thomas Edward Lawrence ernannt, der im »Arabischen Büro« der Briten in Kairo, einer Abteilung des britischen Geheimdienstes, arbeitete. Der Arabisch sprechende Waliser, der sein Studium in Oxford mit einer Arbeit über den »Einfluss der Kreuzzüge auf die mittelalterliche Militärarchitektur Europas« abgeschlossen hatte, war danach an Ausgrabungen in der Hethitermetropole Karkemisch am Euphrat beteiligt gewesen. Weil in der Nähe deutsche Unternehmen im Verbund mit den Osmanen an der Strecke der »Bagdadbahn« von Konstantinopel über Konya nach Bagdad bauten, kam das Gerücht auf, Lawrence habe deutsche Ingenieurleistungen ausspioniert.

Im Juni 1916 sollte die große arabische Revolte gegen die Osmanen beginnen. Sie werde, hatte Lawrence im Januar in einem Geheimdienstpapier geschrieben, »uns von Nutzen sein, weil sie unserem unmittelbaren Ziele dient, den islamischen ›Block‹ aufzulösen und das Osmanische Reich zu besiegen«.

Als es dann so weit war, gab Lawrence eine realistische Einschätzung über Husseins Truppen ab. In offener Feldschlacht, notierte er in einem Bericht, könne »eine einzige türkische Kompanie die Armeen des Scherifen besiegen«. Die Stärke der Beduinen liege im Guerillakrieg, und es sei wohl »unmöglich, aus ihnen eine organisierte Streitmacht zu formen«.

Im Herbst 1916 reiste Lawrence zu Hussein und bestimmte dessen Sohn Faisal zum Anführer der arabischen Kämpfer. Sie verlegten sich, wie von Lawrence empfohlen, auf Anschläge aus dem Hinterhalt und auf Sabotageaktionen. Sie sprengten etwa Gleise und Brücken der Hedschasbahn, die als Erweiterung der Bagdadbahn über Damaskus und

Amman nach Medina gebaut worden war. Mit List überrumpelten sie ihre Gegner. So stürmten 2000 arabische Kamelreiter nach wildem Ritt durch die Wüste am 6. Juli 1917 Akaba, den letzten Seestützpunkt des Osmanischen Reiches am Roten Meer – die türkischen Verteidiger konnten die fest aufs Meer gerichteten Geschütze nicht gegen die Angreifer schwenken.

Nach und nach wurden die Türken von den Alliierten und ihren arabischen Verbündeten an allen Fronten zurückgedrängt. Die Heldentaten, deren sich Lawrence dabei rühmte, entsprangen freilich, wie neuere Forschungen belegen, wohl eher seiner Phantasie. Seinen Mythos

Albert Samama-Chikli / M.Culture / Arch.photo / CMN

Frankreichs Premier Aristide Briand
mit arabischen Unterhändlern 1916

als »Lawrence von Arabien« förderte er nach dem Krieg auch selbst durch sein autobiografisches Buch »Die sieben Säulen der Weisheit«; wirkungsvoll unterstützt wurde er von dem amerikanischen Journalisten Lowell Thomas, der mit einer heroisierenden Show durch England und die USA tourte, bei der er Filme und Dias zeigte.

Noch bevor das Beduinenheer des Emirs von Mekka in die Kämpfe eingriff, hatten Briten und Franzosen insgeheim bereits ihre osmanische Beute untereinander aufgeteilt. Statt arabischer Selbstbestimmung planten sie eine koloniale Neuordnung. Ihre Unterhändler, die Diplomaten Mark Sykes und François Georges-Picot, einigten sich nach langwierigen Verhandlungen über die Aufteilung der Interessensphären beider Länder. Sie pokerten vor allem auch um den Zugang zu den schon entdeckten oder vermuteten Erdölvorkommen. Je mehr sich zeigte, dass die moderne Kriegführung auf den Einsatz von Motoren angewiesen war, desto klarer wurde die künftige Bedeutung des Erdöls.

Im vertraulichen Sykes-Picot-Abkommen vom 16. Mai 1916 wurde Frankreich ein Gebiet zugesichert, das die heutigen Staaten Syrien und Libanon sowie den Norden des Irak und einen Teil Anatoliens umfasste. England wurden der restliche Irak sowie Jordanien und der bereits vor dem Krieg dominierte Golfküstenbereich der Arabischen Halbinsel zugesprochen. Italien und Russland ratifizierten anschließend die Vereinbarung, durch die auch ihnen einige türkische Gebiete zufielen.

Das Abkommen, das bis heute im Nahen Osten als die Wurzel allen Übels gilt, wurde im November 1917 durch den russischen Revolutionsführer Lenin publik gemacht – er scherte sich nicht um die Geheimhaltung, die der Zar mit seinen Verbündeten verabredet hatte. Die Araber waren entsetzt über den Wortbruch der Briten, kämpften aber weiter an deren Seite.

Lawrence, der vermeintliche Araberfreund, kannte früh den Inhalt der Vereinbarung, verschwieg ihn aber seinen Kampfgefährten. In der arabischen Welt gilt er daher heute als Verräter.

Im Widerspruch zu der Absprache mit Emir Hussein stand auch die Erklärung des britischen Außenministers Arthur James Balfour vom 2. November 1917, die den Zionisten Unterstützung für eine »nationale Heimstätte in Palästina für das jüdische Volk« zusicherte. Die »Balfour-Deklaration« war unter anderem von Mark Sykes und dem Präsidenten der zionistischen Bewegung, Chaim Weizmann, vorbereitet worden, der 1948 erster israelischer Staatspräsident wurde.

Nachdem die Briten Ende 1917 Palästina erobert hatten, zogen arabische Truppen im Oktober 1918 in Damaskus ein. Über der syrischen Metropole wurde die Flagge des Emirs von Mekka gehisst. Die Stadt wurde »toll vor Freude«, wie Lawrence notierte, der Haschemiten-Prinz Faisal wurde im März 1920 zum König von Syrien ausgerufen. Doch die Franzosen, die Anspruch auf diese Region erhoben, vertrieben ihn schon nach vier Monaten. Immerhin durfte er König im britisch dominierten Irak werden, wo er bis zu seinem Tod 1933 regierte. Sein Bruder Abdullah, dem eigentlich der Thron in Bagdad zugesichert worden war, erhielt als Ausgleich das neu geschaffene Emirat Transjordanien. Die Franzosen teilten ihr Gebiet in die separaten Staaten Libanon und Syrien.

So entstanden, neben Israel, statt eines geeinten arabischen Staates fünf überwiegend verfeindete arabische Länder, die zudem noch viele Jahrzehnte unter britischer und französischer Fuchtel standen. Nur Transjordanien wurde ab 1923 Husseins Haschemiten-Dynastie zur Selbstverwaltung überlassen, 1946 wurde es zum unabhängigen Königreich Jordanien.

Noch über 20 Jahre sollten die Briten im Nahen Osten herrschen – als Mandatsmacht über Juden und Araber in Palästina. Am 14. Mai 1948, dem Tag, als David Ben-Gurion den israelischen Staat ausrief, erlosch das britische Mandat. Die Truppen verließen das Gelobte Land.

Das einzige arabische Herrscherhaus, das sich niemals britischer Vormacht unterwerfen musste, war die Familie Saud, die in Riad, mitten auf der Arabischen Halbinsel, residierte. Nachdem König Ibn Saud 1924 die Nachfahren des Haschemiten Hussein auch aus Mekka vertrieben hatte, herrschte er unbehelligt von Europäern über das gewaltige Wüstengebiet. Ihm kam nach dem Ersten Weltkrieg eine grandiose Fehleinschätzung der Briten zugute: Sie hatten nicht geglaubt, dass es in Saudi-Arabien Öl geben könnte.

Gertrude von Arabien

Eine reiche und exzentrische Engländerin half, den Irak zu gründen.

Von Dietmar Pieper

Schwerer Winterregen ging seit Tagen über Bagdad nieder, die Straßen verwandelten sich in Morast. In ihrem Haus inmitten eines Palmengartens saß Gertrude Bell und empfing Besucher, die sich zu ihr vorkämpften. Sie selbst setzte keinen Fuß in den Schlamm vor ihrer Tür.

Es waren anstrengende, herrliche Zeiten für die englische Lady, die Bagdad zu ihrer zweiten Heimat gemacht hatte. Der Irak, der neue Staat, den Gertrude Bell mit aus der Taufe gehoben hatte, war kein fertiges Gebilde. Am 23. August 1921 hatte der Haschemiten-Prinz Faisal, Sohn des Scherifen von Mekka, von der britischen Besatzungsmacht die Königswürde empfangen.

Noch aber fehlte eine Verfassung ebenso wie eine Nationalhymne. Und die Landesgrenze war teilweise unbestimmt. Niemand konnte hier besser Klarheit schaffen als die Frau, die im Lauf vieler Jahre Tausende von Meilen auf Kamelrücken durch Arabien gereist war, häufig auf eigene Faust, begleitet von Dienern, Köchen und Leibwächtern. Die Tochter aus reichem Hause hatte einen wohlbegründeten Ruf als exzellente Kennerin des Orients.

An einem der regnerischen Dezember-Tage im Jahr von Faisals Inthronisierung schrieb sie ihrem Vater nach England: »Ich hatte einen nutzbringenden Morgen im Büro, an dem ich die südliche Wüstengrenze des Irak festgelegt habe.« Hilfreich zur Seite standen ihr »ein Gentleman aus Hail«, einer Stadt im Zentrum der Arabischen Halbinsel, und »mein geliebter alter Fahad Beg, der oberste Scheich der Anisa«, eines mächtigen Araberstammes. »Mit aller Sorgfalt habe ich mir von Fahad alle Wasserquellen nennen lassen, die von den Anisa beansprucht werden«, und das Gleiche vom Vertreter des Nachbarstammes. Zufrieden notiert sie: »Ich glaube, es ist mir gelungen, eine vernünftige Grenzlinie zu erarbeiten.«

Major Miss Bell, ihres Zeichens der erste weibliche Geheimdienstoffizier in Diensten des britischen Militärs, war eine enge Beraterin des neuen Königs. Mit kurzen Unterbrechungen lebte sie seit 1917 in Bagdad, die einheimischen Scheichs hatten ihr den Ehrennamen »Chatun«, Hohe Dame, zugedacht.

Schon als junge Frau hatte sich Gertrude Bell gern mit Dingen beschäftigt, die damals eher Männersache waren. Geboren 1868,

Albert Harlingue/Ullstein Bild

Die Forschungsreisende
Gertrude Bell (um 1925)

studierte sie Geschichte in Oxford, reiste um die Welt und kletterte auf Schweizer Alpengipfel (die 2633 Meter hohe Gertrudspitze ist nach ihr benannt). Bei einem längeren Aufenthalt in Persien 1892, wo ihr Onkel als Botschafter residierte, entdeckte sie ihre Leidenschaft für Forschungsreisen durch die Wüste. Auf zahlreichen Exkursionen erkundete sie Syrien, die Arabische Halbinsel und Mesopotamien.

Im Ersten Weltkrieg gehörte sie zu den Orientkennern, die im Auftrag der Londoner Regierung über die Zukunft des Nahen Ostens nachdachten. Nach dem Untergang der Osmanen sicherte sich Großbritannien die Provinzen Basra, Bagdad und Mossul, in denen Araber und Kurden, Schiiten und Sunniten mehr neben- als miteinander lebten.

Als dort 1920 eine Revolte gegen die Briten losbrach, wurde die Heimat unruhig. Die »Times« stellte die scharfzüngige Frage: »Wie viel länger noch werden kostbare Leben geopfert im vergeblichen Bemühen, der arabischen Bevölkerung eine ausgefeilte und teure Verwaltung aufzuerlegen, um die sie niemals gebeten haben und die sie nicht haben wollen?« Bis der Aufstand erstickt war, hatten über 400 Briten und 6000 Iraker ihr Leben verloren.

So konnte es nicht weitergehen, und deshalb erfanden die Besatzer das Königreich Irak mit Faisal I. an der Spitze. Natürlich wurde alles unternommen, diese Entscheidung wie einen Wunsch der Iraker aussehen zu lassen.

Gertrude Bell, die dabei kräftig half, war bei allem Ruhm eine einsame Seele, unverheiratet und kinderlos. An einem Weihnachtstag schrieb sie ihrem Vater: »Wie Du weißt, habe ich praktisch keine Freunde.« Einige Jahre später, mit 57 Jahren, starb Gertrude Bell in Bagdad durch eine Überdosis Schlaftabletten, vermutlich war es Selbstmord. Sie erhielt ein Staatsbegräbnis, auch König Faisal gab sich die Ehre.

TEIL IV
VERPASSTE CHANCEN

GESPALTENE FRONT

Die Königsfamilie Saud wird von liberalen Reformkräften wie von islamistischen Eiferern attackiert. Mit kleinen Konzessionen und großem Füllhorn versucht sie sich Zeit zu erkaufen.

Von Dieter Bednarz

Der Herausforderer des Herrscherhauses strotzt nicht gerade vor Zuversicht. Abdul Aziz Alkhamis, 49, sitzt im Londoner Park Club, stochert in seinen Linguini, nippt am Mineralwasser und schaut hinaus auf das satte Grün des Cricketfelds. Im Restaurant der weitläufigen Freizeitanlage, ganz in der Nähe seines Hauses, trifft er sich oft zu politischen Beratungen über die Zukunft seiner Heimat. Wie soll der Kampf für Meinungsfreiheit und Demokratie in Saudi-Arabien weitergehen? Wer kommt nach König Abdullah? Wann kippt der Thron?

In seinem ersten Leben war der stämmige Mann mit dem vollen schwarzen Haar und dem buschigen Schnauzer ein bekannter Chefredakteur. In Riad, der Hauptstadt des Königreiches, zählte Prinz Salman, 75, Bruder des Regenten Abdullah und einer der potentiellen Thronanwärter, zu seinen Mentoren. Aber Alkhamis war kein Hofberichterstatter. Ungeachtet aller Mahnungen griff er Tabuthemen auf: Vetternwirtschaft, Korruption, die Prasserei der fast 7000 Prinzen. Er wollte seine Leser wachrütteln, Wandel bewirken, »zum Wohle meines Landes«, wie er sagt. Als Freunde ihm zuflüsterten, er sei zu einem Sicherheitsrisiko geworden, sein Name stehe auf der Fahndungsliste, setzte er sich nach Großbritannien ab. Damit begann sein zweites Leben.

Aus einer eher bescheidenen Backsteinvilla im Londoner Stadtteil East Acton organisiert Alkhamis seit zehn Jahren den Feldzug gegen die Paläste der Al Saud. Als Mitbegründer des internationalen Zentrums für Demokratie und Menschenrechte in Saudi-Arabien ist er ein international respektierter Vertreter der Opposition.

Es ist eine vielfältig fraktionierte Front, die sich gegen das Herrscherhaus aufbäumt. Neben eher liberalen Aktivisten wie Alkhamis wettern auch islamistische Eiferer gegen die Al Saud. Sie geißeln das Königshaus als Lakai der USA und wollen es stürzen. Die schiitische Minderheit wiederum, die vor allem im erdölreichen Osten des Landes lebt, fordert nicht nur ein Ende ihrer Diskriminierung durch das streng religiöse Regime. Viele Schiiten würden sich am liebsten ganz aus dem Staat lösen. Manche fordern Eigenständigkeit, andere träumen vom Anschluss an ihre Glaubensbrüder im benachbarten Irak.

Gemeinsam ist allen Gegnern der Al Saud nur die Hoffnung, dass die Revolutionen in Tunis, Ägypten wie auch im abgeschotteten Syrien den eigenen Kampf beflügeln. Anfang des Jahres wähnte Alkhamis sich der Heimkehr nahe. Unter dem Eindruck des Sturzes von Ägyptens Autokraten Husni Mubarak verspürte er auch in Saudi-Arabien den »Wind of Change«. Offen spekulierte er über das Einknicken des Regimes. Zwei, drei Jahre gab er dem Absolutismus noch, nicht viel länger.

Die Hoffnung verflog schnell. Der Volksaufstand in Riad blieb aus. Mit Gewaltandrohungen und Geldversprechen habe das Königshaus auch die leisesten Reformforderungen aus der Bevölkerung erstickt, sagt Alkhamis resigniert. Dem Aufruf zu einem eigenen »Tag des Zorns« am 11. März vor dem Gerichtsgebäude in Riad sei nur ein einziger Demonstrant gefolgt – den man prompt verhaftet habe.

Alkhamis und seine Mitstreiter fordern eine Familie heraus, die ihren unbedingten Willen zur Macht in zweieinhalb Jahrhunderten bewiesen hat: erst im Kampf mit dem Osmanischen Reich, später im Ringen mit dem Herrscherhaus der Haschemiten. Und wie schon in der Vergangenheit stützen sich die Al Saud auch bei der Abwehr panarabischer Revolutionsfunken auf eine religiöse Führung, die in der islamischen Welt so gehasst wie gefürchtet wird: auf die Prediger der fundamentalistisch-sektiererischen Wahhabiten.

Der Schulterschluss geht zurück auf das Jahr 1744. Damals herrschte im Nadschd, dem Hochland im Zentrum der Arabischen Halbinsel, Mohammed Bin Saud über nicht viel mehr als das Provinznest Dirija, heute ein Vorort von Riad. Und Mohammed Bin Abd al-Wahhab war ein Koranlehrter, den man aus seiner Heimatstadt Ujaina – nur einen Tagesritt mit dem Kamel weiter nördlich – verstoßen hatte. Die Bewohner wollten seine Hetzerei gegen die Verlotterung der Sitten nicht mehr hören.

Während die meisten Beduinen die Gebote des Glaubens wenig befolgten, predigte Bin Abd al-Wahhab die Rückkehr zur »ursprünglichen Strenge« des Islam, wie sie gut 1000 Jahre zuvor der Prophet Mohammed vorgelebt habe. Bin Abd al-Wahhab verpönte Musik (von Trommeln abgesehen), verurteilte Alkoholgenuss, lehnte seidene Kleidung ab und duldete weder Gebetsketten noch Verzierungen an Moscheen. Muslime, die seinen eisernen Interpretationen nicht folgten, erklärte er zu »Ungläubigen«. Schiiten, die vor allem im heutigen Irak und in Iran die Mehrheit der Bevölkerung stellen, waren für ihn eher Apostaten als Glaubensbrüder.

Bin Saud bot dem Vertriebenen Zuflucht an, und schon bald ergänzten sich das Sendungsbewusstsein des selbsternannten Erneuerers und der Machtwille des Wüstenfürsten: Die puritanische Lehre lieferte Bin Saud das ideologische Rüstzeug und die Legitimation für seine Feldzüge. Im Namen des wahren Islam begann eine einzigartige Landnahme. Ein halbes Jahrhundert nach dem Treueschwur beherrschte Bin Sauds Sohn das Hochland des Nadschd und den Osten der Arabischen Halbinsel. Erst 1924 eroberten die saudischen Heere auch Mekka und Medina. Die heiligen Stätten hatten zuvor unter dem Schutz der Haschemiten gestanden, deren Nachfahre Abdullah II. heute König von Jordanien ist. Damit herrschten die saudischen Imame, wie sich die Regenten nannten, fast über die gesamte Arabische Halbinsel.

Ihr strenger Glaube aber war in der islamischen Welt zum Synonym für Fanatismus geworden. Seit ihre Reiterscharen 1802 in der den Schiiten heiligen Stadt Kerbela (im heutigen Irak) über 2000 Männer, Frauen und Kinder getötet hatten, galten Bin Abd al-Wahhabs Anhänger als eine Art religiöse Terroristen.

Im Westen rückte die historische Bindung zwischen Glaubenseifer und Gewaltbereitschaft erst nach den Anschlägen vom 11. September 2001 ins Bewusstsein einer breiteren Öffentlichkeit. 15 der insgesamt 19 Selbstmordattentäter stammten aus dem Königreich, der getötete Qaida-Chef Osama Bin Laden war Sohn einer schwerreichen Unternehmerfamilie jemenitischer Herkunft in Dschidda, die beim saudischen Königshaus auch heute noch in der Gunst steht. Mit Blick auf das bedrohliche Bündnis prägte der US-Politologe Francis Fukuyama den Begriff vom »Islamo-Faschismus«.

Das Verhältnis zwischen Herrscherhaus und Glaubensführern war aber durchaus von Spannungen gezeichnet.

Erste Bruchlinien hatten sich schon Mitte des 19. Jahrhunderts unter Faisal Al Saud abgezeichnet. Der Herrscher und Imam ging aus kühlem Pragmatismus auf Distanz zu den Salafisten, den Altvorderen, wie sie sich nach ihrer Ausrichtung an den Vorfahren nannten. Faisal wollte sein Reich nicht durch einen ungezügelten Dschihad gefährden, den »heiligen Krieg« gegen Nicht-Wahhabiten.

Die eigentliche Zerreißprobe begann fast 100 Jahre später. Durch geschicktes Taktieren konnte Abd al-Asis Al Saud, genannt Ibn Saud, 1932 das Königreich proklamieren. Er erklärte die Wahhabija zur Staatsreligion. Die Erben des Predigers waren auf dem Höhepunkt ihres Einflusses, als mit der Entdeckung der weltweit größten Erdölvorräte (knapp 20 Prozent) die Moderne über das weitgehend abgeschottete Wüstenreich hereinbrach. Nun erst rückte Riad ins Blickfeld der Weltöffentlichkeit. Und in den Augen vieler Eiferer begann damals der moralische Verfall. Denn mit dem Verkauf der ersten Bohrrechte 1933 an die Standard Oil of California kamen amerikanische Ingenieure und andere Fremde aus dem Westen ins Land: Ungläubige, auf Einladung des Herrscherhauses.

Nach dem Ende des Zweiten Weltkriegs spülte das Ölgeschäft bereits viele Millionen Dollar in die Staatskasse. Nahezu zeitgleich entwickelten sich die besonderen Beziehungen zu den USA. Die Amerikaner errichteten einen ersten Militärstützpunkt in Dhahran, dem Zentrum des Fördergebiets. Die Erben der Imame stiegen zu globalen Playern im Energie-Poker auf.

Für die Al Saud begann ein Spagat, der die Herrscherfamilie, ja sogar das ganze Land noch zerreißen könnte: Auf der einen Seite müssen sie die erzkonservativen Religionsgelehrten zufriedenstellen, die jede Annäherung an den Westen verteufeln; andererseits ist das königliche

Regime auf die USA als Schutzmacht angewiesen, obgleich es selbst aufrüstete. In gut 50 Jahren schloss Washingtons Waffenlobby mit den Scheichs Deals für Panzer, Raketen und Bomber im Wert von über 100 Milliarden Dollar.

So sehr das Königshaus nach außen glänzte, im Inneren grassierte die saudische Krankheit: Das »schwarze Gold«, von vielen anfangs als geradezu göttliche Gabe für ein glaubensfestes Leben begrüßt, verdarb die Sitten der vom Wandel überforderten Stammesgesellschaft. Vor allem König Saud, der 1953 seinem Vater Ibn Saud auf den Thron gefolgt war, wurde zum Inbegriff der Dekadenz, wenn er bei »Kuraufenthalten« im Westen Millionen verschwendete. Auch auf Druck der Religiösen musste er 1964 den Thron räumen.

Mit ihrer Bigotterie erzürnten die Al Saud nicht nur die Religionsgelehrten, die ihnen mit einem Ende der Loyalität drohten. Das Herrscherhaus rückte sich damit auch selbst ins Fadenkreuz der gewaltbereiten Extremisten. 1979, wohl auch inspiriert durch die Revolution in Iran, überfielen einige Hundert Extremisten die große Moschee in Mekka. Zwei Wochen lang hielten sie den heiligsten Ort des Islam besetzt. Um das Geiseldrama zu beenden, mussten die Al Saud französische Elitetruppen ins Land rufen.

Als könnten sie die Schmach darüber vergessen machen, finanzierten die Al Saud mit Millionen Petrodollars den Widerstand der Taliban gegen die »gottlosen« Sowjets, die wenige Wochen später Afghanistan besetzt hatten. Für seinen Kampf am Hindukusch wurde Osama Bin Laden in seiner Heimat gefeiert. Der Geheimdienstchef des Königshauses, Prinz Turki al-Faisal, unterhielt lange Beziehungen zu dem späteren Qaida-Gründer und dessen afghanischen Waffenbrüdern.

Gleichsam als Ablasszahlung an die Religionsgelehrten förderten Sauds Nachfolger Faisal (der Sparsame), Chalid (der Farblose), Fahd (der Konservative) und der seit 2005 amtierende König Abdullah (der Aufgeschlossene) fundamentalistische Strömungen weltweit. Die Al Saud als selbsternannte Speerspitze der Islamisierung pumpten ihr Geld in Stiftungen, bezahlten den Bau von Moscheen, ob auf dem Balkan, in Usbekistan oder auch Pakistan. Wo sie es können, stellen sie auch die Imame oder sorgen mit Zuwendungen dafür, dass im Sinne Bin Abd al-Wahhabs gepredigt wird.

Den offenen Unmut auch der Islamgelehrten nährte die Herrscherfamilie 1991 im Golfkrieg um Kuwait. Weil die hochgerüsteten Scheichs vor dem irakischen Aggressor Saddam Hussein zitterten, ließen sie 200 000 US-Soldaten – und Soldatinnen – auf saudi-arabischen Boden. Ein Affront für die Glaubenswächter, die den Frauen bis heute das Autofahren verbieten. Die »Hüter der heiligen Stätten von Mekka und Medina«, wie sich die Al Saud seit 1986 nennen, hatten für manche damit endgültig ihre Legitimation verwirkt. Aus Afghanistan forderte Osama Bin Laden den Sturz der Al Saud.

Wie tief sich die Extremisten – mit klammheimlicher Billigung wahhabitischer Prediger – schon in die Gesellschaft hineingefressen hatten, zeigte wenige Jahre später eine ganze Serie von Anschlägen. Die Sprengstoffattentate 1995 und 1996 auf amerikanische Militäreinrichtungen in Riad und Chubar sollten die US-Soldaten wieder vom heiligen Boden vertreiben – den sie 2003 dann auch fast ausnahmslos verließen. Das eigentliche Ziel der Anschläge waren die Al Saud. »Allah mag keine Prinzen«, hatten die Extremisten auf Flugblättern verkündet.

Nur zögerlich entschloss sich das Königshaus, hart durchzugreifen, auch gegen Prediger, die den Extremismus befeuert hatten: Militante Fundamentalisten wurden bei der Festnahme erschossen, andere hingerichtet, viele nach sogenannten Umerziehungsprogrammen wieder in ihre Familien entlassen. Die Terrorfront scheint befriedet, zumindest blieben weitere schwere Anschläge aus. Offiziell murren auch die Theologen nicht mehr. Die Nachfahren Bin Abd al-Wahhabs haben erkannt, dass sie mit den Al Saud auf Gedeih und Verderb im Bunde sind.

Der eigentliche Sprengsatz ist die Jugend des Landes. Mehr als die Hälfte der 26 Millionen Saudi-Araber sind unter 25 Jahren, der Frust über Nepotismus und Perspektivlosigkeit ist enorm. Zur Entschärfung dieser Sozialbombe setzt König Abdullah auf ein altbewährtes Mittel: Geld. Erst im Februar 2011 versprach er ein Wohlfahrtspaket im Wert von 26 Milliarden Euro – und verhängte ein striktes Versammlungsverbot. Kommunalwahlen sollen der männlichen Bevölkerung einen Hauch von Partizipation vorgaukeln. Frauen haben im Königreich keine Stimme, erst seit 2001 dürfen sie eigene Personalausweise haben. Gemäß der Scharia, der islamischen Rechts- und Lebensordnung, herrscht strenge Geschlechtertrennung. Der Koran und die Hadithe, die Überlieferungen zum Leben des Propheten, haben Verfassungsrang.

Doch werden Abdullahs Untertanen finanzielle Trostpflaster und halbherzige Reformversprechen reichen? Wie lange lassen sich vor allem die jungen Menschen noch durch die Sicherheitsdienste einschüchtern? Wann folgen auch in Riad und Dschidda, in Mekka und Medina Zehntausende einem Aufruf zum »Tag des Zorns«?

Mit kleinen Konzessionen und großem Füllhorn – allein in diesem Jahr dürften die Erdöleinnahmen rund 300 Milliarden Dollar betragen – könnte sich das Königshaus immerhin Zeit erkaufen. Auch ein handfester Streit um den Thron ist nicht in Sicht. Von den 43 anerkannten Söhnen des legendären Ibn Saud leben noch etwa 20. Drei gelten als unumstrittene Anwärter auf die Regentschaft. Auf König Abdullah, 86, könnte schon bald dessen schwer kranker Bruder Sultan, 83, folgen; vielleicht übernimmt aber auch gleich der erzkonservative Naïf, 78, die Macht, der seit 1975 Innenminister ist.

Der jüngste unter den Thron-Prinzen ist Salman, der mächtige Gouverneur von Riad, der wieder als etwas liberaler gilt. Nach dessen Tod, glauben Oppositionelle wie Alkhamis, könnte es jedoch zu einer Familienfehde um die Thronfolge kommen, die das Haus Saud schwächt – und der Opposition eine Chance gibt.

Vorerst sieht der Saudi-Arabien-Experte der Berliner Stiftung Wissenschaft und Politik, Guido Steinberg, den Thron jedenfalls nicht wanken. In einer »Stabilitätsstudie« für die renommierte Fachzeitschrift »Jane's Intelligence Review« bewertet er die Wahrscheinlichkeit eines Umsturzes als »minimal«.

Wann also wird Abdul Aziz Alkhamis aus seinem Londoner Exil heimkehren nach Riad, wo er noch immer ein großes Haus besitzt? Alkhamis blickt auf das weitläufige Gelände seines Clubs. Dort tobt Omar, 9, das jüngste seiner sechs Kinder. Alkhamis hat keinen Zweifel, dass zumindest sein Sohn einmal in Saudi-Arabien leben wird. Als wirklich freier Bürger, in seiner eigentlichen Heimat, die dann vielleicht nicht einmal mehr den Namen der Herrscherfamilie trägt. Entschlossen sagt der Oppositionsführer: »Wir werden siegen.«

Mohammed und Herr Cohen

Rivalität und Ablehnung auf beiden Seiten prägten früh das Verhältnis zwischen Israel und den arabischen Nachbarn. Warum wurden alle Friedenschancen versäumt?

Von Tom Segev

Im September 1906 nahm ein altes russisches Passagierschiff Kurs auf Jaffa, an Bord waren auch einige osteuropäische Juden, die sich in Palästina niederlassen wollten. Einer von ihnen, ein junger Mann namens David Gruen aus dem polnischen Schtetl Płońsk, sah zum ersten Mal in seinem Leben Araber. Sie machten »einen sehr guten Eindruck« auf ihn, schrieb Gruen seinem Vater. Er schilderte sie als »große Kinder, gutherzig und leicht zugänglich«. Einige Zeit später nahm Gruen einen hebräischen Namen an – Ben-Gurion.

Den Blick, mit dem Gruen auf die ersten Araber herabschaute, nannte der amerikanische Gelehrte palästinensischer Abstammung Edward Said später »orientalistisch«; er meinte damit die Herablassung, die der Westen häufig Menschen aus dem Morgenland entgegenbringt. Said sah darin eine Erklärung für vieles, was in den letzten hundert Jahren im Nahen Osten schiefging, den israelisch-arabischen Konflikt inbegriffen.

Schon eine ganze Zeit vor Ben-Gurion, nämlich 1891, hatte ein jüdischer Schriftsteller aus Odessa, Ascher Ginzberg, der als Achad Haam bekannt wurde, das Land besucht. Er traf jüdische Siedler aus Osteuropa und war entsetzt, wie diese mit der arabischen Bevölkerung umsprangen: »Sie behandeln die Araber feindselig und grausam, verkürzen ihr Recht auf unredliche Weise, beleidigen sie ohne jeden genügenden Grund und rühmen sich solcher Taten noch«, schrieb er.

Theodor Herzl, der Begründer des politischen Zionismus, kämpfte damals dafür, einen Judenstaat im Land Israel zu errichten. Für die dort lebenden Palästinenser interessierte er sich herzlich wenig. Am besten sorge man dafür, dass sie auswanderten, notierte er in seinem Tagebuch. Die Zionisten mühten sich hingegen redlich, die Welt davon zu überzeugen, dass Juden und Araber doch zusammenleben könnten. Eine Masseneinwanderung europäischer Juden könne das Land sogar florieren lassen und die Wirtschaft ankurbeln, zum Wohl all seiner Bewohner.

Doch der »Orientalismus«, den Said später auch im europäischen Kolonialismus diagnostizierte, brach immer wieder durch. Der führende Zionist Chaim Weizmann, später Israels erster Staatspräsident, versicherte zwar: »Wir streben nicht danach, Mohammed zu vertreiben und Herrn Cohen statt seiner als Großgrundbesitzer einzusetzen.« Doch nicht zufällig nannte er den Araber »Mohammed« und den jüdischen Siedler »Herrn Cohen«. »Der Araber ist primitiv«, befand Weizmann: »Es besteht ein wesentlicher Qualitätsunterschied zwischen dem Juden und dem Einheimischen.« Bis heute glaubt so mancher, alles wäre anders verlaufen, wenn die ersten Zionisten nur so klug gewesen

Tom Segev
Der 1945 in Israel geborene Historiker und Publizist ist Autor zahlreicher Bücher zur Geschichte Israels. Derzeit arbeitet er an einer Biografie des Staatsgründers David Ben-Gurion.

wären, die Kultur der Araber zu respektieren, statt sich für etwas Besseres zu halten.

Das ist nicht das einzige »Wenn« in der Geschichte dieses langwierigen Konflikts. Historiker und auch einige israelische Politiker diskutieren immer wieder die Frage, wo und wann die Zionisten Gelegenheiten zu einer friedlichen Koexistenz mit der arabischen Bevölkerung im Land verpasst haben, was man für den Frieden hätte tun müssen. Auch auf arabischer Seite werden Versäumnisse erörtert, aber vorwiegend unter dem Aspekt, was man hätte tun können und müssen, um den Staat Israel zu verhindern. Die Palästinenser glauben, mit einigem Recht, die arabischen Staaten hätten sie nicht genug unterstützt.

Allerdings gibt es sehr früh Anhaltspunkte dafür, dass die Gründung eines jüdischen Staates in Palästina kaum ohne arabischen Widerstand hätte ablaufen können. Schon 1899 ließ der arabische Bürgermeister von Jerusalem Theodor Herzl bestellen, dass die Araber Palästinas den Zionismus ablehnten: »Die Welt ist groß genug, es gibt noch mehr dünn besiedelte Länder, in denen man Millionen armer Juden ansiedeln kann... Lasst in Gottes Namen Palästina in Ruhe!«, schrieb Jussuf Dija al-Chalidi.

Ein Jahr vor Ben-Gurions Ankunft im Land Israel erschien in Paris das Buch eines osmanischen Beamten in Jerusalem, Nadschib Asuri. Mit dem Erwachen des jüdischen Volkes im Zionismus erwache auch die arabische Nationalbewegung, schrieb er hellsichtig, die beiden Bewegungen würden sich in ewigem Krieg befehden, bis die eine über die andere siege. So bahnte sich der Konflikt schon Ende des 19. Jahrhunderts an.

1917 eroberte Großbritannien Palästina von den Türken, die es 500 Jahre lang regiert hatten, und erklärte sich einverstanden mit den zionistischen Bestrebungen, in Palästina »eine Heimstätte des jüdischen Volkes« zu errichten. Gleich darauf beschwerten sich die Araber: Sie seien von den Briten hintergangen worden; bevor sie das Land den Zionisten versprachen, hätten sie es ihnen, den Arabern, zugesichert. Ob das so zutrifft, bleibt auch in jüngsten Studien dazu offen.

Hätte alles anders kommen können? Wenn Deutsche und Türken den Ersten Weltkrieg gewonnen hätten; wenn der Völkerbund das Mandat über Palästina nicht Großbritannien, sondern den Vereinigten Staaten übertragen hätte (ein entsprechender Antrag lag vor); wenn die Wirtschaftslage der polnischen Juden in der zweiten Hälfte der zwanziger Jahre nicht so schlecht geworden wäre, dass sie massenweise ihr Land verließen und nach Palästina übersiedelten; wenn sie in die USA hätten immigrieren dürfen; wenn die Nazis die Juden nicht aus Deutschland hinausgedrängt hätten oder mehr von ihnen in andere Länder als Palästina hätten auswandern können; wenn es Erwin Rommel gelungen wäre, die britischen Linien bei El-Alamein zu durchbrechen und Palästina einzunehmen – die Nazis wollten die Juden dort ebenso vernichten wie die Juden Europas. Und ja, wenn die Briten die Zionisten nicht bei ihren Vorbereitungen für die Gründung des Staates Israel unterstützt hätten?

Auch die Israelis haben in ihrer Geschichte einigen Anlass zu kritischen Fragen: Wenn die Zionisten nicht darauf bestanden hätten, möglichst viele Juden für die Landwirtschaft auszubilden und dafür arabische Böden in Besitz zu bringen, sondern die Einwanderer lieber in die Städte geschickt hätten; wenn sie sich mehr auf die orientalischen Juden gestützt und ihre Vertrautheit mit der arabischen Kultur genutzt hätten, statt europäische Juden den Lauf der Geschichte bestimmen zu lassen; wenn sie auf die jüdische Souveränität verzichtet und ein binationales Staatsgebilde, für Juden und Araber gemeinsam, im Land errichtet hätten.

Dieses Modell wird noch heute gelegentlich propagiert. Dabei hatte es nie eine Chance, aus dem einfachen Grund, dass die meisten Juden nicht mit Arabern in einem Land leben und die meisten Araber sich die Regierung nicht mit Juden teilen wollten.

Ben-Gurion brachte aus Europa eine sozialdemokratische Weltsicht mit. Bei seiner Ankunft stand er den Arabern keineswegs feindlich gegenüber, aber mit den Jahren erkannte er, dass ihm keine »leicht zugänglichen« Menschen gegenüberstanden, sondern Erzfeinde. Er konnte sie sogar verstehen: Wenn er Araber wäre, hätte er auch gegen die jüdischen Neusiedler angekämpft, sagte er einmal. Spätestens in den dreißiger Jahren hoffte er, die Araber durch einen Bevölkerungstransfer wenigstens aus einem Teil des Landes aussiedeln zu können, um Platz für einen jüdischen Staat zu schaffen.

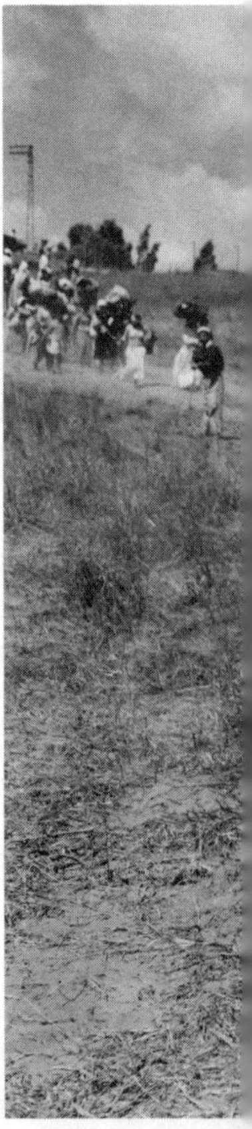

Ein möglichst großes Stück Land mit möglichst wenigen Arabern, lautete das Ziel. 1937 machte er sich große Hoffnungen: Großbritannien schlug die Teilung des Landes in zwei Staaten vor. Danach sollten Zehntausende von Arabern, die auf dem Gebiet des künftigen jüdischen Staates lebten, ihre Häuser räumen. Natürlich lehnten die Araber den Plan ab. Ben-Gurion sagte oft: Wenn der Staat Israel 1937 entstanden wäre, hätten vielleicht Millionen der später von den Nazis ermordeten europäischen Juden gerettet werden können, vielleicht wäre der Holocaust sogar ganz verhindert worden.

Ein vielzitierter Spruch besagt, die Araber hätten keine Gelegenheit ausgelassen, eine Gelegenheit – zur Einigung – zu verpassen. Dabei nennt man gern den Uno-Teilungsbeschluss vom November 1947, der zwei Staaten in Palästina vorsah – einen für die Juden und einen für die Araber. Die vorgesehenen Grenzen waren für die Araber noch schlechter als die von 1937, und ihr grundsätzlicher Widerstand

Palästinensische Flüchtlinge suchen 1948 Schutz in arabisch kontrolliertem Gebiet.

Bettmann/Corbis

gegen einen jüdischen Staat, in welchen Grenzen auch immer, war über die Jahre nur gewachsen. Deshalb konnten sie den Teilungsplan nicht akzeptieren. Die zionistische Bewegung stimmte der Teilung des Landes zu, obwohl der darin vorgeschlagene Grenzverlauf auch ihren Interessen zuwiderlief.

Ben-Gurion, der 1948, also 42 Jahre nach seinem Landgang im arabischen Jaffa, Israels erster Ministerpräsident wurde, führte zwei Kriege gegen die Araber, den ersten 1948, den zweiten 1956. Spätere Generationen stritten heftig darüber, wie sich die Kriege hätten vermeiden lassen. Doch die traurige Wahrheit bleibt: Der Krieg von 1948, der die Existenz des israelischen Staates zementierte und die Flucht und Vertreibung von 750 000 Arabern mit sich brachte, hätte sich wohl nicht vermeiden lassen, zu krass prallten die nationalen Interessen aufeinander.

Später brauchten viele arabische Staatschefs den Kriegszustand mit Israel, um ihre diktatorischen und korrupten Regime zu rechtfertigen. Sie hätten die palästinensischen Flüchtlinge auch integrieren können, statt ihnen die elende, aussichtslose Existenz in Flüchtlingslagern aufzuzwingen.

Der Sechstagekrieg im Juni 1967, den Ben-Gurion nicht mehr zu verantworten hatte, brachte den arabischen Staaten die schwerste Niederlage und Israel den größten Sieg seit 1948. Viele glaubten damals, dass die schnelle Eroberung arabischer Gebiete, vor allem im Gazastreifen, in Ost-Jerusalem und im Westjordanland mit Millionen palästinensischer Bewohner, den Konflikt von Grund auf verändert habe. Israel hatte jetzt erstmals in seiner Geschichte ein Faustpfand, das es den Arabern im Tausch für Frieden anbieten konnte.

Die Formel »Land für Frieden« wurde aber nur im Fall Ägyptens erfolgreich angewandt, allerdings erst nachdem es Israel 1973 einen schweren Militärschlag versetzt hatte. Der Frieden mit Ägypten überlebte eine Reihe harter Schläge, darunter die Ermordung von Präsident Anwar al-Sadat, die palästinensischen Aufstände und zwei Kriege zwischen Israel und dem Libanon. Ob dieser Frieden auch den Sturz von Präsident Husni Mubarak überdauern wird, der mit ihm verbunden wird wie kaum etwas anderes, ist bisher nicht ganz abzusehen. Der Kurs der neuen Politik ist noch unklar.

Der jordanische König Hussein unterzeichnete einen Friedensvertrag mit Israel, ohne irgendetwas von den 1967 verlorenen Gebieten jenseits des Jordans zurückzuerhalten. Offenbar hatte er, bereits krank, sein historisches Erbe im Blick.

Im Januar 1991, einen Tag nach Beginn der Operation »Wüstensturm« zur Befreiung Kuwaits, schossen die Iraker die ersten Raketen auf Israel, das sich nicht an der Operation beteiligte. Die Raketen, die angeblich mit Hilfe deutscher Ingenieure konstruiert worden waren, transportierten, so wurde verbreitet, Gas zur Massenvernichtung. Viele Israelis fühlten sich hilflos, gepackt von der Angst vor einem neuen Holocaust.

Heute hegen viele ähnliche Gefühle wegen der Bedrohung durch die potentielle Atommacht Iran. Die Erinnerung an die Schoa brachte Ben-Gurion zu der Erkenntnis, dass Israel ein eigenes Atomprogramm brauchte. Die Vernichtungsangst vor Iran könnte Israel zu einem Präventivschlag veranlassen, wie das Holocaust-Trauma 1967 maßgebend zur Entscheidung für den Angriff auf Ägypten beitrug.

Doch der Kern der Geschichte blieb immer der Wettlauf um die Herrschaft über Palästina. Die Verwaltungshoheit über die Palästinensergebiete im Westjordanland und Ost-Jerusalem hatte Israel errungen, aber sie hat seinen existentiellen Interessen nicht genutzt, sondern geschadet. Die Wellen der Gewalt, die seit 1967 immer wieder über das Land tobten, kosteten Tausende Israelis und Palästinenser das Leben. Die anhaltende Verletzung palästinensischer Menschenrechte beschädigte auch die Demokratie in Israel. Und die Demografie folgt ihrer eigenen Dynamik: Die Araber sind dabei, sich von einer Minderheit zur Mehrheit zu entwickeln.

Irgendwann hat die israelische Regierung eine Haltung übernommen, die früher nur in der extremen Linken angesiedelt war: Im Rahmen eines Friedensvertrags soll auf dem größten Teil des Westjordanlandes und im Gaza-Streifen ein unabhängiger Palästinenserstaat entstehen. In manchen Verhandlungen mit den Palästinensern wurde sogar eine geteilte Verwaltung Jerusalems erwogen. Dem Anschein nach ist das eine historische Wende, aber die meisten Israelis reagieren gleichgültig – weil sie ohnehin nicht mehr an einen Frieden mit den Palästinensern glauben. Dahinter steckt die Enttäuschung über den Fehlschlag früherer Abkommen zwischen Israel und den Palästinensern, der palästinensische Terror und die Machtübernahme der Hamas im Gazastreifen.

Gut möglich, dass sie recht haben. Derzeit ist kaum abzusehen, wie ein Abkommen erreicht werden könnte, das die Evakuierung Hunderttausender Israelis aus ihren Wohnungen im Westjordanland, die Lösung des palästinensischen Flüchtlingsproblems und – vor allem – die geteilte Verwaltung Jerusalems vorsehen würde. Aber das eigentliche Problem auf dem Weg zur Einigung liegt tiefer in der Geschichte dieses Konflikts verborgen. Nicht Meinungsverschiedenheiten über Grenzen, Gebiete, Wasser oder sogar Sicherheit verhindern die Lösung, sondern der Umstand, dass beide Seiten ihre nationale Identität über das Land definieren, und zwar das ganze. Ein Kompromiss über das Land würde sie zwingen, auch einen Kompromiss in ihrer jeweiligen Identität einzugehen. Wie es aussieht, hat keiner der Beteiligten die nötige Reife dafür erlangt.

Die Umwälzungen, die derzeit den Nahen Osten bewegen, könnten auch Jordanien spürbar erfassen, und wenn das Königshaus stürzte und die Regierung an die palästinensische Bevölkerungsmehrheit überginge, könnte man Jordanien vielleicht mit dem Westjordanland vereinigen, was einen Frieden zwischen Palästinensern und Israelis erleichtern könnte – doch das sind bisher nur Planspiele. In Ramallah, der provisorischen Hauptstadt der Palästinenser, denkt man vorerst weiter nur an Unabhängigkeit in einem Teil des Landes.

Vor Kurzem sprach ich darüber mit Salam Fajad, der bereits den Titel eines palästinensischen Premierministers trägt. Der 60-Jährige hat in den USA Wirtschaftswissenschaften studiert, er setzt mehr auf Wirtschaft als auf Politik. Gestützt auf palästinensische Sicherheitskräfte, die unter amerikanischer Schirmherrschaft arbeiten, schafft er Arbeitsplätze, errichtet ein Verwaltungssystem, baut Schulen und Straßen. Seit den Zeiten, in denen die ersten Zionisten im Land Israel landeten, suchten sie – meist vergebens – palästinensische Araber, die wirtschaftliche Erwägungen über ihre nationalen Ambitionen stellten. In dieser Hinsicht sieht Israel in Fajad einen idealen Palästinenser. Er meint, die Israelis täuschten sich in ihm ebenso, wie sie sich seit je getäuscht hätten. Er sei nicht weniger nationalbewegt als jeder andere Palästinenser, er beschreite nur einen anderen Weg, sagte er.

Wäre er beleidigt, wenn ich seine Anstrengungen mit denen Ben-Gurions zur Zeit des britischen Mandats vergleichen würde, fragte ich. Warum denn?, antwortete Fajad. Ich erinnerte ihn daran, dass Ben-Gurion 1948 mit der Gründung Israels, mit Flucht und Vertreibung, die größte Katastrophe in der Geschichte der Palästinenser ausgelöst hatte.

»Ich würde mich freuen, als palästinensischer Ben-Gurion im Gedächtnis zu bleiben«, erwiderte Fajad. Von ihm habe er die Taktik gelernt, die er jetzt anwende: erst die Fundamente des Staates legen und dann die Unabhängigkeit ausrufen. Im September sollte es so weit sein – vielleicht aber auch ein bisschen später.

Der Fluch des Öls

Bodenschätze verhalfen vielen arabischen Staaten zu märchenhaftem Reichtum. Doch die Petrodollars erzeugten nicht breiten Wohlstand, sondern beförderten Unfreiheit und Misswirtschaft.

Von Alexander Jung

Wenn sich die Ölminister der Opec-Staaten zu ihrer halbjährlichen Sitzung in Wien treffen, läuft ein sonderbares Ritual ab. Am Morgen, kurz nach zehn, stürmt eine Hundertschaft Journalisten in den Konferenzsaal und hält den Exzellenzen Mikrofone vor die Nase. Die Herren reden ein paar Worte, sagen aber natürlich nichts, einige lächeln leicht angewidert, andere fühlen sich geschmeichelt ob ihrer offensichtlichen Bedeutung. Nach zehn Minuten ist der Rummel vorbei. Die Medienmeute zieht sich zurück, die Türen werden geschlossen.

Einige Stunden später tritt der Generalsekretär der »Organisation erdölexportierender Länder« (Opec) aus dem Raum und erklärt, wozu sich die Minister durchgerungen haben. In den vergangenen Jahren fiel Abdullah Salim al-Badri diese Aufgabe zu. Der Libyer weiß, wie schwer seine Worte wiegen, und formuliert Sätze wie: »Wir wollen weder einen zu hohen noch einen zu niedrigen Ölpreis«, bevor er zur Sache kommt. Dann verkündet al-Badri, um wie viel Hunderttausend Barrel (ein Barrel = 159 Liter) am Tag die Opec-Staaten die Förderung von Erdöl erhöhen oder drosseln wollen. Eine Sekunde später geht die magische Zahl um die Welt und bewegt die Märkte von New York bis Shanghai.

Nirgends wird die Macht der Opec sichtbarer als bei solchen Treffen. Die zwölf Minister sitzen scheinbar gleichberechtigt in alphabetischer Reihenfolge nebeneinander, doch nur wenige haben hier wirklich das Sagen: allen voran der saudi-arabische Ölminister, daneben seine Kollegen aus Kuwait, Irak, Libyen, Katar und aus den Vereinigten Arabischen Emiraten – kurzum: die Vertreter der arabischen Welt.

Diese sechs Staaten exportieren ein Drittel des weltweit verbrauchten Erdöls. Sie verfügen über Lagerstätten, die vergleichsweise leicht auszubeuten sind, der Rohstoff ist von guter Qualität. Was noch wichtiger ist: Sie sind gesegnet mit den bei Weitem größten Reserven, welche die Erde zu bieten hat. Saudi Aramco, die staatliche Gesellschaft Saudi-Arabiens, verfügt nach eigenen Angaben über Vorkommen von rund 260 Milliarden Barrel, heutiger Wert: rund 30 Billionen Dollar. ExxonMobil, der größte private Energiekonzern, hat gerade mal 8,9 Milliarden Barrel in der Hinterhand.

Die Araber werden also noch Öl verkaufen, wenn die Fördertürme am Golf von Mexiko oder in der Nordsee längst verrostet sind. Der Anteil der globalen Reserven, die sie kontrollieren, wird von Jahr zu Jahr automatisch immer größer, weil der der anderen schrumpft: Sie haben das Öl und damit die Macht.

Solange die Verbraucherländer abhängig sind von dem schwarzglänzenden Rohstoff, bestimmen die Potentaten am Persischen Golf, mit welchen Energiekosten die mobile Gesellschaft und die industrielle Wirtschaft kalkulieren müssen. Sie entscheiden zu einem nicht unerheblichen Teil über den Wohlstand der Welt – und nicht zuletzt über ihren eigenen. Im Jahr 2011 werden die Opec-Staaten aller Voraussicht nach Rekordeinnahmen verbuchen, dank hoher

Preise und wachsender Produktion fließen die Petrodollars so üppig wie noch nie. Das Kartell der Exporteure kann nach Schätzung der Internationalen Energieagentur erstmals die Billionenmarke knacken. 2002 verdienten sie mit rund 190 Milliarden Dollar nicht einmal ein Fünftel davon.

Diese gemeinsame Einnahmequelle bedeutet freilich nicht, dass sich die Förderstaaten untereinander besonders gewogen sind. Im Gegenteil: Wenn die Ölminister in der Wiener Runde sitzen, dann treffen auf neutralem österreichischem Boden Männer aufeinander, die mitunter eine erbitterte Feindschaft verbindet. Der Krieg zwischen Iran und Irak in den achtziger Jahren mit Millionen von Opfern sowie die Besetzung des Emirats Kuwait durch den Irak Anfang der neunziger Jahre sind die blutigsten Beispiele einer langen Geschichte von Täuschungen und Enttäuschungen in der arabischen Welt.

Nichts davon ist vergessen. Wenn ein saudischer Ölminister heute eine Opec-Konferenz besucht, dann wird ihm unweigerlich in Erinnerung gerufen, dass der libysche Kollege einen Machthaber vertritt, der 1975 aller Wahrscheinlichkeit nach seinen legendären Vorgänger Ahmed Saki al-Jamani mit dem Tode bedroht hat. Muammar al-Gaddafi war damals nach Aussage eines der beteiligten Terroristen der Strippenzieher des Überfalls auf die Ölminister-Runde in Wien, der Terrorist Carlos führte die Aktion aus. Jamani sollte eigentlich sterben, nur der Einfluss Algeriens verhinderte die Exekution.

Kein Zweifel, die Opec ist ein bloßes Zweckbündnis, eine Gemeinschaft von Staaten, deren Volkswirtschaften ganz und gar auf ein Exportgut fixiert sind. Sie verfügen über ungeheure Bodenschätze, gleichwohl herrschen in diesen Ländern meist Misswirtschaft und Unfreiheit – oder vielleicht gerade deshalb?

Als »Fluch der Ressourcen« bezeichnen Ökonomen dieses Phänomen. Wenn heute die Menschen in den Ländern Arabiens auf die Straße gehen, dann gilt ihr Protest auch dieser Paradoxie: Ihnen allen könnte es so ungemein gut gehen, doch nur eine neureiche Clique von Prinzen und Geschäftsleuten profitiert von den Öleinnahmen.

Wer den Ursprung dieser fatalen Entwicklung sucht, muss etwa acht Jahrzehnte zurückgehen. Anfang der dreißiger Jahre gehörte die Arabische Halbinsel zu den ärmsten Regionen der Welt. Ibn Saud, der Gründer Saudi-Arabiens, konnte das gesamte Staatsvermögen in den Satteltaschen eines Kamels unterbringen, hieß es damals. Die Folgen der Weltwirtschaftskrise waren bis in die Wüste zu spüren, die Ströme der Mekka-Pilger dünnten aus. Ibn Saud brauchte dringend Geld. Eigentlich mochte er keine Ausländer an die vermuteten Bodenschätze heranlassen, und überhaupt interessierte ihn mehr die Suche nach Wasser als nach Öl.

Doch der klamme König hatte keine Wahl. Er verkaufte der Standard Oil of California 1933 eine Konzession für ein Gebiet, größer als ein Viertel des Königreichs. Die Amerikaner gewährten ihm dafür einen Kredit über insgesamt 50 000 Pfund in Gold (am Goldpreis gemessen heute etwa elf Millionen Euro) sowie eine Zahlung von gerade mal 5000 Pfund jährlich. Im Erfolgsfall, wenn also Öl entdeckt würde, waren weitere 100 000 Pfund fällig. Fünf Jahre später stießen die Ingenieure an Bohrloch Nummer sieben bei Dammam, an der Westküste des Persischen Golfs, tatsächlich auf Öl. Bis heute gehört es in die Kategorie der »Elefanten«, der größten Felder der Erde.

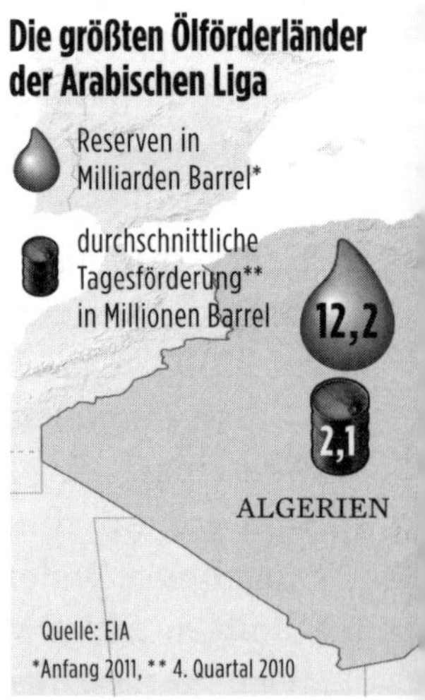

Rund 400 Kilometer nördlich plagten zur selben Zeit den Emir von Kuwait, Scheich Ahmed, ähnliche Finanzsorgen. Der Handel mit Perlen lag am Boden, seit Zuchtexemplare aus Japan den Weltmarkt überschwemmten. Also verkaufte der Emir Ölkonzessionen an Gulf Oil und die Anglo-Persian Oil Company. Die Briten entdeckten 1938 Burgan, ebenfalls ein Elefanten-Feld, aus dem noch heute Öl fließt.

Die neuen Quellen am Golf ergänzten nicht nur die alten Fördergebiete in den USA oder Lateinamerika, sie übertrafen sie sogar. Mit ihrer überragenden Ergiebigkeit schufen die Araber die Basis, um die steigende Ölnachfrage im Westen zu bedienen, sie machten den Aufschwung der Weltwirtschaft nach dem Zweiten Weltkrieg überhaupt erst möglich.

US-Präsident Franklin D. Roosevelt äußerte anfangs noch Zweifel, ob der Nahe Osten tatsächlich als Nachschubbasis geeignet sei, »Saudi-Arabien liegt für uns ein bisschen sehr weit weg«, meinte er noch 1943. Doch bald war auch ihm die Bedeutung klar, die das Öl für den weiteren Fortgang der

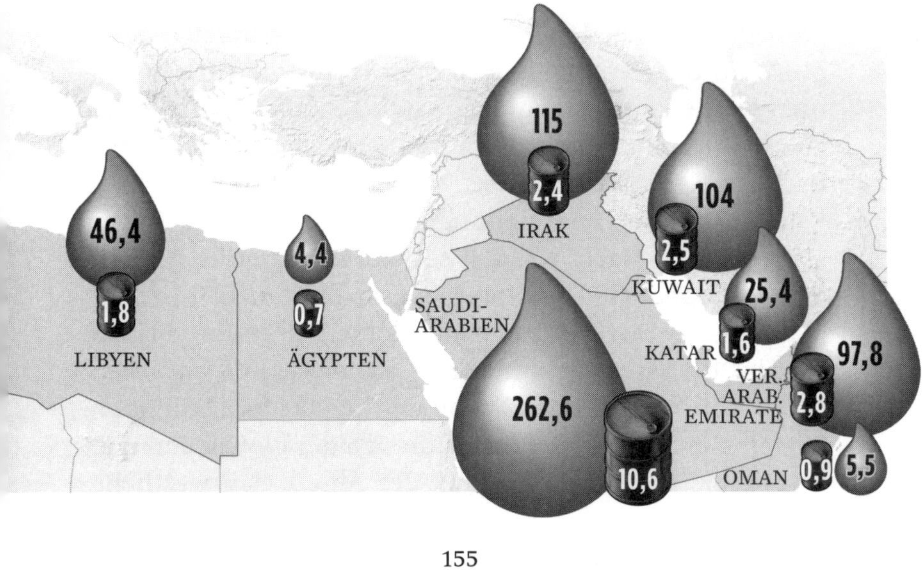

Weltgeschichte spielen sollte – und welch überragende Rolle dabei der Golfregion zukam. Im Weißen Haus skizzierte Roosevelt dem britischen Botschafter Lord Halifax auf einem Blatt Papier, wer den Rohstoff kontrollieren sollte: »Das persische Öl gehört Ihnen. Das Öl im Irak und in Kuwait teilen wir uns. Und was das saudische Öl betrifft, das gehört uns.«

Diese unverblümt neokoloniale Haltung rief den Unmut der Förderstaaten hervor. Bis dahin hatten sie praktisch keinen Einfluss auf ihre eigenen Bodenschätze, das Öl stand unter Kontrolle der »Sieben Schwestern«, Unternehmen wie Chevron, Shell oder Anglo-Persian, die spätere BP, die es an die Oberfläche pumpten, es transportierten, raffinierten und schließlich an der Tankstelle verkauften; sie kontrollierten alle Glieder innerhalb der Wertschöpfungskette.

Den Arabern war allerdings nicht entgangen, dass zur selben Zeit die venezolanische Regierung gegenüber den Amerikanern mutig Ansprüche erhoben hatte. Am Ende stand ein neues Abkommen, das Ergebnis kam einer Revolution gleich. Die Vereinbarung sah eine hälftige Teilung der Öleinnahmen vor. 50 zu 50, diese Formel konnte der Westen nun auch den Arabern nicht mehr verweigern, zu groß war das Verlangen nach dem Treibstoff. Großbritannien werde kaum einen adäquaten Lebensstandard erreichen »ohne den Nahen Osten und sein Öl«, räumte der britische Außenminister Ernest Bevin damals ein.

Je stärker der Energiehunger wuchs, umso mehr verschob sich die Macht von den Abnehmerstaaten zu den Produzentenländern. Die Araber emanzipierten sich in dem Maße, wie sie ihren globalen Marktanteil vergrößerten. Von 1948 bis 1972 versechzehnfachte sich der Ausstoß im Nahen Osten: von 1,1 Millionen Barrel am Tag auf 18,2 Millionen Barrel; gleichzeitig verfünffachte sich der globale Energieverbrauch. Entsprechend sank der Anteil, den westliche

Quellen zur Versorgung beisteuerten. In Saudi-Arabien, Kuwait oder im Irak reifte das Bewusstsein darüber, welch mächtiges Instrument man doch in der Hand hielt. »Erdöl ist die schärfste Waffe, welche die Araber haben«, erklärte der saudische Ölminister Abdullah Tariki. Um dieser Waffe Schlagkraft zu verleihen, musste man allerdings gemeinsam vorgehen.

Das war die Geburtsstunde der Opec. Ihre Gründer versprachen sich davon, wirkungsvoll Einfluss auf die Preise zu nehmen. Auf geradezu brutale Weise tat dies die Organisation 1973, als sechs Golf-Produzentenstaaten nach Ausbruch des Jom-Kippur-Kriegs zwischen Ägypten, Syrien und Israel den Preis pro Barrel kurzerhand fast verdoppelten, von 2,90 auf 5,11 Dollar, und zugleich die Produktion um fünf Prozent drosselten. »Für die Konsumentenstaaten schien es, als hätte sich das Tor zur Hölle aufgetan«, beschreiben heute die Opec-Experten Jan Martin Witte und Andreas Goldthau den Schock über den Einsatz der Ölwaffe.

»Ihr werdet alles verlieren«, prophezeite der saudische König Faisal den westlichen Ölfirmen und beantwortete damit die Kernfrage jener Tage: Wem gehört eigentlich das Öl? Die Förderländer gaben eine klare Antwort: Sie verstaatlichten die Ölindustrien. Für westliche Unternehmen verschlechterten sich die Bedingungen zusehends, ein immer größerer Teil der Erträge verblieb in den Kassen der Verkäufer. Die staatlichen Ölgesellschaften übernahmen die Regie am Bohrloch.

Es war eine außergewöhnliche Entwicklung, die da ihren Lauf nahm: Jede andere Industrie hat sich in den vergangenen Jahrzehnten globalisiert, nur die Ölbranche ist den umgekehrten Weg gegangen. Das ökonomische Kraftfeld hat sich zu den Produzentennationen hin bewegt, zu autoritären Regimen mit unberechenbaren Führern.

So zog der junge Oberst Gaddafi ganz neue Saiten auf, nachdem er 1969 die Macht in Libyen übernommen hatte. Geschickt spielte er die westlichen Firmen gegeneinander aus, die besonders begierig auf den Bodenschatz aus dem Wüstenstaat waren: Das libysche Öl zeichnet sich dadurch aus, dass es süß ist, wie die Ingenieure sagen, also leicht und schwefelarm.

In der Folge erlebten die Opec-Staaten ihr goldenes Zeitalter. Die Einnahmen der Ölexporteure versechsfachten sich zwischen 1972 und 1977. Sie gewöhnten sich an die Macht und den Wohlstand, den ihnen ihre Bodenschätze ermöglichten. »Sie schickten sich an, die neuen Bankiers der Welt zu werden«, so der amerikanische Ölexperte Daniel Yergin. Sie wurden umworben und verwöhnt, aber auch satt und träge. Der Ressourcenfluch begann seine Wirkung zu entfalten.

Denn bald erfuhren die Produzenten eine schmerzhafte Lektion: Ihre Kunden setzten alles daran, eigene Förderprojekte zu entwickeln, in Alaska, im Golf von Mexiko oder in der Nordsee. Die Kohle erlebte ein Comeback, auch die Gasförderung wurde forciert. »Projekt Unabhängigkeit« nannte schon US-Präsident Richard Nixon den neuen Kurs. Sein Außenminister Henry Kissinger kam zu der berühmten Erkenntnis, die Ressource Öl sei »zu wichtig, um sie den Arabern zu überlassen«.

Nun ertrank die Welt förmlich in Öl. Die Preise fielen ins Bodenlose, sie bewegten sich Mitte der achtziger Jahre kurzzeitig unterhalb der Zehn-Dollar-Marke. Verantwortlich dafür war aber nicht nur die schwächere Nachfrage der Konsumenten, sondern auch die mangelnde Förderdisziplin der Produzenten.

Sie waren gefangen im klassischen Dilemma: Wenn alle an einem Strang ziehen, können sie die Notierungen beeinflussen; schert aber auch nur einer aus, brechen die Preise ein, und alle leiden darunter. Genau das passierte, immer wieder. Irgendeiner der Produzentenstaaten erlag der Versuchung, den schnellen Dollar verdienen zu wollen.

Gerade die kleineren Exporteure neigten dazu, den Hahn weiter aufzudrehen, als es abgesprochen war. Saudi-Arabien glich dann seinerseits das Überangebot aus, indem es die Produktion drosselte. Irgendwann aber war Ölminister Jamani nicht mehr gewillt, den sogenannten Swing-Producer zu spielen und stillschweigend den Preis für die notorischen Betrüger zu zahlen. Am 13. September 1985 ließ er die Förderung sprunghaft erhöhen. Der Ölpreis kollabierte, Länder wie Libyen oder Algerien sahen ihre Einnahmen innerhalb eines Jahres mehr als halbiert.

Das Vorgehen Saudi-Arabiens macht deutlich, wie schwer es den Förderländern fällt, gemeinsam zu handeln. Bis heute hat sich daran nichts geändert, nach wie vor ist ihr Verhältnis zueinander geprägt von Misstrauen und Neid. Sie mögen zwar dieselbe Sprache sprechen und derselben Religion angehören, doch ansonsten sind die Gemeinsamkeiten rar. Am deutlichsten scheiden sich die Geister an der Frage, wie man es mit den Vereinigten Staaten hält.

Saudi-Arabien hat sich früh entschieden. Das Königreich steht an der Seite der Amerikaner, seit Präsident Roosevelt gegen Ende des Zweiten Weltkrieges an Bord der USS »Quincy« mit König Saud zusammentraf und die beiden sich glänzend verstanden; der König bezeichnete den Präsidenten gar als Zwillingsbruder. Diese Allianz machte das Königreich von Anfang an hochgradig verdächtig, vor allem bei Libyern, Algeriern und bis zum Sturz von Saddam Hussein auch bei den Irakern. Sie halten die Saudis für Lakaien der USA. »Die Prinzen in Saudi-Arabien und Kuwait sollen sich vorsehen«, warnte Saddam einmal die Herrscher in Riad und Kuwait City bei einem Fernsehauftritt:

»Ihren Verrat am gemeinsamen Anliegen der Araber und ihre niederträchtige Zusammenarbeit mit den Amerikanern werden sie noch bereuen.« Es ist ein fragiles Geflecht, das die arabischen Akteure im internationalen Ölgeschäft zusammenhält. Alle ihre Volkswirtschaften sind ausgesprochen krisenanfällig, da sie von den Exporteinnahmen aus dem Rohstoffgeschäft abhängen. In Saudi-Arabien beträgt der Anteil 85 Prozent, in Kuwait 95 und in Algerien sogar 98 Prozent. Das ist bequem. Und es macht bequem.

Den Regimen mangelt es an jeglichem Veränderungswillen. Sie geben viel für Militär und Sicherheit aus, aber wenig für Forschung und Investitionen oder gar die Bildung der Bürger. Ihre Verwaltung ist ineffizient und korrupt. Ihre Industrie, sofern überhaupt vorhanden, beschränkt sich auf den petrochemischen Sektor: Außer Ölprodukten ist kaum eine andere Ware exportfähig. Weitsichtig und verantwortlich zu handeln ist schon gar nicht ihre Sache. Ansonsten wäre ihnen bewusst, dass der Verkauf von Öl letztlich dazu führt, dass der Klimawandel voranschreitet und die Meeresspiegel steigen: keine gute Nachricht für Küstenstädte wie Algier, Tripolis oder Abu Dhabi.

Es sind »Rentenstaaten«, wie die Ökonomen sagen: Sie leben von der Substanz. Ihnen fehlt der Druck, sich anzustrengen, sich fortzuentwickeln. Sie brauchen sich um ihr Auskommen nicht zu scheren, zumindest solange die Preise stimmen. Die Drecksarbeit machen andere: Millionen von Indern, Filipinos oder Afrikanern, die befristet ins jeweilige Land gelassen werden.

Sollte die eigene Bevölkerung doch einmal aufbegehren, dann erkaufen sich die Machthaber ihre Gunst. Sie gewähren freie Krankenversorgung, sie subventionieren Löhne und Lebensmittel, die Wasserversorgung, sogar Kraftstoff: In Saudi-Arabien kostet der Liter Benzin knapp zehn Cent.

Seit Beginn des arabischen Aufruhrs versuchen die Regierungen mit immer neuen, teuren Versprechen den Unmut der Bürger zu kanalisieren und den Freiheitswillen zu unterdrücken. Kuwait geht so weit, seinen Bürgern für ein gutes Jahr die Grundnahrungsmittel ganz zu spendieren, ausgenommen natürlich den Gastarbeitern. Und Saudi-Arabien hat angekündigt, 129 Milliarden Dollar auszugeben, um seine Bevölkerung bei Laune zu halten: für mehr staatliche Jobs und billigere Wohnungen. Bei dreistelligen Ölnotierungen kann sich das Königreich solche Geschenke leisten.

Doch was geschieht, wenn die Preise an den Rohstoffbörsen in New York oder London wieder fallen? Dann gelangt laut einer Rechnung des Institute of International Finance (IIF) in Washington selbst der märchenhaft reiche Wüstenstaat an die Grenzen seiner Möglichkeiten. Saudi-Arabien ist inzwischen auf einen Ölpreis von 88 Dollar je Barrel angewiesen, um Löcher in seinem Staatshaushalt zu vermeiden; 2015 werden schon 110 Dollar nötig sein, so die IIF-Prognose. Vor zehn Jahren genügten für ein ausgeglichenes Budget noch 20 bis 25 Dollar.

Es ist eine hochgefährliche Strategie, die die Rohstoffexporteure in den vergangenen Monaten eingeschlagen haben. Sie sind mehr denn je von hohen Ölpreisen abhängig, um die Prasserei der Oberschicht zu alimentieren und die Bevölkerung ruhigzustellen. Zugleich aber animiert jeder Dollar, den ein Barrel mehr kostet, die Verbraucherländer dazu, nach alternativen Energiequellen zu forschen.

In jedem Preisanstieg steckt schließlich der Keim des Niedergangs, weil die Abnehmer darauf reagieren, indem sie weniger konsumieren und damit den Preis drücken. So war es 1973, 1979, 1990 und auch 2008. Bislang folgte noch jeder Inflation der Ölpreise erst eine Rezession der Weltwirtschaft und darauf ein Einbruch der Rohstoffnotierungen.

Zudem übt heute die internationale Finanzwirtschaft fast ähnlich großen Einfluss auf die Ölpreise aus wie die Förderländer, zumindest kurzfristig: So wie die Spekulanten die Ölpreise in die Höhe treiben, können sie die Notierungen auch nach unten prügeln, weit unter das Preisniveau, das die Förderländer benötigen, um die Bevölkerung bei Laune zu halten. Gegen die geballte Finanzkraft der Hedgefonds haben auch die arabischen Ölminister keine Chance.

So bedroht heute vor allem die Sprunghaftigkeit der Preise die politische Stabilität in den arabischen Förderländern. Wird Öl wieder deutlich billiger – und dafür genügt die Nachricht einer Wachstumsdelle in China –, droht das gesamte System zu kollabieren. »Öl wird uns in den Ruin führen«, warnte der damalige venezolanische Ölminister Juan Pablo Pérez Alfonso schon in den siebziger Jahren, als die Preise Kapriolen schlugen: »Öl, das sind die Exkremente des Teufels.«

Auf Dauer, das ist ohnehin klar, können die Förderstaaten nicht abhängig bleiben von einem Stoff, den sie Tag um Tag, Stunde um Stunde dezimieren. Vielleicht lässt sich das Ende etwas hinauszögern, einige Jahre noch, im Fall von Saudi-Arabien wohl auch noch Jahrzehnte. Doch der Welt bleibt nichts anderes übrig, als loszukommen von der Droge Öl, schon aus ökologischen Gründen. Die Zeiten unbeschwerter Verschwendung sind vorbei. Und ebenso die Zeiten ungebremster Förderung.

Der härteste Entzug wird dabei den arabischen Potentaten bevorstehen. Mit Hilfe der kostbaren Bodenschätze haben sie ihr Übermorgenland aufgebaut, mit den teuersten Hotels, den größten Flughäfen, den höchsten Bürotürmen. Die Frage ist bloß, was davon übermorgen noch bleibt, wenn das Ölzeitalter vorüber ist.

Karawane der Menschheit

Gamal Abd al-Nasser propagierte den Panarabismus. Er galt als Idol, bevor er zum Diktator wurde. Sein Polizeistaat stützte noch Husni Mubarak und dessen korruptes Regime.

Von Uwe Klußmann

Wenn die irakische Schriftstellerin Alija Mamduh sich an ihre frühe Jugend erinnert, denkt sie an Abende in Bagdad, die erfüllt waren von der sinnlichen Stimme eines Mannes. Dessen Worte drangen aus dem Radio zu ihr. Gamal Abd al-Nasser hieß der Redner, Staatschef Ägyptens, mit dem sonoren Ton: »Seine Stimme hatte etwas von religiöser Hingabe«, so Mamduh, und: »Jedes seiner Worte fand Widerhall bei uns. Wir waren alle Nasseristen.« Andere wiederum warnten: »Jedes Transistorradio im Nahen Osten ist ein Nasser-Agent«, so das US-Magazin »Time« 1963.

Nasser war ein Politiker, der wenige gleichgültig ließ. Der Millionen Araber faszinierte, den Israelis hassten und Moskaus Mächtige schätzten. Er schuf das moderne Ägypten – als Polizeistaat.

Im Januar 1918 in Alexandria als Sohn eines Briefträgers geboren, lernt Nasser das Leben seiner Verwandten in Häusern aus ungebrannten Lehmziegeln kennen, ohne Strom und fließendes Wasser. Die Nassers leben wie die Masse der ägyptischen Bauern, die Fellachen. Als sein Vater nach Kairo versetzt wird, besucht Gamal dort eine Schule. Geschichte ist das Lieblingsfach des intelligenten, aber verschlossenen Jungen. Er liest Biografien über Alexander den Großen und Napoleon.

Schon als Zwölfjähriger nimmt er an Demonstrationen gegen die Briten teil, die Ägypten immer noch wie ein Protektorat beherrschen. Mit 19 Jahren tritt er in die Militärakademie ein. Dort vertieft er seine Geschichtskenntnisse mit der Lektüre von Biografien Otto von Bismarcks, Winston Churchills und des türkischen Modernisierers Kemal Atatürk. Sein Feindbild festigt Nasser als Soldat im arabisch-israelischen Krieg 1948. Die Niederlage der Araber erlebt er, schwer verwundet, als demütigend.

Ägypten wird zu der Zeit von König Faruk I. regiert. Im korrupten Regime des Lebemannes sieht Nasser, der schon in den Schützengräben der Sinai-Wüste mit seinen Kameraden über politische Alternativen diskutiert hat, das entscheidende Problem seiner Heimat. Er gründet eine konspirative Organisation, die »Freien Offiziere«, und sammelt an die 1000 ägyptische Patrioten.

Am 22. Juli 1952 gibt der Oberst die Parole »Sieg« aus – das Signal zum Losschlagen. In den frühen Morgenstunden des folgenden Tages schwärmen die Umstürzler in Kairo aus, sie besetzen die Schaltstellen in der Hauptstadt, den Rundfunk. Von dort verkündet der 33-jährige Offizier Anwar al-Sadat: »Ägypter, euer Land durchlebt den herrlichsten Augenblick seiner Geschichte.«

Doch die romantische Revolutionsstimmung verfliegt rasch. Der gestürzte König Faruk darf mit seiner Yacht »Mahrussa« ins Exil nach Neapel dampfen. Seine Münz- und Briefmarkensammlung werden Volkseigentum. Die Brillanten und Porno-Bildchen des Herrschers dürfen Journalisten im Königspalast bestaunen.

Schwieriger wird die Bestandsaufnahme des Landes. Für anderthalb Jahre fungiert ein biederer General als Galionsfigur des Revolutionsrates, dann übernimmt Nasser. Der Putschist »mit dem entwaffnenden Grinsen eines Schuljungen« (»Time«) wird 1954 Premierminister.

Sein Buch »Die Philosophie der Revolution«, das im selben Jahr erscheint, enthält seine Vision: Die Führungsrolle Ägyptens nicht nur in der arabischen, sondern auch der afrikanischen, der ganzen islamischen Welt. Nasser ist entschlossen, mit seinem Volk »die fortschreitende Karawane der Menschheit wieder einzuholen, hinter der wir vor fünf Jahrhunderten oder länger zurückgeblieben waren«.

Das Land leidet unter Massenarmut und Analphabetismus, der junge Revolutionär wagt radikale Schritte: Er lässt Gutsbesitzerland an Bauern verteilen und setzt Mindestlöhne fest. Das neue Regime führt die Schulpflicht ein, baut Krankenhäuser und schickt Ärzte aufs Land. Söhne und auch Töchter einfacher Bauern können nun erstmals studieren.

Möglich wird dies unter einem modernen, säkularen Staatschef, der mit Simone de Beauvoir über die Gleichberechtigung der Frau diskutiert und mit Ernesto Che Guevara über die soziale Revolution. Doch es gibt auch eine Kehrseite. Von Anfang an setzt Nasser nicht auf Demokratie, sondern auf eine autoritäre Herrschaft. Die westlichen Demokratien sind für ihn Regime der Ausbeutung und des Kolonialismus, er will einen arabischen Sonderweg. In einer Art Erziehungsdiktatur will er die Ägypter in die Zukunft zwingen.

Das heißt auch: Alle Parteien werden verboten, Nasser lässt Rundfunk und Presse zensieren. Armeeoffiziere leiten Handelsfirmen und sogar Theater. So entsteht die bis heute anhaltende Macht des ägyptischen Militärs. In seinem Misstrauen gegenüber politischen Institutionen setzt der Staatschef auf eine mächtige Geheimpolizei. Die bespitzelt und drangsaliert diskussionsfreudige Intellektuelle, selbst Schriftsteller, die mit der Revolution sympathisieren.

Doch diese Schattenseiten seines Regimes kompensiert der Staatsführer durch einen Schritt, der ihn zum Nationalhelden macht. Im Juli 1956 proklamiert er vor jubelnden Massen die Verstaatlichung des Suezkanals, an dem britische Unternehmen über 40 Prozent der Anteile halten. »Ihr seid alle Gamal Abd al-Nasser«, ruft er seinen Anhängern zu. Um sich die Kontrolle über den Kanal zurückzuholen, fallen Ende Oktober 1956 britische, französische und israelische Truppen in Ägypten ein. Nasser gibt die Parole aus: »Niemand wird kapitulieren.« Unter dem Druck der Vereinigten Staaten und der Uno müssen die Invasoren schließlich wieder abziehen.

Bundesgenossen für seinen Kurs einer »positiven Neutralität« sucht Nasser ab 1955 in der Bewegung der Blockfreien. Nasser wird einer ihrer Wortführer, neben Jugoslawiens Staatschef Tito und Indiens Premier Nehru.

Gamal Abd al-Nasser (um 1954)

Unermüdlich propagiert Ägyptens Staatschef, seit 1956 Präsident, die »Einheit der ganzen arabischen Nation« – den Panarabismus. Dem »Imperialismus« reicher Länder setzt er die »nationale Würde« der Habenichtse entgegen. Er unterstützt Revolutionäre im Jemen mit Waffen und Soldaten. Ägypter und Syrer vereint er 1958 für drei Jahre in einem Staat, bis die syrische Oberschicht das Experiment aufkündigt. Die »afrikanisch-asiatische Einheit«, eine Säule seiner Politik, bleibt meist auf Konferenzdelegierte und begeisterte Kundgebungsteilnehmer beschränkt. Der Traum scheitert an eigennützigen Herrschern, die in früheren Kolonialmächten und den USA Alliierte haben.

Nasser dagegen findet Unterstützung bei deren mächtigstem Gegner, der Sowjetunion. Die Sowjets liefern ab 1955 Waffen und empfangen Nasser im April 1958 erstmals im Kreml. Mit Krediten und 5000 Fachleuten sorgen sie für die Fertigstellung des Assuan-Staudamms, dessen Wasser Wüstenland fruchtbar macht.

Ein dankbarer Präsident propagiert den »Sozialismus« nun als »Gesetz der Gerechtigkeit«. Seine Staatspartei heißt jetzt »Arabische Sozialistische Union«. Ab Anfang der sechziger Jahre verstaatlicht er Banken, Versicherungen und den Großhandel. Nasser verspricht ein »neues soziales System und eine neue Kultur«. Weil er vergleichsweise bescheiden lebt, wirkt er glaubhaft für die Menschen, wenn er sagt: »Ich komme aus einer armen Familie und werde arm bleiben bis zum Tod.«

Dabei ist Nasser, seit 1964 »Held der Sowjetunion«, kein Kommunist. Deren Partei bleibt verboten. Und obwohl er sich wegen bundesdeutscher Waffenlieferungen an Israel »von Westdeutschland verraten« fühlt und DDR-Staatschef Walter Ulbricht empfängt, betont er 1965 in einem SPIEGEL-Gespräch, er stehe »dem deutschen Wunsch nach Wiedervereinigung mit großer Sympathie gegenüber«. An DDR-Gesprächspartner richtet er 1961 kurz nach dem Mauerbau die prophetischen Worte, die Deutschen würden sich über ihre Einheit ohne äußeren Druck »innerhalb von fünf Minuten verständigen«.

Die Unterstützung Moskaus braucht Nasser vor allem gegen den Erzfeind Israel. Der greift am 5. Juni 1967 mit seiner Luftwaffe Ägypten an. Der Sechstagekrieg endet für das Land mit einer Katastrophe. Israelische Bomber vernichten den Großteil der ägyptischen Luftwaffe. Panzerverbände der Israelis besetzen die Sinai-Halbinsel und rücken zum Suez-Kanal vor.

Am Abend des 9. Juni 1967 sehen die Ägypter auf ihren Fernsehschirmen einen niedergeschlagenen Präsidenten. Nasser nimmt die »volle Verantwortung« für die Niederlage auf sich und verkündet seinen Rücktritt. Da bricht ein gewaltiger Lärm aus in Hunderttausenden ägyptischen Wohnungen. »Auch meine Nachbarn fingen an zu schreien, stürmten auf die Straße und riefen ›Nasser, Nasser, lass uns nicht allein‹. Das war von niemandem organisiert«, erinnert sich SPIEGEL-Korrespondent Volkhard Windfuhr, der seit 1955 in Kairo lebt.

So bleibt Nasser, Symbol des arabischen Nationalismus, an der Macht. Doch in seiner Führungsriege vereinsamt er zusehends, viele seiner Kampfgefährten sind längst für eine Annäherung an die USA. Doch die stehen im festen Bund mit Israel, dem »Dolch im Fleisch« der Araber. Deshalb setzt Nasser weiter auf die Sowjetunion, die ein Gegengewicht zur 6. US-Flotte im Mittelmeer schaffen will. Moskau schickt Tausende Militärberater, darunter Luftabwehrexperten. Mehrere von ihnen sterben bei israelischen Luftangriffen.

Mit Parolen von der »Vernichtung« Israels hat es der impulsive Mann seinen Feinden oft leicht gemacht, ihn als Wiedergänger Hitlers zu dämonisieren. Doch dass er als erfahrener Staatsmann das Potential zum Friedensstifter hat, zeigt er im September 1970 als Vermittler im Bürgerkrieg zwischen den Palästinensern und Jordanien.

Ein sichtlich erschöpfter Nasser beendet den arabischen Bruderkampf mit letzter Kraft. Die Niederlage 1967 hat die

Gesundheit des früh ergrauten Kettenrauchers zerrüttet. Er ist verzweifelt. Dass es im Nahost-Konflikt »keine Projekte für eine friedliche Lösung gibt«, konstatiert er im Juli 1968 an der Universität Kairo.

Am 28. September 1970 stirbt der 52-Jährige in seinem Haus in Kairo an den Folgen eines Herzinfarkts. Millionen weinende Ägypter geben Nasser ein letztes Geleit wie nie wieder einem ägyptischen Politiker. Er habe »die Tendenzen seines Kulturkreises exemplarisch ausgedrückt«, schreibt SPIEGEL-Herausgeber Rudolf Augstein in einem Nachruf. Augstein hatte Nasser 1954 getroffen und sah in ihm »eine jener wenigen Figuren, deren Format sich in Gestalt, Mimik, Tonfall und Gesichtsausdruck überzeugend mitteilt«.

Nach außen beteuert sein Nachfolger Anwar al-Sadat, er wolle Nassers Werk fortsetzen. Doch er hat anderes vor. Sadat will mit Hilfe der USA Frieden mit Israel erreichen. Das erfordert den Bruch mit dem Nasserismus. Wenige Monate nach der Amtsübernahme organisiert der neue Staatschef eine Säuberung von linken Nasseristen. Er diffamiert seine Widersacher, darunter Nasser-Intimus Ali Sabri, als »Sowjet-Agenten«. Eine willfährige Justiz verurteilt sie zu langen Haftstrafen. Im Juli 1972 wirft Sadat etwa 15 000 sowjetische Militärberater aus dem Land. Moskaus Waffen aber braucht er noch für einen Krieg gegen Israel, der Ägypten Frieden bringen soll.

Im Oktober 1973 stürmen ägyptische Truppen die nach einem israelischen General benannte Bar-Lev-Linie am Ostufer des Suezkanals. Ende Oktober wird ein Waffenstillstand geschlossen. Sadat bemüht sich mit US-Außenminister Henry Kissinger darum, den jüdischen Staat für eine Friedensregelung zu gewinnen. Im November 1977 reist Sadat als erster und bislang einziger arabischer Staatschef nach Israel und hält vor dem Parlament, der Knesset, eine historische Rede. Darin spricht er von seiner »heiligen Friedensmission«, die Israel in der Region »Sicherheit« garantieren werde. Sadat hofft zunächst, er könne einen »Gesamtfrieden« für den Nahen Osten erreichen, einschließlich einer Lösung der Palästinenserfrage. Doch Israels rechtsgerichteter Premierminister Menachim Begin will keinen Palästinenserstaat.

Vermittelt durch US-Präsident Jimmy Carter einigt sich Sadat im September 1978 in dem Erholungsort Camp David im US-Bundesstaat Maryland auf einen Frieden mit Israel, der auch den Abzug der israelischen Armee von der Sinai-Halbinsel bringt. Das Abkommen, für das Sadat und Begin den Friedensnobelpreis erhalten, isoliert Ägypten in der arabischen Welt. Dort gilt Sadat nun weithin als »Verräter«.

Bestätigt sehen sich Sadats Gegner, als Begin die Ruhe an der Grenze zu Ägypten bald für Schläge an anderen Fronten nutzt. 1981 annektiert Israel völkerrechtswidrig die syrischen Golanhöhen, 1982 vertreibt Begin in einem Feldzug im Libanon die Palästinenserführung aus Beirut. Selbst in Ägyptens apolitischen Streitkräften wächst der Hass auf den »Verräter«. Am 6. Oktober 1981 wird Sadat bei einer Militärparade in Kairo von islamistischen Offizieren erschossen. Das ägyptische Volk reagiert auf den Anschlag mit »teilnahmsloser Ruhe«, wie Medien berichten.

Sadats Nachfolger Husni Mubarak regiert Ägypten im Ausnahmezustand. Abstimmungen lässt er manipulieren. Während die Staatssicherheit Regimekritiker foltert und ermordet, präsentieren sich Unternehmen und Verbände mit Anzeigentexten wie: »Huldigen wir dir, o Mubarak!« Den ägyptischen Alltag prägen Korruption, Arbeitslosigkeit und Armut. Mubarak, Kreditnehmer des Internationalen Währungsfonds, führt ein marodes Regime am Tropf der Vereinigten Staaten. Die überweisen jährlich allein 1,3 Milliarden US-Dollar Militärhilfe nach Kairo. Rund 2500 Mitarbeiter der US-Botschaft, darunter zahlreiche Männer des Geheimdiensts CIA, sorgen dafür, dass Ägypten nicht wieder gegen die Weltordnung aufbegehrt.

Westliche Demokratien bescheinigen dem Regime immer wieder Fortschritte bei vermeintlichen »politischen Reformen«, bis Mubaraks Volk den Massenaufstand beginnt. Erinnerungen an die ägyptische Revolution von 1952 werden wieder wachgerufen. Am 11. Februar 2011, als die Ägypter das Mubarak-Regime stürzen, zeigt das ägyptische Fernsehen überraschend eine große Dokumentation über Nasser, den Mann, der seinem Volk einst zugerufen hatte: »Ihr seid alle Gamal Abd al-Nasser!«

Mit Folter und Vorsicht

Die Baath-Partei in Syrien hält sich seit einem halben Jahrhundert durch Gewalt an der Macht – auch dank ihrer Geheimdienste.

Von Uwe Klußmann

Was der Absolvent der Pariser Sorbonne, Michel Aflak, 37, seinen jungen arabischen Zuhörern auf dem ersten Parteikongress in Damaskus im April 1947 predigt, klingt vielversprechend: Es geht um »Einheit«, um »Freiheit« und einen nichtmarxistischen »Sozialismus«.

Der Mitbegründer der Arabischen Sozialistischen Baath- (»Wiedergeburt«-) Partei, ein orthodoxer Christ, will den Arabern mit einer weltlichen Idee Selbstbewusstsein vermitteln. Als Gegner nehmen die Baathisten »Imperialismus und Zionismus« ins Visier und die feudal-bürokratische »herrschende Klasse« in den arabischen Ländern. Die Baath-Partei, so ihr Grundsatzprogramm von 1947, will einen »Panarabischen Nationalismus« mit der »Errichtung des Sozialismus« verbinden, und zwar »auf dem Weg der Revolution«.

Im März 1963 kommt die Baath-Partei in Damaskus durch einen Militärputsch an die Regierung – und hält die Herrschaft in Syrien noch im Juli 2011. Doch die Idealisten von einst sind längst eiskalten Machtpragmatikern um den 45-jährigen Präsidenten und Baath-Generalsekretär Baschar al-Assad gewichen. Der Augenarzt, der auch in London studierte, hat von seinem Vater Hafis al-Assad im Juli 2000 ein repressives Regime geerbt. Seither versucht er sein Land wirtschaftlich zu modernisieren. Zwar gibt es in Syrien inzwischen Mobilfunk, Satellitenfernsehen und Privatbanken. Doch vom Aufschwung profitiert eher eine schmale Schicht staatsnaher Unternehmer als die Masse des 23-Millionen-Volkes. Auch deshalb kommt es seit März 2011 zu Unruhen in mehreren syrischen Städten, wobei zumindest ein Baath-Büro in Flammen aufgeht. Assads Sicherheitskräfte erschießen in den ersten sechs Wochen der Proteste mehr als 500 Demonstranten und lassen Tausende festnehmen.

Die Baath-Partei stützt sich auf konkurriende, einander kontrollierende Geheimdienste, die von der politischen Führung gegeneinander ausgespielt werden. Dieses System stammt vom Vater des jetzigen Präsidenten. Hafis al-Assad war der Partei 1946 als 16-Jähriger beigetreten und wurde 1971 syrischer Präsident. Er

Henry Bureau/Corbis Sygma

Syrischer Präsident Hafis al-Assad (hinter ihm PLO-Chef Jassir Arafat mit Sonnenbrille) auf einem arabischen Gipfeltreffen im libyschen Tripolis (April 1980)

schuf sich eine Hausmacht ländlicher Aufsteiger, vorzugsweise Angehörige der Alawiten, einer schiitischen Glaubensgemeinschaft, zu der er selbst gehörte. Regimegegner, vor allem militante Muslimbrüder, ließ er foltern, einsperren und etwa 20 000 Menschen töten, als sie Anfang 1982 in der Stadt Hama einen Aufstand wagten. Nach außen agierte der Hardliner, der sich als Redner gern am Mikrofon festhielt, mit einer »instinktiven Vorsicht«, so der israelische Syrien-Experte Mosche Maoz. Syrien stärkte sein Gewicht in der Region mit Hilfe von Waffenlieferungen und Militärberatern aus Moskau.

Im Schatten des Personenkultes um Hafis al-Assad blühten Bürokratie und Korruption. Die junge Generation, Mehrheit der rasch gewachsenen Bevölkerung, empfand die Lethargie immer mehr als lästig – eine schwere Hypothek für Assad junior, der jetzt kaum glaubwürdig »umfassende Reformen« verspricht, aber keine freien Wahlen.

Die Hoffnung darauf hatte Baath-Parteigründer Aflak schon 1966 verloren und sich aus Syrien abgesetzt. Aufnahme und politisches Gnadenbrot fand er bei der abgespaltenen Baath-Partei im Irak, bald darauf geführt vom Diktator Saddam Hussein. Dessen Sturz durch die U. S. Army im April 2003 musste der Parteigründer nicht mehr miterleben. Aflak, der seine Genossen früh vor »Engstirnigkeit und Fanatismus« gewarnt hatte, starb 1989 in Paris.

Gestirn des Orients

Die ägyptische Sängerin Umm Kulthum war mehr als die Callas Arabiens – sie versetzte Menschen in Ekstase. Nasser nannte sie »meine Geheimwaffe«.

Von Volkhard Windfuhr

An einem Frühlingsvormittag 1965 kam in Kairo der Verkehr zum Erliegen. Die Busfahrer schalteten die Motoren ab, Autos hielten, Passanten eilten in Teestuben und Cafés. Der Staatsrundfunk hatte bekanntgegeben, dass Umm Kulthum ein neues Liebeslied singen werde – der beliebte Komponist Mohammed Abd al-Wahhab hatte es für sie in Ton gesetzt. Anderthalb Stunden lang lauschten Ägypten und die arabische Welt, »stumm und glücklich«, wie sich ein Zeitgenosse erinnert. Noch heute kommen auch jungen Ägyptern die Tränen, wenn das Lied »Anta Umri«, »Du bist mein Leben«, aus dem Lautsprecher klingt.

Jeden ersten Donnerstagabend im Monat sang Umm Kulthum auf der Bühne des historischen Kasr-al-Nil-Kinopalastes in Kairo. Arabiens Herrscher, so hieß es, hielten diesen Abend von Reden frei, Golfscheichs flogen zum Konzert im eigenen Jet. Der Rundfunk übertrug ihre Stimme auf Kurzwelle in alle Welt. Die Nil-Metropole wurde dann für Stunden zur Geisterstadt. Wenn »al-Sitt«, »die große Dame« des ägyptischen Gesangs, zu ihren Arien über die großen Gefühle, Liebesleid und Vaterland anhob, fingen bereits die Ersten an zu weinen, manche wurden ohnmächtig.

Mit ihrer unvergleichlichen Stimme, ihrem spannungsgeladenen Vibrato begeisterte die Tochter eines muslimischen Dorfpredigers aus dem Nildelta über Jahrzehnte die arabische Welt, bis heute, 36 Jahre nach ihrem Tod. Ihr Vater war als Sänger bei Hochzeiten aufgetreten, als er das Talent seiner Tochter erkannte, ließ er sie in Jungenkleidern auf Feiern Koranverse vortragen.

Um 1900 geboren, stieg das junge Stimmwunder Fatima Ibrahim in Kairo in wenigen Jahren zum Superstar auf. »Diese Stimme verzauberte alle«, erinnerte sich der Geschichtsphilosoph Ahmed Lutfi al-Sajjid. »Wir konnten uns nicht satthören.« Zunächst sang sie religiöse Lieder, aber schon bald griff sie auch freimütig Tabuthemen wie leidenschaftliche Liebe und Hingabe auf, die heute von islamistischen Gralshütern schon wieder verteufelt werden. Politisch war »Umm Kulthum«, die »Mutter der rosigen Wangen«, so ein Kosename, nicht festgelegt. In einer Zeit, in der die meisten arabischen Länder von europäischen Kolonialmächten dominiert, teilweise sogar noch besetzt waren, beschwor sie den glühenden Patriotismus, die große Vergangenheit. »König Faruk, mögest du ewig leben«, pries sie Ägyptens Monarchen.

Mit dem Sturz der Monarchie im Sommer 1952 fiel Arabiens erste »Chansonette und Königin des Liedes« (Radio Kairo) zunächst in Ungnade. Hatte sie nicht Loblieder auf den gesungen, den die »Freien Offiziere« um Gamal Abd al-Nasser als Ausgeburt der Korruption zur Abdankung zwangen?

Doch Nasser wollte den Volksliebling für seine Ideologie gewinnen und bat die gefeierte Sängerin höchstpersönlich, das Millionenheer ihrer Anhänger weiterhin zu begeistern – nun für die Revolution. Umm Kulthum stimmte zu und wurde selbst vom revolutionären Elan der neuen Zeit erfasst. »Ich bin das Volk«, sang sie im fortissimo »für uns ist nichts unmöglich.« Ihr Lied »Wallah saman ja silahi«, »Schon lange vermisse ich dich, meine Waffe«, wurde zur Nationalhymne gekürt. Für Nasser war sie nun »meine Geheimwaffe«, er adelte sie als »Gestirn des Morgenlandes«.

Umm Kulthum sang für die Freiheitskämpfer Algeriens, für die Revolutionäre im Irak, für die Palästinenser und den neuen Geist, der Arabien beflügelte. »Vielleicht von Nasser abgesehen, ist sie die stärkste Verkörperung panarabischen Fühlens«, urteilte die Londoner »Times«. Als die Ägypterin 1975 an einer Nierenentzündung starb, unterbrachen die Rundfunkstationen ihr Programm und sendeten Trauermusik, das letzte Geleit gaben ihr Hunderttausende.

Blutige Agenda

Mit Terror machten die Palästinenser auf sich aufmerksam, Hisbollah und Hamas steigerten die Gewaltstrategie. Al-Qaida verübt weltweit Anschläge, auf die arabischen Aufstände hat sie aber keinen Einfluss.

Von Yassin Musharbash und Michael Sontheimer

Am 29. August 1969 geht eine auffällig gut aussehende junge Frau in einem weißen Hosenanzug in Rom an Bord einer Maschine der Trans World Airlines nach Tel Aviv. Wenig später wird es ihre Stimme sein, die über die Bordlautsprecher verkündet: »Das Kommando Che Guevara hat die Kontrolle des Flugs übernommen.«

Leila Chalid heißt die Frau, 24 Jahre alt, und sie wird die bekannteste palästinensische Terroristin. Westlichen Journalisten zeigt die Luftpiratin, die mit ihren Komplizen die Maschine zur Landung im befreundeten Syrien zwingt, gern ihre Hand – am Ringfinger trägt sie einen aus einer Patronenhülse gefertigten Ring. »Ich bin mit der Revolution verlobt«, sagt sie.

Die Fotos von ihr, mit einer Kalaschnikow und dem Palästinensertuch um die dunklen Haare, machen sie zur revolutionären Ikone, einer Art weiblichen Che Guevara. Die in Haifa geborene Palästinenserin musste als Kind im Krieg gegen das gerade gegründete Israel mit ihren Eltern aus der Heimatstadt in den Libanon flüchten. Dort blieb die Familie, nach dem Studium in Beirut schloss sich Chalid in Kuwait der »Volksfront für die Befreiung Palästinas« (PFLP) an.

Um unerkannt zu bleiben, unterzieht sie sich mehreren Gesichtsoperationen. Doch beim Versuch, ein gutes Jahr später eine Boeing 707 der israelischen Luftfahrtgesellschaft El Al in ihre Gewalt zu bekommen, scheitert ihr Kommando. Israelische Sicherheitsbeamte erschießen einen Komplizen; sie wird überwältigt und in London inhaftiert, bald allerdings freigepresst.

Chalids Einsatz war Teil der bis zum Anschlag auf das World Trade Center 2001 größten Terroraktion mit Flugzeugen. Innerhalb von 70 Stunden überfielen palästinensische Kommandos fünf Jets mit zusammen 650 Passagieren und 80 Besatzungsmitgliedern. Die PFLP-Kader erreichten die Freilassung von sieben Kampfgenossen. Dann evakuierten sie auf einem Flugplatz bei Amman drei Jets und sprengten sie in die Luft. Die explodierenden Flugzeuge in der Wüste, dank TV in alle Welt verbreitet, trafen Israel und die verbündeten westlichen Staaten ins Mark. Seitdem assoziieren deren Bürger Araber vielfach mit Gewalt und Terror gegen Zivilisten, mit fanatischem Kampf, bei dem das Ziel die Mittel heiligt.

Der Vater des palästinensischen Terrors war Georges Habasch, eigentlich ein kultivierter, im später israelischen Lod geborener Palästinenser aus einer griechisch-orthodoxen Familie, der die amerikanische Universität Beirut besucht hatte und als Arzt palästinensische Flüchtlingskinder behandelte. Für ihn und andere Palästinenser, die von Juden aus ihrer Heimat vertrieben worden waren, brachte der Sechstagekrieg Israels gegen die Araber im Juni 1967 eine schwere Ernüchterung. Ägypter und Syrer waren trotz ihrer zahlenmäßigen Überlegenheit unfähig, Israel zu besiegen. Palästinensische Nationalisten sahen sich auf sich selbst zurückgeworfen und griffen auf eine anarchistische Strategie des 19. Jahrhunderts zurück, die »Propaganda der Tat«. Dabei entwickelten sie den Terrorismus als Strategie im Zeitalter der Massenmedien weiter. Zwar warfen PFLP-Kämpfer auch Bomben in Jerusalem, doch das Kalkül Habaschs lautete: »Ein toter Jude in Westeuropa ist mehr wert als hundert tote Juden in Israel.«

Vor diesem Hintergrund war München der ideale Schauplatz für eine spektakuläre Aktion. Es war am 5. September 1972 gegen 4.10 Uhr, als im Norden der Stadt acht junge Männer in Trainingsanzügen über den Zaun des olympischen Dorfes kletterten. Sie nahmen Kalaschnikows aus ihren Sporttaschen, erschossen im Mannschaftsquartier der Israelis zwei Männer und nahmen neun Geiseln. Das Kommando des »Schwarzen September« verlangte die Freilassung von mehr als 230 Palästinensern sowie von Andreas Baader und Ulrike Meinhof von der Roten Armee Fraktion. Die Palästinenser wollten mit ihren Geiseln nach Kairo ausgeflogen werden.

Bei einer dilettantischen Befreiungsaktion der bayerischen Polizei kamen sämtliche neun Geiseln, fünf der Palästinenser und ein Polizist zu Tode. Die drei überlebenden Palästinenser ließ die Bundesregierung, mit der Entführung einer Lufthansa-Maschine unter Druck gesetzt, knapp zwei Monate später frei.

Die Terrorstrategie der Palästinenser funktionierte: Ihre Sache war nun weltweit bekannt. Zwei Jahre nach dem Massaker von München durfte Jassir Arafat erstmals vor der Generalversammlung der Vereinten Nationen in New York auftreten und die Vertreibung seines Volkes geißeln. Theatralisch geschickt hatte der Vorsitzende der Palestine Liberation Organization (PLO) eine Pistole umgeschnallt und erklärte: »Ich bin heute zu Ihnen gekommen mit einem Olivenzweig und der Pistole eines Freiheitskämpfers.«

Während sich Arafats Fatah-Fraktion mit der PLO nach und nach auf den Weg zu einer politischen Lösung des Konflikts machte, verbündeten sich die PFLP-Kader, die an der Terrorstrategie festhalten wollten, mit der deutschen RAF, der nordirischen IRA und anderen kleinen terroristischen Gruppen.

Für sein Abkommen mit dem israelischen Premier Jizchak Rabin erhielt der einstige Terrorist Arafat 1994 den Friedensnobelpreis. Er verhinderte jedoch später nicht, dass die Fatah-nahen Aksa-Brigaden in der Intifada weiter mit blutigem Terror gegen Israel kämpften.

Zu Arafats stärksten innenpolitischen Konkurrenten wurden die Aktivisten der fundamentalistischen Hamas, die als Gotteskrieger zur Befreiung des noch immer besetzten Palästina große Zustimmung der Bevölkerung erhielten. Ihr Gründer Ahmed Jassin war von der ägyptischen Muslimbruderschaft und ihrem konservativen Verständnis des Islam geprägt. In den siebziger Jahren erhielt er Unterstützung durch die israelische Regierung, die ihn als Konkurrenz der säkularen PLO schätzte.

Jassin begann mit Sozialarbeit und religiöser Erziehung in Flüchtlingslagern, in den achtziger Jahren entstand ein bewaffneter Arm der Organisation. Eine entscheidende Rolle übernahmen Jassin und seine Männer mit dem Beginn der ersten Intifada im Dezember 1987. Nun nannten sie sich Hamas, eine Abkürzung für »Islamische Widerstandsbewegung«. Zunächst organisierten sie Demonstrationen und Streiks, dann gingen sie zu bewaffneten Angriffen und Anschlägen auf Israelis über. In ihrer Charta rechtfertigte die Hamas den Dschihad gegen die Juden mit religiösen und antisemitischen Zerrbildern von einer jüdischen Weltverschwörung. Ihr Ziel: die Zerstörung Israels.

Seit 1993 griff die Hamas mit einer Vielzahl von Selbstmordattentätern an. Das Reservoir junger Männer und auch Frauen, die ihr Leben gaben, um Juden zu töten, war unerschöpflich. Umgekehrt liquidierte die israelische Armee im März 2004 Scheich Ahmed Jassin und sieben Begleiter durch einen Raketenangriff, auch andere Terroristen wurden gezielt getötet. Das Anliegen der Palästinenser haben deren Terroranschläge, die Hunderte Israelis das Leben kosteten, nicht befördert. Eher sorgten sie auf israelischer Seite für eine Verhärtung.

Doch die Hamas blieb ein Machtfaktor. Nachdem die Islamisten 2006 mit der »Liste für Reform und Veränderung« einen überwältigenden Sieg bei den Wahlen zum palästinensischen Parlament errungen hatten, verfügten sie nun auch über ein demokratisches Standbein. 2007 brachte die Hamas den Gaza-Streifen unter ihre Kontrolle.

Reuters/Ullstein Bild

Hisbollah-Kämpfer bei ihrer Vereidigung in Beirut (2001)

Militärisch schlagkräftiger noch wurde die Hisbollah im Libanon. Die »Partei Gottes« gründeten im Jahr 1982 Schiiten mit Unterstützung Irans. Mullahs schickten – als Reaktion auf die israelische Invasion des Libanon – rund 2000 »Revolutionshelfer« in das Land; ein Geistlicher und Vertrauter von Ajatollah Chomeini fungierte als Generalsekretär und Chef des militärischen Flügels. Die Schiiten rekrutierten unter ihren wirtschaftlich benachteiligten Glaubensbrüdern »Märtyrer« zum Kampf gegen Israel, das »aggressive zionistische Gebilde auf dem heiligen islamischen Boden Palästinas«. Die Hisbollah errichtete aber auch Schulen, Kindergärten, Krankenhäuser und Moscheen. Entsprechend der iranischen Weltsicht waren neben Israel die USA, der »große Satan«, der Hauptfeind.

Schon während die Hisbollah sich formierte, kam es zu brutalen Terroraktionen: Am 23. Oktober 1983 raste ein schiitischer Attentäter mit einem Mercedes-Benz-Lieferwagen beim Beiruter Flughafen in einen Stützpunkt von U.S. Marines und zündete eine Ladung mit einer Sprengkraft von 5,4 Tonnen TNT. Das vierstöckige Gebäude stürzte ein, 241 US-Soldaten starben.

Die Taktik des Selbstmordattentats geht auf die schiitischen Assassinen im 11. Jahrhundert zurück. Obwohl in den achtziger Jahren auch Tamilen und Kurden diese effektive Methode übernahmen, wurde sie in der Wahrnehmung des Westens zu einem Markenzeichen von Arabern und Islamisten. Der Terror – ein Meister aus dem Orient.

Die Selbstmordanschläge im Libanon trugen wesentlich zum Abzug der amerikanischen und französischen Truppen bei: Die Gewalt wirkte. Auch in ihrem Zermürbungskrieg gegen die israelischen Besatzer im Südlibanon war die Hisbollah erfolgreich, selbst für die hochgerüsteten Israelis ist sie ein gefährlicher Gegner. Mittlerweile hat sich die Hisbollah in eine Partei verwandelt, die aus der politischen Landschaft des Libanon nicht mehr wegzudenken ist. Ihr Land hat der Terror aber nicht vorangebracht.

Der Gründer und Chef des internationalen Terrornetzes al-Qaida, der Anfang Mai 2011 getötete Osama Bin Laden, hat mehr als einmal bekannt, dass ihn die Attacke der Hisbollah auf die U.S. Marines inspiriert habe. Der Angriff habe gezeigt, dass sich die Supermacht mit Bomben aus der Region vertreiben lasse – innerhalb von vier Monaten nach dem Attentat waren die Marines aus dem Libanon verschwunden.

Ihren ersten spektakulären Anschlag lancierte al-Qaida am 7. August 1998 in Daressalam und Nairobi, als Attentäter vor den US-Botschaften nahezu gleichzeitig schwere Autobomben zündeten. 224 Menschen starben bei dem Doppelanschlag; mehr als 1000 wurden verletzt. Osama Bin Laden war damals nur Fachleuten ein Begriff. Das sollte sich drei Jahre später mit einem Schlag ändern – als er den modernen Terrorismus mit den Anschlägen von New York und Washington am 11. September 2001 auf eine neue Stufe hob.

Al-Qaida hatte sich entschlossen, die USA ins Visier zu nehmen, den »fernen Feind«. Und zwar an jedem Ort, an dem er zu finden sein würde. Bin Laden und seine Mitstreiter hatten Anfang August 1998 verkündet: »Amerikaner – Zivilisten oder Militärs – zu töten ist eine Pflicht für jeden Muslim. Diese Pflicht kann in jedem Land erfüllt werden.«

Diese Erklärung markierte die Geburtsstunde des transnationalen islamistischen Terrorismus, als dessen »Prototyp« der Politologe Ulrich Schneckener Bin Ladens Truppe sieht. PFLP- und PLO-Kommandos mögen mit ähnlichen Methoden operiert, Hamas und Hisbollah ihre Taten mit vergleichbaren religiösen Phrasen legitimiert haben. Aber ihnen ging es letztlich stets um nationale Ziele in ihrer Heimat des Nahen Ostens. Al-Qaida hingegen verband als erste militante islamistische Gruppe eine internationale Agenda – den Kampf gegen die Unterstützer Israels und der verhassten arabischen Regime – mit weltweiter Organisation. Bin Ladens Terrorismus, so Schneckener, ist »heimatlos, ein moderner Nomade«.

Heimatlos, aber nicht ziellos: Al-Qaida ist das Produkt eines radikal neuen Denkens. Jahrzehntelang hatten Dschihadisten sich quer durch die arabische Welt an ihren Regimen abgearbeitet, hatten versucht, Präsidenten und Könige zu stürzen, um die »gottlosen« Regime durch islamische Regierungen zu ersetzen – erfolglos. Tod, Folter oder Gefängnis waren fast immer die Folge. Bin Laden und seine Kampfgefährten kamen zu dem Schluss: Wenn die Tyrannen nicht gestürzt werden konnten, dann deshalb, weil die USA und Israel sie stützten. Also müsse der Kampf gegen diese Verbündeten und in deren Ländern geführt werden.

Kämpfer für diesen Feldzug konnten sie in Afghanistan beim Krieg gegen die sowjetischen Invasoren rekrutieren. Dort stand ihnen nach der Machtübernahme der Taliban eine sichere Basis zur Verfügung. Bin Laden und der aus Ägypten zu ihm gestoßene Kinderarzt Aiman al-Sawahiri, Anführer des »Islamischen Dschihad«, beraubten sich allerdings dieser Basis, als in der Folge des Terrorangriffs vom 11. September 2001 die Taliban gestürzt wurden. Bin Laden hielt sich in den letzten Jahren im pakistanischen Abbottabad versteckt und gab mit Hilfe von Tonbotschaften nach wie vor die ideologische Leitlinie vor.

Al-Qaida hat sich trotz des Verlustes der Basis am Hindukusch als sehr widerstandsfähig erwiesen. Aus Afghanistan gingen viele Kader zurück in ihre Heimatländer, um den Kampf dort fortzusetzen. In Saudi-Arabien, im Jemen, in Nordafrika entstanden Qaida-Filialen. Im Irak gründete der Jordanier Abu Musab al-Sarkawi eine Qaida-Dependance, die nicht nur tausendfachen Tod über die Bevölkerung brachte, sondern das fragile Land an den Rand eines Bürgerkriegs zwischen Sunniten und Schiiten bombte.

Die Liste der blutigen Anschläge, die nach dem 11. September im Namen al-Qaidas oder mit Hilfe von Freiwilligen oder verbündeten Organisationen verübt wurden, ist lang. Sie reicht von Amman über Bali und Bagdad nach Djerba in Tunesien, London und Madrid, auf den ägyptischen Sinai, nach Pakistan und Mumbai. Der Qaida-Filiale auf der Arabischen Halbinsel mit Zentrum im Jemen wäre es an Weihnachten 2009 um ein Haar gelungen, einen US-Passagierjet im Anflug auf Detroit zu sprengen – mit Hilfe eines nigerianischen Rekruten. Bei vielen Anschlägen ist kaum noch festzustellen, ob es reine Qaida-Kommandos waren. Sicher ist nur: Ohne Inspiration durch Bin Laden & Co. wären sie nicht zustande gekommen. Das Internet ist für die Kader des Terrornetzes zudem ein effektives Instrument: Mit seiner Hilfe verbreiten sie Propaganda und Anleitungen zum Bombenbau, akquirieren Geld und tauschen sich untereinander aus.

Mehrere Qaida-Führer wurden durch CIA-Drohnen gezielt getötet, bisher ohne größere Wirkung auf die Strukturen. Ob die spektakuläre Tötung Osama Bin Ladens der entscheidende Schlag gegen das Netz war, steht dahin. Ideologisch allerdings verliert al-Qaida an Zusammenhalt; Widersprüche schmälern ihre Glaubwürdigkeit. Wieso tötet al-Qaida viel mehr Muslime als Nichtmuslime? Dass al-Qaida keine Erklärung dafür hat, führte zur Entfremdung vieler radikaler Islamisten.

Osama Bin Laden wiederum hatte zuletzt über die Folgen der Globalisierung als Auswuchs des internationalen Kapitalismus gesprochen, sogar über den Klimawandel. Hatte er neue Bündnispartner im Blick? Unter seinen traditionellen Anhängern säte er mit der ideologischen Öffnung Verunsicherung, ob er neue gewinnen konnte, ist fraglich.

Ein regelrechtes Fiasko für al-Qaida bedeuten indes die jetzigen Revolutionen in der arabischen Welt. Sie laufen ohne dschihadistische Beteiligung ab und entziehen deren Freund-Feind-Denken den Boden. Was Sawahiri zum Umsturz in Ägypten zu sagen hatte, war nicht ernstzunehmen: Revolutionäre und al-Qaida kämpften gegen dieselben Gegner. Wenn aber die Ereignisse in Tunesien und Ägypten eines gezeigt haben, dann dies: Das Mobilisierungspotential al-Qaidas ist minimal, eine Massenbewegung ist der militante Dschihadismus nie geworden.

Anders als bei den militanten Palästinensern kann al-Qaida nicht darauf hoffen, dass ihre Ziele auf Verständnis stoßen. Der »heilige Krieg« gedeiht im Verborgenen, bleibt tödlich, aber er ist keine politische Macht. Das Terrornetzwerk könnte von den Umstürzen in der arabischen Welt dennoch profitieren, in unübersichtlichen Verhältnissen kann es besser agieren. Aber der Anspruch, selbst den Sturz der Regime herbeizuführen, ist vorerst erledigt.

Bruder Führer

Libyens Staatschef Gaddafi war einst
ein Volksheld, der sich auf mächtige Stämme
stützen konnte. Er verordnete seinem Land
ein bizarres politisches System, war zeitweise
international geächtet. Doch erst die Gewalt
gegen sein Volk brach seine Autorität.

Von Lutz Jäkel

Als die kleineren Stämme sich lossagten, war das ärgerlich, aber noch nicht wirklich beunruhigend. Als Teile des Stammes Warfalla ihre Loyalität aufkündigten, wurde er langsam nervös. Als aber Scheich Faradsch al-Suwai, der Führer des mächtigen Stammes Suwaja aus dem ölreichen Norden, drohte, die Ölhähne und die Zugänge zu den Erdöl-Verladehäfen zu blockieren, falls die Angriffe auf wehrlose Demonstranten nicht aufhörten, da musste er wissen, dass es ernst wird.

Sein Volk erhob sich und mit ihm die Stämme, die seit über 40 Jahren, seit Muammar al-Gaddafi mit ein paar getreuen Offizieren den verhassten König verjagt hatte, von dem System in Libyen profitiert hatten. Was war geschehen, dass sie plötzlich die Fronten wechselten? Dass von ihm der Rücktritt verlangt wurde?

Das Volk regierte sich doch selbst im System Gaddafi, er, ihr »Bruder Führer«, gab seinen Brüdern und Schwestern lediglich Ratschläge, wenn sie vom Pfad der absoluten Volksherrschaft abkamen. Man konnte diese Ratschläge als Befehle verstehen, aber das sah er anders.

Es gebe keine Demonstrationen auf den Straßen, behauptete Gaddafi noch Ende Februar 2011 gegenüber der amerikanischen Journalistin Christiane Amanpour: »Haben Sie Demonstrationen gesehen? Mein Volk liebt mich. Es wird für mich sterben, um mich zu beschützen!« Folglich konnte für Gaddafi die Gefahr nur von außen kommen. »Al-Qaida! Das ist al-Qaida! Al-Qaida!«, schmetterte er Amanpour im Interview entgegen. Da hatte er schon die Bomber gegen seine Brüder und Schwestern geschickt.

Es war der grausam entschlossene Versuch eines Autokraten, zu retten, was längst verloren war: den Rückhalt seines Volkes, den er zu Beginn seiner Herrschaft tatsächlich einmal hatte. Gaddafi hatte schließlich das Land von Grund auf verändert, es zu Unabhängigkeit und auf den Weg einer vermeintlich egalitär-sozialistischen Gesellschaft, aber auch in die internationale Isolation geführt. Das Nachrichten-Magazin »Newsweek« bezeichnete den Beförderer des Staatsterrorismus einst als den »gefährlichsten Mann der Welt«, der damalige US-Präsident Ronald Reagan nannte ihn »den tollwütigen Hund des Nahen Ostens«.

Sich selbst sah Gaddafi stets als »einen armen, herumschweifenden Beduinen«. Muammar, »dem ein langes Leben gegeben ist«, was sein Name übersetzt bedeutet, wurde 1942 südlich der Stadt Sirte geboren, in den kleinen und unbedeutenden Stamm der Gadadifa. Er kam erst mit neun Jahren in die Schule, interessierte sich aber früh für Geschichte. Dort hörte er auch von Omar al-Muchtar, dem »Libyschen Löwen«, dem Partisan im Kampf gegen die Italiener, bis heute wird er in Libyen verehrt.

Als Ende des 19. Jahrhunderts die europäischen Kolonialmächte Afrika aufteilten, interessierten sich die Italiener für ein Stück Land im Norden, das sie ab 1911 in blutigen Kämpfen eroberten. Sie fassten 1934 das Besatzungsgebiet aus den Regionen Tripolitanien, Cyrenaika und Fessan zu einer staatlichen Einheit zusammen, nannten sie »Libia italiana« und machten Tripolis zur Hauptstadt. Für die Italiener war Libyen ein Vorgarten Roms, den sie zwischen 1911 und 1943 ausbeuteten. Benito Mussolini sprach von »der großen Büchse Sand«. 20 Jahre lang kämpfte Omar al-Muchtar mit seiner Guerilla gegen die italienische Besatzungsmacht. Mussolini schickte seinen brutalsten General, um den Aufstand niederzuschlagen. Tausende Libyer wurden in Konzentrationslager deportiert oder in die Wüste getrieben, wo sie elendig verendeten; Muchtar wurde 1931 in Suluk bei Bengasi öffentlich hingerichtet.

Über 100 000 Libyer sollen getötet worden sein, der Großvater Gaddafis war einer von ihnen, sein Vater wurde verwundet. Das prägte den jungen Gaddafi. Als er zehn Jahre alt war, putschten im Nachbarland Ägypten die »Freien Offiziere« unter Beteiligung von Gamal Abd al-Nasser. Ihre Rufe nach Sozialismus, Freiheit und Unabhängigkeit, vor allem aber ihr Abscheu gegen jede Form der Fremdherrschaft beeindruckten den Libyer noch mehr, Nasser wurde Gaddafis Idol.

Gaddafi ging nun in Tripolis zur Schule, wo ihn die Kinder der städtischen Eliten wegen seiner beduinischen Herkunft hänselten. Er folgte seinem Idol Nasser, absolvierte eine Ausbildung an der Militärakademie und putschte, gerade mal 27 Jahre alt, am 1. September 1969 mit weiteren Offizieren gegen Idris al-Sanussi, der mit der Unabhängigkeit 1951 König geworden war.

Als Gaddafis Offiziere die Macht übernahmen, floss in Libyen schon seit ein paar Jahren Erdöl, doch das Land war immer noch eines der ärmsten Länder der Erde, die Gesellschaft rückständig. Die knapp eine Million Libyer lebten von Ackerbau und Viehzucht. Eines der wichtigsten

Exportgüter zu dieser Zeit war Metall der aus dem Ersten und Zweiten Weltkrieg zurückgelassenen oder zerstörten Kriegsgeräte. König Idris I. hatte vor allem seine eigenen Taschen und die seiner Entourage gefüllt. Um seine Monarchie zu stabilisieren, war er sogar ein Bündnis mit Amerikanern und Briten eingegangen, denen er Militärbasen und die Förderung des Erdöls überließ. Der Putsch Gaddafis wurde von der Bevölkerung deshalb bejubelt.

Libyen ist ein Staat verschiedener Völker und Stämme, in dem sich erst aus dem Widerstand gegen die italienische Besetzung ein libyscher Nationalismus entwickelt hatte. Die Bevölkerung war bereits in der Antike unterschiedlichen kulturellen Einflüssen ausgesetzt, die zur Entwicklung verschiedener Mentalitäten und Alltagskulturen beitrugen. Tripolitanien war phönizisch-römisch geprägt, ist heute eher konservativ, aber auch säkular orientiert; die Cyrenaika war griechisch beeinflusst, hat heute ein stärkeres islamisches Profil; der Fessan im Südwesten des Landes ist beduinisch-afrikanisch dominiert. Noch heute fühlen sich Tripolitaner den Tunesiern näher als ihren Landsleuten im Fessan.

Auch zwischen städtischer Kultur an der Küste und dem Beduinentum im Landesinnern bestehen Gegensätze, die das Zusammenleben der Libyer noch immer beeinflussen. Zudem öffnete Gaddafi aus ideologischen Gründen im Jahr 2000 die Grenzen im Süden – nachdem der Panarabismus gescheitert war, versuchte er sich im Panafrikanismus. Hunderttausende schwarzafrikanische Gastarbeiter und Flüchtlinge, in erster Linie aus dem Tschad, aus Mali, Niger, Ghana und Nigeria, strömten daraufhin ins Land, seither gab es immer wieder Spannungen bis hin zu rassistischen Übergriffen. Aber Gaddafi verkündete: »Wir sind alle Libyer.«

Jeder Libyer ist an seinen Stamm gebunden, Herkunft und Abstammung bestimmen bis heute den sozialen Status. Etwa 140 verschiedene Stämme gibt es in Libyen, von denen aber nur etwa zwei Dutzend politisch bedeutend sind. Gaddafi baute deshalb seine Herrschaft auch auf die Stämme auf. Erstaunlicherweise gelang es ihm, einem Mitglied des recht unbedeutenden kleinen Stammes der Gadadifa, mit zwei der zahlenmäßig größten Stämme eine Allianz einzugehen. »Nach der Machtübernahme besetzte Gaddafis Stamm zusammen mit den verbündeten Warfalla und Magarha alle zentralen Posten bei Streitkräften, Polizei und Geheimdienst. So sicherten sie ihre Herrschaft ab«, erklärt Hanspeter Mattes, Nordafrika-Spezialist am German Institute of Global and Area Studies in Hamburg. Gaddafi verschaffte ihnen Privilegien und Posten, verteilte unter ihnen die üppigen Einnahmen aus dem Erdölgeschäft.

Die Anführer agieren in ihren Gebieten weitgehend unabhängig von Tripolis. Die Loyalität des einzelnen Libyers gilt in erster Linie dem eigenen Stamm, nicht den übergeordneten Interessen eines staatlichen Gemeinwesens. Das zeigte sich auch im gegenwärtigen libyschen Aufstand. »Für einen Libyer ist es unvorstellbar, die Waffe gegen ein Stammesmitglied zu richten«, sagt Mattes. »Als Gaddafi begann, Demonstrationen im Osten gewaltsam niederzuschlagen, konnten ihm Angehörige dieser Stämme in der eigenen Truppe nicht länger die Treue halten.«

Aber auch der Gedanke an eine »Nachkriegsordnung« spielte bereits eine Rolle. »Stämme, Staatseliten und oppositionelle Gruppen positionieren sich unterdessen schon für die Zeit nach Gaddafi«, ist Wolfram Lacher von der Stiftung Wissenschaft und Politik in Berlin überzeugt.

Dabei waren die Ergebnisse des sozioökonomischen Wandels, den Gaddafi einst auslöste, durchaus beachtlich.

Aufständische Libyer feiern im März 2011 einen Erfolg auf einem zerstörten Panzer bei Bengasi.

Holly Pickett/Redux/Laif

Briten, Amerikaner und Italiener mussten das Land verlassen, ausländische Banken und Unternehmen wurden verstaatlicht, ein Großteil der Ölfirmen wurde unter libysche Kontrolle gebracht. Mit den Ölgeldern ließ Gaddafi – von Hunderttausenden ausländischen Gastarbeitern und Technikern – Fabriken, Schulen, Krankenhäuser und Straßen bauen sowie riesige Bewässerungsanlagen in die Wüste setzen. Löhne wurden angehoben, Nahrungsmittel subventioniert, Mieten abgeschafft, Ausbildung und medizinische Versorgung kostenlos angeboten, und Beduinen bekamen Land.

Die Libyer ließen sich berieseln. »Ein Volk von Frührentnern schaute zu, was die neue Führung sich an Geschenken so einfallen ließ«, schrieb der SPIEGEL 1986. Für diese Annehmlichkeiten waren sogar so stolze Beduinenstämme wie die Tuareg bereit, einen großen Teil ihrer Unabhängigkeit zugunsten des arabisch dominierten Staates zu opfern. So konnte Gaddafi die Tuareg als »seine Araber des Südens« bezeichnen, obwohl sie ethnisch keine Araber, sondern Berber sind, also zur Urbevölkerung Libyens gehören. Araber kamen erst im 7. Jahrhundert nach Nordafrika.

Dem Volk ging es folglich zunächst gut. Auch sollte jeder Bürger zu jeder Zeit an jedem politischen Entscheidungsprozess teilhaben können, das war Gaddafis propagierte Vision. 1974 legte er demonstrativ alle politischen Ämter nieder, ließ sich fortan Revolutionsführer oder Bruder Führer nennen, schaffte die Verfassung ab und legte von 1975 bis 1979 sein aus drei Teilen bestehendes Grünes Buch vor, das sämtliche Probleme des gesellschaftlichen Zusammenlebens – weltweit – lösen und den Weg zur »absoluten Volksherrschaft« aufzeigen sollte.

Sein Libyen sollte das Musterland dafür sein. »Die wahre Demokratie besteht nur durch die Beteiligung des Volkes, nicht durch die Aktivität seiner Repräsentanten«, schrieb Gaddafi. Also brauchte Libyen keine Repräsentanten. Und da »die Parlamente ein Mittel zur Ausplünderung und Aneignung der Volksmacht sind«, wie er meinte, seien auch Parlamente überflüssig. Und Wahlen? »Die Menschen stehen schweigend in langen Reihen, um ihre Stimmzettel in die Wahlurnen zu werfen, genauso wie sie andere Papiere in den Abfalleimer werfen.« Also auch keine Wahlen. Und Parteien seien überflüssig, denn »die Partei ist nur ein Teil des Volkes, aber die Macht des Volkes ist unteilbar«.

Um den Volkswillen zu ermitteln, schuf Gaddafi mehrstufige Institutionen in seinem System der Dschamahirija, des »Volksmassenstaats«, wie er sein Konstrukt nannte. Auf Hunderten Basiskonferenzen, die mehrmals im Jahr über das gesamte Land verstreut abgehalten wurden, diskutierten die Teilnehmer über anstehende Probleme und wählten Vertreter in die lokalen Basiskomitees und für den Allgemeinen Volkskongress, das Quasi-Parlament.

So wurden Beschlüsse auf die jeweils nächste Ebene weitergereicht, bis daraus Gesetze und politische Strategien entstanden. So weit die schöne Theorie – doch über all den Delegierten, Kongressen, Sekretären wachte der Revolutionsführer selbst. Zwar war der jeweilige Generalsekretär des Volkskomitees Staatsoberhaupt, doch faktisch bestimmte Gaddafi weiter die Politik. Dafür hatte er den »Revolutionssektor« geschaffen, der jeder politischen Kontrolle entzogen war.

Auch wie die wirtschaftliche Ordnung auszusehen habe, legte Gaddafi im Grünen Buch fest. Damit jegliche Ungleichheit in der Gesellschaft aufgehoben werde, ließ er sämtliche Unternehmen in Volksbesitz überführen. Die Arbeiter erhielten nun keinen Lohn mehr, sondern anteilige Rechte an den Produkten, die ihr Unternehmen herstellte. »Partner statt Lohnarbeiter« nannte Gaddafi diese »Produzentenrevolution«. Die Folge: Privathandel wurde unterdrückt, die Basarhändler mussten ihre Geschäfte schließen, das öffentliche Leben kam vielerorts nahezu zum Erliegen.

Das System florierte zunächst trotzdem. Denn die politischen und wirtschaftlichen Reformen, die Gaddafi in Gang setzte, bedeuteten für die Stammesgruppen und sozialen Schichten, die während der Sanussi-Monarchie verarmt waren, bessere Lebensverhältnisse. Doch langfristig gab es gewaltige Probleme. Der ökonomische Kurs führte nicht in ein egalitäres Wirtschaftsparadies, sondern in ein organisatorisches Chaos. Die Menschen verloren zunehmend das Vertrauen in die Regierung und zogen sich immer weiter in die Privatsphäre und die verlässlicheren Stammesbindungen zurück.

Mit schätzungsweise sechs bis acht Milliarden Dollar unterstützte Gaddafi terroristische Organisationen auf der ganzen Welt: die Roten Brigaden in Italien, diverse palästinensische Splittergruppen (wie Schwarzer September), die Farc in Kolumbien, die IRA in Irland. Rücksichtslos verfolgte er Regimegegner auch im Ausland, gab das Bombenattentat auf die Berliner Discothek La Belle 1986 in Auftrag, ließ 1988 einen PanAm-Jumbo über dem schottischen Lockerbie abstürzen. Internationale Sanktionen waren die Folge.

Aufgrund einer Wirtschaftskrise seit Mitte der achtziger und später in den neunziger Jahren, bei der der Ölpreis rapide sank, begann das ökonomische und damit das politische System Libyens zu wackeln. Libyer mussten plötzlich in Schlangen nach Fleisch und Brot anstehen, die Arbeitslosigkeit kletterte auf rund 30 Prozent in einem Land, das mit seinem Erdöl- und Erdgasvorkommen zu den reichsten Ländern Afrikas zählt.

Gaddafi erkannte, dass er außenpolitisch handeln musste, um an der Macht zu bleiben. 1999 lieferte er die mutmaßlichen Attentäter von Lockerbie aus und entschädigte die Opfer libyscher Anschläge durch Zahlungen in Millionenhöhe; Uno und EU lockerten nach und nach die Sanktionen. Auch sollen Gaddafis Geheimdienste nach dem 11. September 2001 westlichen Diensten wichtige Informationen über das Terrornetzwerk al-Qaida geliefert haben – der ehemalige Terroristen-Förderer beteiligte sich nun am Kampf gegen den Terror. 2003 erklärte Gaddafi sogar seinen Verzicht auf Massenvernichtungswaffen. Die Sanktionen gegen Libyen wurden schließlich auch von den USA aufgehoben. Als Wirtschaftspartner war Gaddafi aufgrund der reichen Erdöl- und Erdgasvorkommen schon immer sehr attraktiv, jetzt durfte man wieder ganz offiziell mit ihm Geschäfte machen. Er war zurück in der Staatengemeinschaft. Und nun rebellierte sein Volk.

Dabei hatte Gaddafi in seinem Grünen Buch selbst vorhergesagt: »Wenn eine Klasse, eine Partei, ein Stamm oder eine Sekte eine Gesellschaft beherrscht, wird das ganze System zur Diktatur.« Gaddafi entwarf 1974 daher die »Dritte Universaltheorie«, die »das Demokratieproblem in der Welt endgültig löst«, es fehle nur noch an einem: »Alles, was die Massen jetzt tun müssen, ist, für die Beendigung aller Formen diktatorischer Herrschaft in der heutigen Welt zu kämpfen.« Seine Massen nahmen ihn beim Wort.

Ende August 2011 drangen die aufständischen Kämpfer in die Hauptstadt Tripolis vor, die Tage des Muammar al-Gaddafi waren gezählt.

TEIL V

DER AUFBRUCH

»JETZT IST ES WIEDER UNSER LAND«

SPIEGEL-Gespräch mit dem ägyptischen Schriftsteller Alaa al-Aswani über die Revolution in seiner Heimat, den Einfluss der Muslimbrüder und die Mühen des Wandels

Das Gespräch führten Annette Großbongardt und Volkhard Windfuhr im Frühjahr 2011 in Kairo.

SPIEGEL: Am Flughafen begrüßte uns ein Ägypter mit dem Satz: »Willkommen im neuen Kairo«. Ist es neu?

ASWANI: Ja, die Revolution hat die Menschen verändert. Sie empfinden eine neue Würde. Alle, die auf die Straße gingen, um zu demonstrieren, taten das in dem Bewusstsein, vielleicht nie mehr nach Hause zu kommen. Sie waren bereit zu sterben. Das ist die Bedeutung von Revolution: lieber zu sterben, als weiter ohne Würde zu leben.

SPIEGEL: Überall in der Stadt sieht man nun die ägyptische Flagge, auch an Ihrem Balkon hier hängt eine. Ist das Ausdruck dieses Stolzes?

ASWANI: Ja, absolut. Die Flagge drückt aus: Jetzt ist es wieder unser Land, wir haben es uns zurückgeholt. Nur ein Beispiel: Nach der Revolution strömten die jungen Menschen aus und machten die Stadt sauber, so was habe ich noch nie erlebt. Auch meine Töchter und ihre Klasse haben mitgemacht, drei Tage lang haben sie Abfall gesammelt. »Papa, das ist unsere Pflicht«, erklärten sie mir.

SPIEGEL: Die Generation Facebook ist die treibende Kraft des Aufstandes?

ASWANI: Die Revolution wurde von allen getragen: von Reich und Arm, von Städtern und Bauern, Frauen, Kindern, Muslimen und Christen. Die sozialen Klassen spielten keine Rolle mehr. Die Blogger haben die Revolution angestoßen, aber es ist nicht ihre Revolution. Ein altes Klischee sagt, Ägypter seien nicht fähig zu Teamwork. Während des Aufstandes auf dem Tahrir-Platz habe ich eine unglaubliche Kooperation gesehen, da gab es Selbsthilfe-Komitees für die Sicherheit, für Essen, für Erste Hilfe, alles war organisiert.
SPIEGEL: Sie waren selbst auf dem Tahrir-Platz dabei?
ASWANI: Ja, ich habe dort 18 Tage lang campiert. Jeden Tag gab ich eine Pressekonferenz, um nach draußen zu vermitteln, was passiert. Dabei habe ich mal eine leere Zigarettenpackung auf den Boden geworfen. Da kam eine ältere Frau und erklärte, sie liebe meine Bücher, aber ich solle doch bitte schön die Schachtel aufheben und in den Mülleimer werfen. Ich tat wie geheißen, ich fühlte mich wie ein schuldiges Kind. »Wir bauen ein neues Ägypten, und das soll sauber sein«, sagte sie mir. Sie hatte absolut das Recht, mich zu kritisieren.
SPIEGEL: Der noch von Husni Mubarak eingesetzte Premierminister Ahmed Schafik, mit dem Sie Anfang März in einer TV-Debatte auftraten, empfand Ihre Kritik dort als Zumutung.
ASWANI: Ich erklärte ihm, dass es ein neues politisches Denken gibt und der Premier nicht mehr der Herr der Ägypter ist, sondern ein öffentlicher Diener. Da verlor er seine Beherrschung: »Was bilden Sie sich ein, wer sind Sie überhaupt, dass Sie glauben, Sie könnten mir die Meinung sagen?« Ich sagte ihm: »Ich bin ein ägyptischer Bürger, und von nun an hat jeder ägyptische Bürger das Recht, Sie zu kritisieren.«
SPIEGEL: Er trat am nächsten Tag zurück.

ASWANI: (lächelt) Ja, das ging schnell.
SPIEGEL: Wie waren die Reaktionen nach der Talkshow?
ASWANI: 80 Prozent positiv, aber es gibt natürlich auch Überbleibsel des alten Regimes, die schickten schreckliche Drohbriefe an mich und meine Familie, terrorisierten uns am Telefon. Gerade wurde ein Mordplan aufgedeckt gegen Protagonisten der Revolution, da stand ich auf Platz zwei. Aber ich lasse mich nicht einschüchtern.
SPIEGEL: Seit Jahren kritisieren Sie in Ihren Büchern und Artikeln Menschenrechtsverletzungen, Korruption, Misswirtschaft unter Mubarak. Hatten Sie nie Probleme mit der Zensur?
ASWANI: Nach manchen Artikeln riefen Sicherheitsagenten bei der Zeitung an und bedrohten den Eigentümer. Einmal hatte ich, sinnbildlich für Mubaraks Sohn Gamal, über einen kleinen Elefanten geschrieben, der von seinem Vater für Größeres vorbereitet werden soll, doch der kleine Elefant ist zu dumm, er will immer nur mit Wasser spielen.

Alaa Al-Aswani
»Sprechzeiten von 12 bis 15 Uhr und 18 bis 21 Uhr« steht an seiner Praxis, doch als Zahnarzt ist der gebürtige Kairoer nur noch zweimal pro Woche im Einsatz. Aswani, 54, der auch in den USA studierte, ist einer der erfolgreichsten arabischen Gegenwartsautoren. In seinem Roman »Der Jakubijân-Bau«, der die Geschichte eines prächtigen Kairoer Hauses als Mikrokosmos der ägyptischen Gesellschaft inszeniert, prangerte er schonungslos die Missstände des Mubarak-Regimes an. Seit 2004 engagiert er sich in der Oppositionsbewegung »Kifaja« – »Genug!«.

SPIEGEL: Für die Leser war klar, dass damit nur Gamal gemeint sein konnte?

ASWANI: Natürlich. Es hatte dann etwas Komisches, als ein Polizeioffizier anrief und den Zeitungschef anblaffte, der Artikel sei inakzeptabel. Ich schlug dem Herausgeber vor zu entgegnen, dass es doch befremdlich sei, wenn ein Offizier wegen eines kleinen Elefanten anruft.

SPIEGEL: Kürzlich schrieben Sie wieder über den Elefanten – und einen Löwen, damit war die Armee gemeint. Das Stück ist sehr kritisch gegenüber der Armee. Warum wählten Sie wieder eine Fabel, können Sie jetzt nicht ganz offen schreiben?

ASWANI: Ich fand es so provokativer. Aber die Kritik stammt aus der Phase, als die Armee sehr zögerlich wirkte und es nicht klar war, ob sie gegen Mubarak wirklich vorgehen wird. Zunächst wurden ja nur seine Freunde und die Freunde seiner Söhne verhaftet. Das hat uns misstrauisch gemacht.

SPIEGEL: Aber nun sind sie alle in Haft, Mubarak und seine Söhne.

ASWANI: Das ist die Wende, jetzt bewegt sich das Schiff in die richtige Richtung. Damit ist die größte Hürde überwunden. Für mich gibt es jetzt keine Zweifel mehr daran, dass die Armee es ernst meint mit dem politischen Wandel.

SPIEGEL: Menschenrechtler werfen der Armee vor, sie habe festgenommene Demonstranten gefoltert.

ASWANI: Das Militär macht auch Fehler. In drei oder vier Fällen haben sie Leute misshandelt, ich habe die Berichte gesehen. Es heißt, gegen die Verantwortlichen werde ermittelt. Aber wir müssen fair bleiben: Diese Revolution wurde von der Armee beschützt. Ohne sie hätte alles ganz anders ausgehen können.

SPIEGEL: War diese Haltung von Anfang an klar?

ASWANI: Zunächst wurden wir auf dem Tahrir-Platz von Gerüchten verunsichert, Soldaten würden bald das Feuer eröffnen. Da sprach ich einen Offizier an, und der sagte: Das wird niemals passieren. Tatsächlich hatte die ägyptische Armee in ihrer ganzen Geschichte nie die Linie, Demonstranten zu töten, wie wir das jetzt in Syrien und Libyen sehen. 1977 bei den Brotunruhen rief Präsident Anwar al-Sadat das Militär zu Hilfe. Es stellte zwei Bedingungen: erstens, auf die Forderungen der Demonstranten einzugehen, und zweitens, auf keinen einzigen Ägypter zu schießen.

SPIEGEL: Sie haben einmal gesagt: »Seit 20 Jahren schreibe ich für die Demokratie.« Wie zuversichtlich sind Sie, dass sie jetzt wirklich kommt?

ASWANI: Sie ist schon da. Wir fangen ja auch nicht bei null an. Ägypten hatte in den zwanziger Jahren schon ein Parlament, eine gewählte Regierung, die erste moderne arabische Universität, die erste Frau, die studierte.

SPIEGEL: Aber die Umstellung jetzt wird Zeit brauchen.

ASWANI: Ja sicher, Demokratie ist kein plötzliches Paradies. Viele müssen umdenken. Die ägyptische Polizei etwa hat eine sehr harte, unmenschliche Tradition. Sie hat Menschen getötet. Der Polizeioffizier stand über dem Gesetz. Nun müssen sie lernen, dass sie Polizisten in einem demokratischen Staat sind, dass jeder Mensch Rechte hat und dass man Gefangene nicht schlägt. Es gibt auch gute Polizisten, aber viele sind noch nicht in der neuen Zeit angekommen.

SPIEGEL: Zeigen sich bereits Veränderungen?

ASWANI: Ein Beispiel: Vor Kurzem wollte ein Polizist jemanden festnehmen, der eine Haftstrafe antreten sollte. Er war nicht zu Hause, so nahm der Offizier die Ehefrau mit. Das war so üblich: Als Druckmittel wurde die Ehefrau verhaftet oder sogar gefoltert. Diesmal gingen Freunde der Frau zur Polizeistation und drohten, die Wache anzuzünden, wenn sie nicht freigelassen wird und der Offizier verhaftet. Der hatte getan, was Tausende andere vor ihm taten, doch nun akzeptiert man das nicht mehr.

SPIEGEL: War das Referendum zur künftigen Verfassung bereits ein erster richtiger Schritt zur Demokratie?

ASWANI: Die Reaktion war eindrucksvoll. Niemand hätte sich zuvor träumen lassen, dass Ägypter zwei Stunden anstehen, um ihre Stimme abzugeben. Nur zwei Monate davor wäre eine solche Volksbefragung noch als Witz angesehen worden. Aber nun glauben die Menschen, dass ihre Stimme zählt. Bloß, das Referendum selbst ist nutzlos.

SPIEGEL: Warum?

ASWANI: Wir haben in Ägypten die bedeutendsten Verfassungsrechtler der arabischen Welt. Und all diese halten das Vorgehen für falsch. Sie sagen, man muss eine Versammlung wählen, die eine neue Verfassung schreibt. Zudem brauchen wir mehr Zeit, damit sich die neuen politischen Kräfte organisieren können.

SPIEGEL: Die Revolution ist wirklich beeindruckend, aber warum haben die Menschen die Armut, die Missstände, die Unfreiheit so lange ertragen?

ASWANI: Niemand hat es wirklich akzeptiert. Aber es liegt in der Natur der Ägypter, sie beschweren sich nicht so oft. Sie versuchen, sich zu arrangieren. Wir sind ganz anders als die Franzosen, die kritisieren ständig. Die Ägypter tun das nicht, aber das heißt nicht, dass sie nicht wütend sind. Wir revoltieren dann, wenn wir das Gefühl haben, jetzt ist kein Kompromiss mehr möglich.

SPIEGEL: Bereits vor zwei Jahren schrieben Sie, es bahne sich ein Umbruch an.

ASWANI: Eine Veränderung war schon spürbar, aber ein Land muss den Punkt erreichen, an dem es absolut reif ist für die Revolution.

SPIEGEL: Im Entwicklungsindex der Uno liegt Ägypten auf Platz 101 noch hinter Turkmenistan, Ecuador und der Mongolei. Wie konnte die große Kulturnation so weit abrutschen?

ASWANI: In den letzten 40 Jahren gab es einen großen Stillstand, vor allem in der sterilen Zeit der Herrschaft Mubaraks, der sich damit brüstete, er habe keine Zeit, Bücher zu lesen. Sozialkritik war verpönt, die egoistische Herrschaftsclique vermittelte nur ein Denken: Geld. Sie vertiefte die soziale Kluft extrem, drehte Bildungschancen zurück.

SPIEGEL: In Ihrem Roman »Der Jakubijân-Bau« schwärmt der Lebemann Saki Bey vom alten Kairo, das sei wie Europa gewesen, schön und sauber. Das klingt, als sehnten Sie sich danach zurück.

ASWANI: Na ja, Saki Bey ist ein Aristokrat, der fand eigentlich Paris am schönsten.

SPIEGEL: Als Sie 1957 geboren wurden, war die ägyptische Republik, die auf den Sturz der Monarchie folgte, gerade fünf Jahre alt. Wie sah das Kairo Ihrer Kindheit aus?

ASWANI: Es war eine wirklich kosmopolitische Metropole, die trotz der Diktatur kulturell blühte. Ich besuchte, wie das im Bürgertum üblich war, ein französisches Gymnasium. Da gab es Katholiken, die französischen Professoren, ägyptische Christen, die Kopten, Muslime, und wir hatten sogar zwei jüdische Mitschüler in der Klasse. Für alle feierten wir die religiösen Feste.

SPIEGEL: Wie begann der Niedergang, endete die Weltoffenheit, für die das Ägypten der zwanziger Jahre bekannt war?

ASWANI: Gamal Abd al-Nasser schuf auch gute Dinge, etwa in der Schulbildung, doch er begründete die Diktatur-Maschine mit dem Sicherheitsstaat, der Zensur, all das, was sich bis unter Mubarak gehalten hat. Sadat, der danach an die Macht kam, fehlte das Charisma Nassers. Um die extrem starke ägyptische Linke zu kontern, machte er die Muslimbruderschaft stark. Und die Ölpreisexplosion nach dem Krieg gegen Israel 1973 verschaffte Saudi-Arabien ungeahnte Macht. Ihre Ölmilliarden nutzten die Saudis auch, um ihre Interpretation des Islam zu befördern.

SPIEGEL: Wie unterscheidet die sich von der ägyptischen Version?

ASWANI: Unser Religionsverständnis ist tolerant, seit Jahrhunderten. Jeder entscheidet für sich, wie er lebt. Hier haben Sie Kirche und Moschee. Es gibt Bars. Selbst während des Ramadan blieben sie früher geöffnet.

SPIEGEL: Heute stimmt das allerdings nicht mehr.

ASWANI: Aber es ist immer noch besser als in den Golfstaaten, dem haben wir uns widersetzt. Ägypten war immer ein Einwandererland, in Alexandria gibt es viele Menschen mit europäischen Wurzeln, jeder wurde akzeptiert.

SPIEGEL: Wie kam es dann zu dem Bombenanschlag auf die koptische Kirche in Alexandria letzte Neujahrsnacht?

ASWANI: Das war ein orchestrierter Angriff der alten Kräfte, sie wollten damit Mubarak stärken, dem Westen demonstrieren: Wir brauchen ihn, damit die Minderheiten geschützt werden. Der Verdacht richtet sich gegen den früheren Innenminister, es wird ermittelt.

SPIEGEL: Die Bevölkerung, meinen Sie, hat nichts gegen Christen? Im Mai kam es aber erneut zu Gewalt gegen Kopten.

ASWANI: Dahinter stecken Drahtzieher des alten Regimes, sie wissen, wie man die religiösen Empfindlichkeiten unseres Volkes aufpeitscht. Die Militärs wären gut beraten, sich die noch nicht gesäuberten Polizeiränge vorzunehmen. Aber im Februar auf dem Tahrir-Platz, das hätten Sie sehen

müssen, wurden christliche Messen gehalten vor den Gebeten der Muslime, und als die angeheuerten Schlägertrupps angriffen, stellten sich die Kopten vor die betenden Muslime, um sie zu schützen.
SPIEGEL: In Europa ist die Furcht groß, die Islamisten könnten sich nun zu einer beherrschenden Kraft entwickeln. Wie stark und gefährlich ist die bisher unterdrückte Muslimbruderschaft?
ASWANI: Sie ist zwar berüchtigt für Terroraktionen, aber die letzte fand vor über 40 Jahren statt. Ich glaube nicht, dass sie wieder zu Gewalt greifen wird. Ihr Einfluss wurde vom Mubarak-Regime übertrieben, um die diktatorische Politik zu rechtfertigen.
SPIEGEL: Wie stark könnten die Islamisten bei den Wahlen werden?
ASWANI: Gerade waren die ersten freien Studentenschaftswahlen: Die Muslimbrüder bekamen 12 Prozent, die Allianz der Revolution 65 Prozent. Deshalb glaube ich, dass sie auch bei Parlamentswahlen nicht allzu stark werden. Wir wissen allerdings noch nicht, ob die Organisation wieder einmal einen Deal mit den alten Kräften eingeht.
SPIEGEL: Welche Rolle spielt die Religion überhaupt im neuen Ägypten? Sehen Sie keinen Konflikt zwischen liberalem Denken und religiösem Dogma?
ASWANI: Ich kann mir nur ein säkulares Ägypten vorstellen. Die islamischen Parteien werden mit der Zeit vielleicht eine Rolle einnehmen wie die sehr konservativen Parteien in Europa. Ich lehne ihre Ideen ab, aber sie haben natürlich das Recht, ihre Meinung auszudrücken und eine eigene Partei zu bilden.
SPIEGEL: Verträgt ein säkulares Ägypten aber dann noch den jetzigen Artikel 2 der Verfassung, in dem es heißt, die Scharia ist die Hauptquelle der Rechtsprechung?

ASWANI: Sie ist ja nicht die einzige Quelle. Mich als Säkularen stört das nicht, solange die Verfassung gleiche Rechte garantiert. Wenn wir das jetzt anfassen, legen wir eine Bombe.

SPIEGEL: Entwickelt sich mit der Revolution eine neue arabische Identität über Ägypten hinaus?

ASWANI: Da sollten wir vorsichtig sein. Wir brauchen viele, hoffentlich 22 starke Demokratien, also alle Mitglieder der Arabischen Liga. Diese müssen dann untereinander zusammenarbeiten, so wie die Europäische Union, das ist ein gutes Vorbild. Der Weg des Panarabismus von Nasser war falsch, weil er alle Völker und Nationalitäten in eine Form pressen und verschmelzen wollte. Wir brauchen starke, aber unabhängige Demokratien.

SPIEGEL: Wer wird der neue ägyptische Präsident – der Friedensnobelpreisträger Mohamed ElBaradei oder der frühere Außenminister Amr Mussa?

ASWANI: Ich möchte dazu öffentlich noch nichts sagen, ich möchte niemanden beeinflussen.

SPIEGEL: Sie selbst wollten sich nicht bewerben?

ASWANI: Für mich ist es viel wichtiger, einen guten Roman zu schreiben, als Präsident zu werden.

SPIEGEL: Herr Aswani, wir danken Ihnen für dieses Gespräch.

Liga der Lahmen

Die Arabische Liga redet viel, aber entscheidet wenig. Das Bündnis ist beispielhaft für die Beharrungskräfte der Region. Doch das Revolutionsjahr 2011 bringt frischen Wind in den verstaubten Club.

Von Erich Follath

Die Außenfassade dringend reparaturbedürftig, das Interieur plüschig und verstaubt, die Atmosphäre in den langen, hohen Gängen so muffig wie die zum Tee gereichten Kekse – so etwa hat man es erwartet im Club der Ewiggestrigen, der Arabischen Liga, die kaum je in ihrer Geschichte etwas auf die Reihe gekriegt hat. Deren Mitglieder seit nunmehr 66 Jahren vorwiegend streiten, sich nach endlosen Diskussionen vertagen und die meiste Zeit damit beschäftigt scheinen, gegeneinander zu intrigieren. Sogenannte Verbündete, die fast jede Neuerung, jede Modernisierung der arabischen Welt mit ihren gesammelten Bedenken zu verhindern wussten. Würden sie mit der Züchtung eines Rassepferds beauftragt, so sagt ihnen ein Bonmot nach, käme ein Dromedar heraus.

Aber dieser Tag Mitte März 2011 hält eine Überraschung bereit, und der Mann, der sie beim SPIEGEL-Gespräch im Hauptquartier in Kairo verkündet, ist Generalsekretär Amr Mussa, ein angegrauter Mittsiebziger. Seit einem Jahrzehnt steht der studierte Jurist schon an der Spitze der Organisation. Der allseits geachtete Diplomat ist mit ungewöhnlichen Initiativen allerdings kaum aufgefallen und wirkte in den letzten Jahren manchmal schon resigniert – als habe er sich damit abgefunden, dass in diesem Verein nichts mehr zu bewegen sei. Jetzt aber ballt Mussa kämpferisch die Faust, lässt alle diplomatischen Floskeln beiseite, redet Klartext. Die Arabische Liga, so sagt er, hat den Mitgliedstaat Libyen suspendiert und gerade beschlossen, eine Flugverbotszone über Gaddafis Reich zu unterstützen.

»Es geht darum, dem libyschen Volk in seinem Freiheitskampf gegen ein zunehmend menschenverachtendes Regime beizustehen«, sagt der Generalsekretär in seinem Büro direkt über dem Midan al-Tahrir, dem Platz der Befreiung. »Gerade wir Ägypter wissen, wie wichtig es ist, aus eigener Kraft einen Autokraten loszuwerden. Dieses großartige Gefühl wünsche ich auch den Libyern. Die Revolutionen in den arabischen Staaten laufen nicht alle nach dem gleichen Muster ab. Aber der Wandel ist unaufhaltsam. Und unumkehrbar.«

Die ewigen Kräfte des Beharrens plötzlich auf der Seite der arabischen Revolutionäre – eine Frischzellenkur, ein spätes Erweckungserlebnis für die so oft geschmähte »Liga der Lahmen«? Könnte sich die Organisation womöglich sogar in Richtung eines Staatenverbunds wie der Europäischen Union bewegen? Fängt mit 66 Jahren vielleicht ihr Leben erst richtig an?

Von den Wüsten Nordafrikas bis zu den Sumpfgebieten des Irak, von den tropischen Wäldern des Südsudan zu den Weihrauch-Regionen des Jemen erstreckt sich das Gebiet der Liga über fünf Zeitzonen; von so magischen Orten wie Marrakesch bis Mekka, von antiken Wundern wie den Pyramiden, Palmyra und Petra bis zu den supermodernen Weltrekord-Wolkenkratzern von Dubai. Die Liga der Arabischen Staaten, wie der offizielle Name lautet, umfasst 22 Mitglieder (EU: 27) auf 14 Millionen Quadratkilometer Gesamtfläche (EU: 4,2 Millionen); gut 360 Millionen Menschen leben auf ihrem Gebiet (EU: 500 Millionen) und kommen auf eine Gesamtwirtschaftsleistung von 2 Billionen Dollar (EU: 16,3 Billionen).

Unterschiede zwischen der Arabischen Liga und der Europäischen Union springen besonders bei der politischen Verflechtung der Mitgliedsländer ins Auge und ihrer Bereitschaft, nationale Kompetenzen an die Gemeinschaft abzugeben. Von den EU-Organen erlassenes Recht hat Vorrang vor nationalem Recht, ein EU-Parlament, ein Rat und eine Kommission legen – wie zähneknirschend von einzelnen Mitgliedern auch immer akzeptiert – gemeinsame Haushaltsvorschriften und politische Richtlinien fest; darüber wachen Kontrollgremien wie der Europäische Rechnungshof; die Europäische Zentralbank soll für Preisstabilität sorgen.

Wenngleich eine gemeinsame Wirtschafts- oder Außenpolitik noch weit entfernt sind, haben sich die Institutionen im Großen und Ganzen bewährt, und eine wirkliche Integration als Vereinigte Staaten von Europa ist zumindest nicht undenkbar – ganz anders als im arabischen Raum. Dabei gibt es dort, im Unterschied zu den 23 Amts- und Arbeitssprachen der EU, eine gemeinsame Lingua Franca und mit dem Islam, der über 90 Prozent der Bevölkerung in diesem Raum prägt, auch eine gemeinsame religiös-kulturelle Identität.

Was die Araber dagegen trennt, ist ein extremes Gefälle der Lebensbedingungen. Weit mehr noch als Europa, dessen Unterschiede zwischen Nord und Süd, West und Ost zumindest noch überschaubar sind, zerfällt die Arabische Liga in Habenichtse und Krösusse. Zu den 22 Mitgliedern des Clubs gehören einige der ärmsten Staaten der Welt wie Mauretanien und Dschibuti und einige der reichsten, weil mit Rohstoffen gesegnet, wie Katar oder Kuwait. Somalia ist gar ein »gescheiterter Staat«, der in festen Grenzen nicht mehr existiert, und Palästina einer, der noch nicht existiert.

Ägypten hat mit seinen 85 Millionen Menschen mehr als hundertmal so viele Einwohner wie das gleichfalls mit einer Stimme vertretene Inselreich der Komoren. Es regieren Könige wie Bahrains Hamad Bin Issa Al Chalifa oder Jordaniens Abdullah II., Autokraten wie Syriens Baschar al-Assad oder Algeriens Abdelaziz Bouteflika. Und mit Omar al-Baschir im Sudan ein Präsident, den der Internationale Strafgerichtshof in Den Haag seit März 2009 per Haftbefehl wegen Völkermord und Verbrechen gegen die Menschlichkeit suchen lässt.

Nur eins gibt es nicht auf dem Gebiet der Arabischen Liga: einen wirklich demokratisch legitimierten, in fairen und freien Wahlen von allen Volksgruppen gewählten Präsidenten oder Premier. Erst jetzt hat, vor allem in Ägypten und Tunesien, der nötige politische Umbruch begonnen.

Eine Legitimation konnten bisher am ehesten noch die politischen Führer im Irak und im Libanon beanspruchen, allerdings werden sie wesentlich von fremden Mächten mitbestimmt. In Bagdad, wo die größte US-Botschaft der Welt steht, versuchen die Amerikaner auch noch acht Jahre nach ihrem Einmarsch den politischen Prozess hinter den Kulissen mitzugestalten; in Beirut ist derzeit keine Regierung denkbar ohne die von Iran und Syrien finanzierte Hisbollah.

»Die Araber wurden in der neueren Geschichte immer hin- und hergestoßen, sie waren ein Spielball ausländischer Mächte. Auch wenn es ausnahmsweise mal positive Entwicklungen hin zu Pluralismus und demokratischen Institutionen gab, waren die meist von außen aufgezwungen«, glaubt die einstige syrische Diplomatin Kaukab al-

Rajiss. Fremdbestimmung heißt das ewige Stichwort in der arabischen Welt, Kolonialismus ist die Erklärung und Entschuldigung, die für vieles so lang herhalten musste. An der Geschichte der Arabischen Liga kann man ablesen, dass sich das Versagen der arabischen Eliten so nicht einmal im Ansatz rechtfertigen lässt. Dass aber an der Gängelung durch Europäer wie Amerikaner trotzdem viel dran ist – was schon die Entstehung des Bündnisses zeigt.

Der Zusammenschluss der arabischen Staaten wurde noch im Zweiten Weltkrieg von den Briten »angeregt«. London wollte sie in Stellung bringen gegen die »Achsenmächte« Deutschland und dessen Verbündete. Allerdings kam es erst gegen Ende des Krieges zum formalen Beschluss. Am 22. März 1945 fanden sich in Kairo zunächst sechs Gründungsmitglieder zusammen: Ägypten, Irak, Libanon, Syrien, Saudi-Arabien und Transjordanien. Die anderen stießen später dazu, 1993 als vorläufig letztes Mitglied die Komoren. In der Satzung heißt es reichlich schwammig: »Das Hauptziel ist es, die Beziehungen zwischen den Staaten anzunähern und die Zusammenarbeit zwischen ihnen zu koordinieren, ihre Unabhängigkeit und Souveränität zu sichern und in allgemeiner Weise die Geschicke und Interessen der arabischen Länder zu fördern.«

Auch wenn dieser Willenserklärung 1950 noch ein schriftliches Versprechen über eine »Kooperation in Verteidigungs- und Wirtschaftsfragen« sowie gutgemeinte Kampagnen etwa zur Alphabetisierung und Verbrechensbekämpfung folgten, ist die Crux der Liga doch klar erkennbar. Kein Mitgliedstaat denkt auch nur daran, nationalstaatliche Kompetenzen abzugeben – die »gemeinsame arabische Sache« bleibt weitestgehend ein Lippenbekenntnis. Kennzeichnend dafür: Entscheidungen des »Ligarats« sind bindend nur für den, der im Gremium auch zugestimmt hat.

Von Anfang an bildet die Feindschaft zu Israel den Kitt für die Gemeinschaft. Ein Wirtschaftsembargo gegen den Judenstaat gehört zu den wenigen einstimmig gefassten Beschlüssen. Militärisch unterliegen die arabischen Staaten 1948/49 wie im Sechstagekrieg 1967. Aber nichts trifft die Mehrheit der Mitglieder so ins Mark wie der überraschende Friedensschluss des ägyptischen Präsidenten Anwar al-Sadat 1979 mit Israel. Ägypten wird sofort aus der Liga ausgeschlossen.

Es dauert ein Jahrzehnt, bis das bevölkerungsreichste Land Arabiens wieder aufgenommen wird und das Hauptquartier an den Nil zurückkehrt. Wie tief gespalten die Gemeinschaft ist, zeigt sich schon ein Jahr später wieder, als das Mitglied Irak das Mitglied Kuwait überfällt: Nur eine knappe Mehrheit verurteilt die Invasion.

Doch dann folgt auf den glücklosen ägyptischen Diplomaten Ismat Abd al-Magid 2001 als neuer Generalsekretär Amr Mussa; ein Volkstribun, der in ganz Arabien sogar in einem Schlagertext gefeiert wird. Mussa geht der Ruf eines Reformers voraus. Ganz Kairo ist überzeugt davon, Präsident Husni Mubarak habe den populären Außenminister weggelobt, um einen Konkurrenten loszuwerden. Tatsächlich bringt der Weltmann – er hat in Kairo Rechtswissenschaft studiert und in Paris promoviert, in der Schweiz wie bei der Uno als Botschafter gearbeitet – anfangs etwas frischen Wind in die verstaubte Organisation. Doch bald schon scheitert sein Kampf gegen die Bürokratie, Mussa verfällt in die Gewohnheit seiner Vorgänger, persönliche Günstlinge auf wichtige Positionen zu heben.

Er bemüht sich immerhin um eine bessere Koordination der Mitglieder, immer auf der Suche nach außenpolitischen Kompromissen. Beim Gipfeltreffen in Beirut 2002 gelingt es ihm, dass die Mitglieder, trotz großer Bedenken der »revolutionären« Staaten, einen weitreichenden saudiarabischen Friedensplan bewilligen: Der verspricht, im Gegenzug für Israels vollständigen Rückzug aus den 1967 besetzten Gebieten, die Anerkennung des jüdischen Staates durch die Arabische Liga.

Als Anfang 2003 eine US-geführte Koalition Saddam Husseins Irak angreift, hilft auch Mussas Verhandlungsgeschick nicht mehr. Die Risse in der Organisation sind tiefer denn je: Kuwait, Katar und Bahrain stellen ihr Territorium für den Aufmarsch zur Verfügung, andere Mitglieder wie Syrien und Libyen sind an der Seite Saddams und rufen Verrat, eine Mehrheit ringt hilflos um Worte. Die Wahrheit ist: Niemanden interessiert die Meinung der zerstrittenen, zahnlosen Arabischen Liga.

Asmaa Waguih/Reuters

Beim arabischen Gipfel im Oktober 2010 lehnt sich Libyens Staatschef Gaddafi feixend auf den jemenitischen Präsidenten Ali Abdullah Salih (l.) und Ägyptens Husni Mubarak (r.).

Für Schlagzeilen sorgen nur die radikalen arabischen Führer, zuvorderst Oberst Gaddafi, der exzentrische, brutale »Bruder Nummer eins« aus Libyen. Im März 2003 wirft Gaddafi dem damaligen saudischen Kronprinzen Abdullah vor, einen »Pakt mit dem Teufel« einzugehen. Kurze Zeit später soll es ein Mordkomplott gegen Abdullah gegeben haben, dessen Spuren angeblich zum libyschen Geheimdienst führten.

Bei der alljährlichen arabischen Seifenoper, 2009 ist Doha an der Reihe, setzt er dann noch eins drauf. Als Katars Emir verkündet, der saudische König werde die Region beim G-20-Gipfeltreffen vertreten, unterbricht Gaddafi den Gastgeber rüde und beansprucht die Rolle des Gipfel-Gesandten für sich. Den Hüter der heiligen Stätten von Mekka und Medina beleidigt er unflätig: »Abdullah lügt und lügt, sein Grab ist schon geschaufelt und steht weit offen!« Der Emir lässt dem Zeternden das Mikrofon abstellen, Gaddafi stürmt aus dem Saal. Mit Mühe gelingt es, ihn wieder einzufangen und einen ganz großen Eklat zu verhindern.

Generalsekretär Mussa schmiedet Kompromisse, wo man eigentlich keine mehr eingehen kann: Im Namen der Liga nimmt er den mutmaßlichen Massenmörder Baschir aus dem Sudan in Schutz, die Übergriffe in Darfur sind kein Thema für die arabische Gemeinschaft. Und noch einmal macht er gute Miene auch zum bösen Spiel Gaddafis. Turnusgemäß hat der Libyer 2010 den Liga-Vorsitz und darf das Jahrestreffen ausrichten. Er wählt seine Heimatstadt Sirte für die bizarre Show. Eigens für den Gipfel lässt Gaddafi einen Satellitensender einrichten, über den sein Volk Tag und Nacht die Ereignisse verfolgen kann. Er begrüßt mit Pomp und Fanfaren den türkischen Ministerpräsidenten Recep Tayyip Erdogan, den spanischen Außenminister Miguel Angel Moratinos und seinen »lieben Freund« Silvio

Berlusconi aus Italien. Gaddafi war im Westen wieder hoffähig geworden, seit er sein Atomprogramm offengelegt und für die Opfer des Lockerbie-Anschlags gezahlt hatte; der angeblich geläuterte einstige Förderer des weltweiten Terrors sonnt sich geradezu im Glanz der internationalen Anerkennung. Da wollen auch die arabischen Führer nicht nachstehen.

Doch Liga-Chef Mussa muss sich einmal mehr demütigen lassen, seine Vorschläge für ein gesamtarabisches Sicherheitsforum interessieren den Gastgeber auf Egotrip wenig. Als der Generalsekretär die kümmerlichen Ergebnisse des Gipfels der Presse vorstellt, ist der Großteil der Teilnehmer schon abgereist – deutlicher hätte die arabische Spitze die Geringschätzung ihrer eigenen Liga kaum zum Ausdruck bringen können.

Nur zehn Monate später beginnt in Tunesien die Jasminrevolution, gehen die Demonstranten in Ägypten und vielen anderen arabischen Ländern auf die Straße. Nun ist auch Amr Mussa auf der Seite des Volkes – er, der zehn Jahre Außenminister Mubaraks war und allenfalls ein sanfter Kritiker, der nie die Systemfrage stellte, dann ebenso lang ein stets lavierender Chef der Arabischen Liga. Ist er nicht mehr als ein Wendehals, oder hat er wirkliche demokratische Überzeugungen?

Im Februar mischt er sich jedenfalls unter die Demonstranten auf dem Tahrir-Platz und zeigt sich »berührt, wie herzlich ich empfangen wurde«. Im Mai gab Mussa sein Amt auf, weil er im Herbst bei der Präsidentschaftswahl in Ägypten kandidieren will. Sein Nachfolger als Liga-Generalsekretär wurde der ägyptische Außenminister Nabil al-Arabi.

Es könnten stürmische, aufregende, fruchtbare Jahre für die gesamte Arabische Liga folgen, wenn der demokratische Aufbruch in der Region nicht missglückt. Es erscheint schwer vorstellbar, dass sich in dem bisher so kläglich gescheiterten Bündnis gemeinsame Zukunftsvorstellungen durchsetzen – das Liga-Mitglied Saudi-Arabien schickt Panzer gegen Demonstranten auf dem Staatsgebiet des Liga-Mitglieds Bahrain; das Liga-Mitglied Syrien hält ebenso wie der Sudan die von der Organisation mit ermöglichte Flugverbotszone über Libyen für Verrat.

Aber Revolutionen schreiben ihre eigenen Gesetze. Alles scheint möglich: Schwerter werden zu Pflugscharen. Und Dromedare zu Rennpferden.

Impulse vom König

Die jungen Marokkaner wollen ihren Monarchen nicht stürzen, sondern ihm Reformen abhandeln. Kann das gelingen?

Von Helene Zuber

Zangengeburt auf der Theaterbühne: Die Marokkanerin mit dem Kopftuch in der roten Landesfarbe liegt auf dem Operationstisch, ihr Kind will einfach nicht auf die Welt kommen – und das nach fast fünf Jahrzehnten Schwangerschaft. Ihr Kopf steckt in einer Schlinge. Die droht der Henker zuzuziehen, sobald die Frau geboren hat. Endlich befördert der Arzt das »Baby Verfassung« ins Freie – es ist ein ausgewachsener Mann. Im Mutterleib habe er all die Jahre so wunderbar geträumt. Ja wovon denn? »Ich hab's vergessen.«

Das Publikum im ausverkauften Saal des französischen Kulturinstituts nahe dem Bahnhof von Rabat lacht und tobt vor Begeisterung über die Parabel, die eigens für diesen Abend geschrieben wurde. Denn auch Marokko wird mitgerissen vom arabischen Frühling. Junge Demonstranten in den größeren Städten fordern Freiheit und Demokratie. Im März hat der König angeboten, den Volksvertretern im Parlament und der gewählten Regierung Macht abzutreten. Im April sammelt eine Kommission bei Parteien und gesellschaftlichen Gruppen Vorschläge für eine neue Verfassung. Wird es eine Zangengeburt?

Unter den Zuschauern, die der Truppe wild applaudieren, ist auch Najib Chaouki, 32. In Rabat hat der Blogger, befeuert von den Revolutionen in Tunesien und Ägypten, die »Bewegung 20. Februar« mit angestoßen. So nennen sich die protestierenden Marokkaner – nach dem Tag, an dem sie sich erstmals auf die Straßen trauten. Sehr pointiert seien die Texte in Daridscha, der Alltagssprache der Marokkaner, sehr gewagt die Anspielungen.

Vielleicht wollte deshalb keiner im Saal einen Kommentar abgeben, als die Leiter des Dabateatr – »daba« heißt »sofort« – wie üblich zur Debatte aufgefordert hatten. Doch vor der Tür diskutieren die Intellektuellen der Hauptstadt dann in der milden Nacht mit Chaouki und anderen Aktivisten.

Die haben Marokko heftig in Bewegung gebracht. Seit sie ihre Altersgenossen über Facebook für Sonntag, den 20. Februar, alarmierten, haben Zehntausende monatlich in landesweiten Kundgebungen und lokalen Grüppchen friedlich demonstriert. Sie fordern Meinungsfreiheit, gleiches Recht für alle und bessere Chancen auf Bildung, Aufstieg und Wohlstand. Es sind im Grunde die Ziele der Französischen Revolution, welche die jungen Rebellen endlich in Marokko durchsetzen wollen.

Den Abgang des Machthabers verlangen sie nicht – anders als ihre Gesinnungsfreunde in Tunesien und in Ägypten. Die hatten ein klares Ziel: Ben Ali und Mubarak zu stürzen. Die jungen Marokkaner wollen ihren König nicht stürzen, sondern ihm Reformen abhandeln. Kann das gelingen? Kann ein autoritäres Regime durch Reformen in eine Demokratie verwandelt werden?

Wie fragil die Lage ist, zeigte Ende April ein Anschlag in der Tourismusmetropole Marrakesch. Gerade in dem beliebtesten Café mit dem besten Blick auf den Platz der Gaukler – Magnet für die führende Industrie des Landes –, wo jeder Marokko-Besucher einmal Minztee getrunken haben muss, starben 17 Menschen, die meisten von ihnen Ausländer. Und alte Ängste, dass Lockerungen aus Sicherheitsgründen wieder zurückgenommen werden könnten, kehrten zurück.

Nachdem Marokko von den Kolonialmächten Frankreich und Spanien unabhängig geworden war, schrieb die erste Verfassung – 1962 in einem Volksentscheid mit 99 Prozent der Stimmen angenommen – die fast absolutistische Rolle des Herrschers fest. Der in Frankreich promovierte Jurist Mohammed VI., der 1999 seinem mit harter Hand herrschenden Vater Hassan II. auf dem Alawiden-Thron folgte, erklärte sich bei seinem Machtantritt zur Öffnung nach dem Vorbild westlicher Demokratien bereit.

Abdelhak Senna/afp

König Mohammed VI. nimmt in Fès die Huldigungen von Untertanen entgegen (Juli 2008).

Doch der »Sultan« der schon seit 1664 über Marokko herrschenden Dynastie sieht sich als direkter Nachfahre des Propheten Mohammed. Deshalb ist der König zugleich oberster Führer der Gläubigen und weltlicher Machthaber. In den Vereinigten Staaten und Europa wurde der Sunnit als Bollwerk gegen islamistische Extremisten geschätzt. Dem Westen ging Sicherheit stets vor Demokratisierung. Als 2003 Selbstmordattentäter in Casablanca 33 Menschen mit in den Tod rissen, brach der junge König die »Zeit der Laxheit«, wie er die Toleranzphase nannte, ab.

Die überwältigende Mehrheit der Marokkaner steht hinter dem König. Das hatte eine Umfrage des unabhängigen Magazins »Telquel« zu seinem zehnten Thronjubiläum 2009 ergeben. Dennoch wurde diese Ausgabe eingestampft, weil Marokkos frechste Journalisten an einem Tabu gerüttelt hatten: Über den König darf keiner urteilen, er ist sakrosankt. Ebendiese »Unantastbarkeit« wollen viele junge Leute nicht mehr hinnehmen.

»Wir wollen keinen Superman als König, der alles allein bestimmen kann«, sagt der arbeitslose Journalist Chaouki, der sechs Jahre lang in Deutschland gelebt hat. »Wir verlangen, dass alle Macht vom Volk ausgeht«, betont Selma Maarouf, 22, aus Salé, der frommen Schwesterstadt Rabats am gegenüberliegenden Ufer des Bou Regreg. Das Problem sei nicht die Monarchie, erklärt sie, »aber wer Politik, Wirtschaft und Religion dirigiert, kann nicht heilig sein«. Die Biologiestudentin und ihre Mitstreiter fordern, dass jede Macht Kontrollen unterworfen werden muss.

»Wir fordern einen Rechtsstaat«, bekräftigt Omar Radi, 25, der für Onlinemedien über Wirtschaft schreibt. Die Korruption habe überhandgenommen, Günstlinge des Palasts nutzten ihre Nähe zum König aus. Das US-Wirtschaftsmagazin »Forbes« schätzt dessen persönliches

Vermögen auf 2,5 Milliarden Dollar, fünfmal so viel wie bei seiner Thronbesteigung. Auch kritisiert Radi, dass die Königsfamilie über eine Holding führende Branchen dominiere. Jetzt »ist die Mauer der Angst gefallen«, freut sich der Theatermacher Jaouad Essounani. Er hatte in den vergangenen zwei Jahren Bloggern wie Chaouki die Bühne seines Dabateatr zur Verfügung gestellt, damit sie das Publikum mit ihren Ideen konfrontieren konnten. »Die Jugend hat die Alarmglocke geläutet«, sagt Essounanis Dramaturg Driss Ksikes, bis 2006 Chefredakteur von »Telquel«.

Und der Palast hat reagiert. Mit seiner Rede, nur 17 Tage nach den ersten landesweiten Demonstrationen, setzte der Herrscher ein starkes Signal. Er stellte eine »tiefgreifende Revision der Verfassung« in Aussicht. Dazu setzte er eine 18-köpfige Kommission von Gelehrten, Vertretern der Zivilgesellschaft und Menschenrechtlern ein.

Marokko soll dezentralisiert, die einzelnen Regionen nicht mehr von »Walis«, die der König ernennt, sondern von gewählten Räten regiert werden. Als wichtigste Änderungen bot der König an, den Premier aus den Reihen der Partei mit dem besten Wahlergebnis zu bestimmen und dem »aus freien und glaubwürdigen« Wahlen hervorgegangenen Parlament mehr Kompetenzen einzuräumen. Die Justiz müsse unabhängig von der Regierung arbeiten. Der Schutz der Menschenrechte bekommt genauso wie Institutionen, die Korruption und Monopole in der Wirtschaft bekämpfen, erstmals Verfassungsrang.

Und die Bürger folgten dem König: Bei der Volksabstimmung am 1. Juli sprachen sich 98,9 Prozent der Wähler für die von Mohammed vorgeschlagenen Verfassungsänderungen aus. Aktivisten der Protestbewegung kritisierten das Referendum, ihnen gehen die Reformen nich weit genug.

Und natürlich zeigte das Attentat von Marrakesch, das zunächst Terroristen der aus Algerien, Mauretanien und Mali operierenden »al-Qaida des islamischen Maghreb« zugeschrieben wurde, die Verletzlichkeit des marokkanischen Demokratisierungsexperiments. Doch erstmals haben sich sowohl in Gefängnissen einsitzende Salafisten wie auch die außerparlamentarische Islamistenbewegung von dem Anschlag distanziert.

Einiges spricht dafür, dass Marokko die friedliche Ausnahme in der Reihe arabischer Umwälzungen sein könnte. Anders als seine Nachbarländer verfügt es über eine seit den achtziger Jahren entstandene Zivilgesellschaft. Gerade auch gegen die schweren Menschenrechtsverletzungen unter Hassan II. hatte sich ein enges Netz von Vereinen und Verbänden geknüpft.

In seinem Büro an der Hauptachse der Wirtschaftsmetropole Casablanca erklärt Saâd Tazi, Chefredakteur der französischsprachigen Tageszeitung »Le Soir«: »Bei uns gibt es seit Jahren jeden Tag Demonstrationen.« Die Bevölkerung sei es gewohnt, mal vor dem Parlament, mal vor den Rathäusern oder Fabriken ihren Unmut auszudrücken. Jetzt verstärke die internationale Aufmerksamkeit die Wirkung. Den Demonstranten vom 20. Februar hatten sich zunächst die Mitglieder der tolerierten islamistischen Bewegung Al Adl Wal Ihsane (»Gerechtigkeit und Wohlfahrt«) angeschlossen. Dann hatte sich auch die äußerste Linke solidarisiert, während die im Parlament vertretenen Parteien allenfalls ihre Jugend mitziehen ließen. Keine Gruppe habe die Oberhand gewonnen, bemerkt Tazi, die Märsche seien ein getreues Abbild der marokkanischen Gesellschaft.

»Wir unterstützen die Jugend vom 20. Februar bedingungslos in ihrem Kampf für die konstitutionelle Monarchie«, sagt Mohamed Salmi. Der graubärtige Soziologe von der Universität in Kénitra ist Koordinator des Ausschusses für Menschenrechte bei »Gerechtigkeit und Wohlfahrt«. Er versichert, seine Bewegung zöge einen laizistischen Staat, der »Freiheit garantiert und dessen Gesetze sich an Fundamenten des Islam orientieren«, dem gegenwärtigen Regime vor. Gewalt lehne man aber ab, beteuert er beim Treffen in einer Teestube in Rabat.

Der neue Aufbruch in diesem Frühling hat an die Zeit nach der Thronbesteigung Mohammeds VI. angeknüpft. Damals hatte der neue König die Opfer von Menschenrechtsverletzungen entschädigt, Regimegegner rehabilitiert und das Familienrecht zugunsten der Frauen reformiert. Eine von ihm eingesetzte Behörde legte schon 2005 Empfehlungen für eine unabhängige Justiz und eine institutionalisierte Kontrolle der Sicherheitskräfte vor. Jetzt endlich sollen diese Vorschläge in die neue Verfassung eingehen.

Driss El Yazami, 59, ehemaliger Generalsekretär der Internationalen Föderation der Menschenrechts-Ligen, hat daran mitgearbeitet. Im März ernannte ihn der König zum Vorsitzenden des aufgewerteten Nationalen Menschenrechts-Rats. Auf dessen Vorschlag hin korrigierte der Monarch umstrittene Urteile durch Begnadigungen. Mitte April kamen fast 100 Häftlinge frei, sogar einige, denen Terrorismus angelastet wurde. Fünf zum Tode Verurteilte und viele bislang als radikal eingeschätzte Islamisten erhielten mildere Strafen.

Einige der Freigelassenen wollen ihre Prozesse wieder aufrollen. Das geht alten Schergen des Innenministeriums wohl zu weit. Sie versuchen, den Wandel zu bremsen und Stärke zu zeigen. Deshalb ist El Yazami mit seinen Leuten allen Klagen wegen Polizei-Übergriffen sofort nachgegangen. Es komme darauf an, das Recht auf freie Demonstrationen zu sichern und gleichzeitig die öffentliche Ordnung aufrechtzuerhalten. Er glaubt an einen »radikalen Wandel, aber in Frieden«.

Die demografische Entwicklung kommt Marokko, nach Mauretanien das ärmste Maghreb-Land, zu Hilfe. Der Babyboom, so eine 2009 veröffentlichte Studie des Uno-Entwicklungsprogramms, klingt ab. Nach 2000 wuchs die Bevölkerung nur noch um durchschnittlich ein Prozent jährlich. Zwar sind noch 32 Prozent der jungen Menschen unter 24 Jahren arbeitslos. Etwa 170 000 Hochschulabsolventen, meist Philologen oder Gesellschaftswissenschaftler, haben keinen Job. 4300 arbeitslose Akademiker wurden im März in den Staatsdienst übernommen. Doch in einigen Branchen, wie in der boomenden Bauindustrie, gibt es Vakanzen. Jährlich werden etwa 10 000 Ingenieure gebraucht.

Nada El Kasmi, 38, ist eine der begehrten Spezialistinnen. Die schmale Schwarzhaarige in Jeans und Lederjacke, die in Rabat studiert hat, leitet als Ingenieurin eines der Lieblingsprojekte des Königs: die Hauptstadt völlig umzukrempeln. Seit 2007 ist die junge Mutter »mit Leidenschaft dabei«, die verschnarchte Verwaltungszentrale Rabat und das hässliche, proletarisch-islamistische Salé zu modernisieren. Es ist das größte Vorhaben in der Geschichte des Landes: Auf 60 Quadratkilometern, 15 Kilometer landeinwärts von der Mündung in den Atlantik, entsteht zu beiden Seiten des Bou Regreg ein Lebensraum der Zukunft.

Über eine von dem französischen Architekten Marc Mimram entworfene Brücke sollen Straßenbahnen jährlich bis zu 80 Millionen Fahrgäste umweltfreundlich zwischen den beiden Städten befördern. Der Fluss wird befahrbar gemacht, sogar für Kreuzfahrtschiffe. Tunnelbau-Spezialisten aus Italien und der Schweiz projektierten zwei Röhren unter der acht Jahrhunderte alten Kasbah, die auf einem Felsen prunkt. Neben Hotels, Museen und wissenschaftlichen Forschungsstätten sollen sich in den kommenden Jahren die Wohnviertel von der Marina mit eleganten Restaurants und Boutiquen bis an das Felsplateau von Akreuch ausdehnen.

Die Vision scheint noch unrealistisch. Unerträglicher Gestank steigt von den Haufen aus Müllsäcken, Plastikkanistern, rostigen Dosen und anderem Unrat auf. Darin wühlen Menschen mit vor Schmutz starrender Kleidung und dreckbeschmierten Gesichtern und Händen. Mittendrin schieben Bulldozer die Abfallberge zusammen. Männer und Frauen beladen offene Lastwagen und Eselskarren mit den schmierigen Resten.

In dieser »bidonville« genannten illegalen Siedlung hausten in notdürftigen Verschlägen aus Blech oder Karton und in Zelten aus Plastikplanen sowie in wenigen gemauerten Unterständen über 1500 Familien. Schon die kleinen Kinder wurden von ihren Eltern zum Müllsortieren losgeschickt. Zur Schule durften die wenigsten. Inzwischen wurden sie, nur zehn Minuten Autofahrt vom Akreuch entfernt, in Mehrfamilienhäuser mit Zwei- und Dreizimmerwohnungen umgesiedelt.

Um die Elendsviertel hatten sich lange weder der Staat noch Politiker gekümmert. Allein die Islamisten verteilten hier großzügig Suppe, hielten aber auch aufwühlende Predigten. Um das Monopol religiöser Fanatiker zu brechen, gab Mohammed VI. ein soziales Wohnungsbauprogramm in Auftrag, an dem er sich mit seiner königlichen Stiftung beteiligt. Städte sollten sich von Slums befreien: »Villes sans bidonvilles« heißt die Parole.

Aus der verschleierten, engen Welt der Vorstädte mit ihren strikten religiösen Regeln kamen die zwölf jugendlichen Attentäter, die im Mai 2003 rasche Reform- und Liberalisierungspläne des jungen Königs durch Selbstmordattentate in Casablanca jäh erschütterten. Mohammed VI. setzte damals den Schriftsteller Ahmed Toufiq als Minister für religiöse Angelegenheiten ein – zum Missfallen der Ulama, der erzkonservativen Geistlichen.

Dem Außenseiter unter den Theologen trug der König nach den Attentaten auf, das Chaos in den Moscheen zu beseitigen. Toufiq, Sohn eines armen Bergbauern aus dem Hohen Atlas, besetzte den Obersten Rat der Ulama neu, sogar Frauen sind jetzt dabei. Allein dieser Rat unter Vorsitz Mohammeds VI. darf »Fatwas«, Anweisungen an die Gläubigen, erteilen. Um von fundamentalistischen Spendern wie den Saudi-Arabern unabhängig zu werden, hat Toufiq für die Arbeit in den Moscheen Mittel aus dem Staatshaushalt beansprucht. »Der König hat die Legitimität auf allen Ebenen, auch die, sein Volk in die Moderne zu führen«, erklärt Toufiq.

Doch bislang wurde aller Fortschritt von oben angeordnet. »Handelnde Monarchie« nannte Mohammed VI. sein besonders bei den Armen und bei der Landbevölkerung beliebtes Modell. Seine Projekte setzte er mit Ministern und hohen Beamten durch, die er persönlich ernannt hat.

Versagt haben vor allem die Parteien. In den 20 wichtigsten Gruppierungen spielten sich die immer selben Angehörigen des Machsan, der herrschenden Schicht, die Posten zu. Die Parteien entwickelten keine Ideen für ein besseres gesellschaftliches Zusammenleben. Selbst ihre vornehmste Aufgabe, Gesetze zu machen, überließen die Volksvertreter meist in vorauseilendem Gehorsam den Königsberatern.

Deshalb wenden sich die Wähler immer häufiger von den Politikern ab. Bei den Parlamentswahlen 2007, für die ein Erdrutschsieg der Islamisten von der PJD vorhergesagt war, kam es zum Debakel: 63 Prozent der Stimmberechtigten blieben den Urnen fern, 19 Prozent der abgegebenen Stimmen waren ungültig.

Wieder gab der König einen Impuls: Sein ehemaliger Mitschüler und enger Vertrauter Fouad Ali El Himma, lange wichtigster Mann im Innenministerium, gründete die »Bewegung aller Demokraten«. Im ganzen Land scharte er die einflussreichsten Persönlichkeiten der Zivilgesellschaft um sich und formierte daraus die »Partei der Authentizität und Modernität«. Bei den Regional- und Kommunalwahlen 2009 wurde die sogenannte Partei des Königs zur mächtigsten. Viele Marokkaner wählen sie aus Verehrung für ihren Monarchen.

Jetzt hat der König alle Parteien vor eine Bewährungsprobe gestellt, als er dem Parlament und der Regierung Entscheidungshoheit anbot. »Das ist wirklich revolutionär«, begeistert sich der »Le Soir«-Chefredakteur Tazi. Die Parteien müssten endlich die Rolle als Vermittler des Volkswillens wahrnehmen, die ihnen in echten Demokratien zukommt. Einige haben immerhin Programm-Kongresse anberaumt.

Der Unternehmer Omar Balafrej, 37, hatte vor knapp zwei Jahren einen Aufruf an die Linken publiziert und war später aus der Sozialistischen Partei, für die er lange im Gemeinderat saß, ausgetreten. Zu viele alte Kämpfer aus den bleiernen Jahren hätten sich in der Regierung bequem eingerichtet, kritisierte er. Jetzt müssten sie endlich Platz machen für eine frische Generation.

Dass bei den jungen Leuten das politische Bewusstsein erwacht, stimmt ihn froh. Ende der neunziger Jahre hatte Balafrej den »Technopark« in der Wirtschaftsmetropole Casablanca gegründet. Dort arbeiten jetzt rund 170 IT-Unternehmen, weit über 1000 Mitarbeiter mit einem Durchschnittsalter von 30 Jahren. Diese Gutverdienenden, weiß Balafrej, hätten fast alle die letzten Wahlen geschwänzt. Aber beim Referendum über die neue Verfassung sind sie dabei. »Wir haben ein Kap umschifft«, ist Balafrej überzeugt. Die Selbstzensur sei überwunden, man könne alles kritisieren. Schließlich gelte es in Marokko, mit über vier Millionen Armen und über 40 Prozent Analphabeten, für sozialen Fortschritt zu kämpfen.

Um den Unmut der Benachteiligten zu besänftigen, hat der König die Subventionen für Grundnahrungsmittel verdoppelt. Es gab Gehaltserhöhungen für die über 600 000 Beamten, auch für Polizei und Militär. Die Renten wurden fast verdoppelt, der Mindestlohn um 15 Prozent und die Stipendien für Studenten auf umgerechnet etwa 200 Euro angehoben.

Trotz dieser Erfolge wollen Najib Chaouki, Selma Maarouf, Omar Radi und ihre Mitstreiter vom 20. Februar den Druck auf das Regime mit Straßenaktionen aufrechterhalten – gerade nach dem Attentat von Marrakesch. Sie verlangen eine Verfassunggebende Versammlung, denn die vom König eingesetzte Kommission repräsentiere nicht das Volk. Wenn die Marokkaner wieder mit einem »Reförmchen« abgespeist würden, fürchtet der Theater-Dramaturg Ksikes, könnte »die Wut auf der Straße unkontrollierbar werden«.

Der engagierte Unternehmer Balafrej ist jedoch zuversichtlich. Zwischen Monarchie und Demokratie müsse es keinen Widerspruch geben, das zeige sich in Dänemark oder den Niederlanden. Auch die Rolle des Königs als Oberhaupt der Gläubigen stelle kein Hindernis dar, wie in Großbritannien zu beobachten sei. Vielleicht werde nicht sofort eine vollgültige parlamentarische Monarchie funktionieren, räumt Balafrej ein. »Aber über kurz oder lang muss sich auch in Marokko demokratische Gewaltenteilung durchsetzen.«

Showtime am Märtyrerplatz

Im Libanon, einst die »Schweiz des Nahen Ostens«, kam es schon lange vor dem arabischen Frühling zur »Zedernrevolution«. Sie blieb unvollendet – warum?

Von Erich Follath

Es ist Valentinstag in Beirut, der 14. Februar 2005, als die Katastrophe geschieht: Vor dem alten St. Georges-Hotel in der Beiruter Innenstadt detoniert um 12.56 Uhr eine Bombe von ungeheurer Sprengkraft, genau in den Moment, in dem die Wagenkolonne des langjährigen Premiers Rafik al-Hariri vorbeifährt. In dem Inferno kommen Hariri und 21 weitere Menschen ums Leben – Mitarbeiter, Leibwächter, Passanten.

Das Attentat auf den Mann, mit dem sich so viele Hoffnungen verbunden haben, versetzt den Libanon in einen Schockzustand. Wie viele politische Morde, wie viele menschliche Tragödien noch soll das Land aushalten – in dieser Region, die schon so oft zum Pulverfass wurde? Zwingt das nicht zur Resignation?

Doch als sich die Starre löst, gehen die Beiruter auf die Straße. Sie fordern Freiheit, vor allem den Abzug der allgegenwärtigen Militärs und Geheimdienstler aus dem Land des großen Bruders Syrien, der den Zedernstaat in einem eisernen Griff der Abhängigkeit und Kontrolle hält und nun als Drahtzieher des Anschlags gilt.

Die Bilder der libanesischen »Zedernrevolution« gehen um die Welt, sie zeigen junge, enthusiastische Libanesen, die Aufbruchstimmung und neues Selbstbewusstsein ausstrahlen. Es wird ein siegreicher Aufstand – nach wochenlangem Kräftemessen gibt Damaskus überraschend klein bei, Präsident Baschar al-Assad zieht seine Truppen ab. Saad al-Hariri, Sohn des Ermordeten und in den USA ausgebildeter Betriebswirt, gewinnt mit seiner »Zukunftsallianz« die Wahl, wird Mehrheitsführer im Parlament und später neuer Premier.

Das war der triumphale Sommer 2005, als die Libanesen sich an der Schwelle einer neuen Zeit fühlten. Heute, sechs Jahre später, ist Hariri gescheitert, ein Feldzug Israels hat das Land verwüstet, die extremistische Hisbollah ist stärker denn je. Hält der Libanon eine düstere Vorahnung für den arabischen Frühling in Tunesien, Ägypten und dem Jemen bereit, eine Warnung, dass auch diese Revolutionen scheitern könnten?

Was sich im Zedernstaat ereignet, lässt sich nicht verstehen ohne die Kenntnis der Geschichte. Hier, an der Mittelmeerküste zwischen Tripoli und Tyrus mit der Metropole Beirut, kämpfen schon seit der Antike die gegensätzlichsten Kräfte miteinander – die Levante ist ein Laboratorium für Fortschritt und Modernität wie für Rückwärtsgewandtheit und Selbstzerstörung.

Beiruts Eroberer lesen sich wie ein Who‘s who der Weltgeschichte. Die Ägypter erwähnten die Stadt schon im 14. Jahrhundert vor Christus. Die Phönizier brachten sie zur ersten Blüte. Römer gründeten hier eine der berühmtesten Rechtsschulen; muslimische Araber wurden im Mittelalter von brandschatzenden christlichen Kreuzfahrern abgelöst, bevor Türken in der Neuzeit der Region den Stempel aufdrückten, die französischen Kolonialherren den Libanon schließlich 1943 in die Freiheit entließen. Ein Kleinstaat, halb so groß wie Hessen, keine viereinhalb Millionen Einwohner.

Und ein wunderbares Reiseland. Staunend stand ich Ende der sechziger Jahre als Student in Baalbek vor den Ruinen eines der größten je errichteten römischen Tempel, bewunderte die schicken Wintersportorte in den Schuf-Bergen, bedauerte nur, dass ich mir in den noblen Beirut-Hotels wie dem St. Georges an der Corniche noch nicht einmal einen Kaffee leisten konnte. Die »Schweiz des Nahen Ostens« nannte man den Libanon damals; das bezog sich neben den Skipisten und dem Bankenzentrum auch auf die politische Stabilität des Landes, an dessen Stränden und Pools sich der internationale Jetset traf.

Doch die Ruhe erwies sich bald als trügerisch. Der Strom palästinensischer Flüchtlinge nach dem Sechstagekrieg zerstörte das zerbrechliche Gefüge des multikonfessionellen Staates und schuf schwere soziale Probleme. In Beirut kämpften die palästinensischen PLO- und PFLP-Fraktionen mit den Schiiten und den christlichen Paramilitärs auf offener Straße. Meine nächsten Libanon-Besuche waren rein beruflich – als Berichterstatter im Bürgerkrieg.

Auf Balkonen wehten weiße Friedensfahnen, von Schüssen durchlöchert; aus Hauslöchern quollen Ströme von Metall, durch Raketeneinschläge geschmolzen; in Straßenschluchten erstarrten die Leichen der Kämpfer und der in die Schusslinie geratenen Zivilisten, darunter oft kleine Kinder mit zerfetzten Körpern und leeren, himmelwärts gerichteten Augen: Daran erinnere ich mich, wenn ich an das Beirut der späten siebziger Jahre denke. Und an die Angst, den richtigen, den überlebenssichernden Passierschein zu finden, wenn eine Straßensperre der rivalisierenden Gruppe auftauchte. Dann, am Abend, im Commodore-Hotel, sorgte Papagei Ali in der Bar regelmäßig für Panik unter den Gästen: Täuschend echt imitierte er das Pfeifen einer herannahenden Granate.

Trauerfeiern, so viele Trauerfeiern. Schusssichere Westen waren angeraten, aber ohne einen zusätzlichen emotionalen Schutzschild ließ sich das alles nicht ertragen. Mit einem Fotografen-Kollegen war ich zu Gast bei den Drusen des Dschumblat-Clans in den Bergen über der Stadt. Ein kühler, nebliger Tag im März 1977, Vater Kamal war ermordet worden, Sohn Walid im Begriff, die politische Führung der Religionsgemeinschaft zu übernehmen. Und so hörten wir, wie sie schon am Tag der Beerdigung die Rache planten, neue Allianzen schmiedeten. Keine Zeit zur Besinnung, hier beim großen Morden in einem der damals dunkelsten Winkel der Menschheit.

Es gab keine »Guten« und keine »Bösen«, vor allem aber keine Unschuldigen, in diesem grausamen Kampf um die Macht; auch nicht bei den Nachbarn. Die syrischen Streitkräfte spielten eine dubiose Rolle. Die israelischen Invasoren, die 1982 bis Beirut marschierten und ihren christlichen Alliierten zu Hilfe kamen, schauten zu, wie die Falange in den Flüchtlingslagern von Sabra und Schatila Hunderte Palästinenser abschlachtete, die meisten von ihnen Zivilisten. Die Amerikaner, die lange Zeit im Hintergrund die Fäden zogen, gehörten im Jahr 1983 zu den Opfern der ersten Selbstmordanschläge in der Geschichte des Nahen Ostens. Bei einem Angriff auf das US-Hauptquartier starben 241 Soldaten. Die internationalen Friedenstruppen zogen ab.

Dann, nach 15 Jahren Bürgerkrieg und 150 000 Toten: die Neugeburt des Libanon. Das Friedensabkommen von Taïf hatte 1989 die Wende eingeleitet mit einem neu ausbalancierten religiösen Proporz: Im frei gewählten Parlament sollten Christen und Muslime gleich viele Sitze haben; der Präsident musste, wie schon seit dem »Nationalpakt« von 1943 noch unter französischem Mandat, stets ein Maronit,

dpa

Nach dem Waffenstillstand im Krieg zwischen Israel und dem Libanon läuft ein Mann mit einer Hisbollah-Fahne durch die Ruinen Beiruts (August 2006).

der Regierungschef immer ein Sunnit, der Abgeordnetensprecher Schiit sein.

Rückschläge gefährdeten immer wieder den Frieden. Israel hielt bis Mai 2000 Teile des südlichen Libanon besetzt. Die schiitische Hisbollah-Miliz provozierte durch Übergriffe. Dennoch stabilisierte sich der Zedernstaat – nicht unbedingt ein Wunder der Aussöhnung, eher Ergebnis eines neugefundenen Pragmatismus. Unter dem dynamischen, dem Westen zugeneigten Ministerpräsidenten Rafik al-Hariri erlebte die »Schweiz des Nahen Ostens« ein glänzendes Comeback.

Als ich 2004 Beirut besuchte, zeigte der Premier stolz seine Stadt, wahrlich auferstanden aus Ruinen. Skeptiker sagten, die schnell hochgezogenen Viertel seien architektonisch einfallslos; andere monierten, der milliardenschwere Baulöwe Hariri habe auch persönlich vom Boom profitiert. Entscheidend aber war, dass Beirut seine Lebenslust wiederfand. Jeden Abend Showtime am neugestalteten Märtyrerplatz im Zentrum. Die Jugend tanzte im wahrsten Sinne des Wortes auf den Särgen, ein Bunker war zur makabren Disco umgebaut worden. »Whisky Sour« und »Sex on the Beach« zwischen Sandsäcken und Granathülsen.

Selbst die schiitische Hisbollah-Miliz, mit Hilfe syrischer und iranischer Gelder schon damals stärker als die reguläre Armee, wirkte weniger grimmig. Seit ich bei einem Interview im geheimen Hauptquartier der Organisation einmal meine Visitenkarte hinterlassen hatte, bekam ich freundliche Neujahrsgrüße der »Partei Gottes« per Mail.

Die Hisbollah, mit einigen frei gewählten Abgeordneten damals auch schon im Parlament aktiv, präsentiert sich als politische Kraft, karitative Hilfsorganisation und antiisraelische Miliz zugleich. Der »Widerstand« gegen die »Zionisten« war von Anfang an ihr Lebenselixier, lautstark fordern ihre Führer bis heute die »Befreiung« der Schabaa-

Farmen, eines winzigen Landstücks, das nach ihrer Auffassung widerrechtlich besetzt ist.

Ein schwieriges Land. Nichts ist im Libanon so, wie es auf den ersten Blick erscheint, unter der Oberfläche verborgen, künden schwer zu entschlüsselnde Chiffren von einer zweiten, dritten und vierten Wahrheit. Hariri senior schenkte uns stolz einen Beirut-Bildband, dessen besonders beschichtetes Cover sich beim Drehen verändert: zerstörte Stadt, wiederaufgebaute Stadt. Ein Vexierbild unterschiedlicher Grautöne, schillernder Farben, das sich als Symbol für den Libanon deuten ließ. Jeder konnte sehen, was er sehen wollte. Der Optimismus in diesem Jahr 2004 aber war ermutigend, ansteckend. Beirut, diese Unverwüstliche, die immer versucht hat, Unvereinbares zu vereinen, dieser Bastard mit blauem Blut, diese Metropole, nach Vergnügungen so süchtig, für Katastrophen so anfällig – sie schien nun endgültig zurück.

Papst Johannes Paul II. hatte bereits 1997 erklärt, das Land sei ein Vorbild, eine »Botschaft«. Er meinte damit wohl die Freiheit der Religionsausübung, die Offenheit für Einflüsse von Ost und West, den Pluralismus mit einer unabhängigen Presse und den in der arabischen Welt ungewöhnlichen Bildungschancen – ein demokratisches Experiment, das lange schon vor der tunesischen Jasminrevolution und Ägyptens Freiheitsdemonstrationen erblüht war.

Doch der Mord an Hariri vergiftet bis heute das politische Klima in Beirut. Die von der Uno beschlossenen Untersuchungen und ein seit 2009 arbeitendes Sondertribunal taten sich schwer, den Anschlag aufzuklären und haben immer noch keinen Abschluss präsentiert. Pleiten, Pech und Pannen summierten sich zu einer Chronologie des Versagens, obwohl das Ermittler-Team zu Beginn mit dem deutschen Oberstaatsanwalt Detlev Mehlis einen hochkarätigen Chef bekam. Der Kernsatz seines Berichts, den er im Oktober 2005 vorlegte, lautete: »Viele Spuren weisen direkt auf syrische Offizielle, die in das Attentat involviert waren.« Wie man heute weiß, saß Mehlis dubiosen Belastungszeugen auf.

Erst ein ebenso hartnäckiger wie technisch begabter libanesischer Geheimdienstexperte brachte die aufsehenerregende Wende: Wissam Eid, 31, einer von zwei lokalen Chefermittlern. Er konzentrierte sich auf die Telefongespräche nahe dem Tatort. Eid entschlüsselt, über die acht Handys des Killer-Teams hinaus, ein Netzwerk von 20 Mobiltelefonen, deren Besitzer sich auffallend oft in der Nähe Hariris aufhielten – und macht eine überraschende Entdeckung: Sie lassen sich dem »operativen Arm« der Hisbollah zuordnen. Eine direkte Spur verdankt der Cyber-Detektiv dem Liebeswahn eines Terroristen, der den »heißen« Apparat entgegen allen Anweisungen zu einem Privatgespräch nutzte.

Im Frühjahr 2007 leitet Eid die Informationen weiter nach Den Haag – und wartet. Mehr als ein halbes Jahr lang schlummert das hochbrisante Material in den Panzerschränken des Sondertribunals. Dort verschwindet es auf mysteriöse Weise, erst spät wird die Wichtigkeit erkannt. Am 25. Januar 2008, wenige Tage nach einem ersten Treffen der Ermittler mit dem Libanesen, ist Eid tot – sein Wagen wird in die Luft gesprengt.

Der SPIEGEL berichtete schon 2009 über die neuen Erkenntnisse zur möglichen Täterschaft der Hisbollah. Nun, im Juni 2011, hat das Uno-Sondertribunal tatsächlich Anklage erhoben gegen vier enge Vertraute Hisbollah-Chefs Hassain Nasrallahs, darunter Salim Ajjasch, Anführer einer geheimen militärischen Sondereinheit der Hisbollah.

Was wird nun aus dem Libanon? Durch ihre hohe Geburtenrate sind die Schiiten mit geschätzt bis zu 40 Prozent der Bevölkerung inzwischen die größte konfessionelle Gruppe und damit im Parlament eher unterrepräsentiert. Die überwiegend von Schiiten gewählte Hisbollah dürfte also ihren Einfluss künftig noch ausdehnen.

Gäbe es eine olympische Disziplin, die Wendepotential und Doppelzüngigkeit politischer Führer auszeichnete, Beirut hätte große Chancen, Gold und Silber zu erringen. Der König der Wendehälse ist Walid Dschumblat, 61, der Mann, den ich bei der Familien-Trauerfeier vor 34 Jahren kennengelernt hatte. Er machte die Syrer lange für das Attentat auf seinen Vater verantwortlich, verfluchte sie als »Halbaffen« – und ging doch Allianzen mit ihnen ein. Er gilt als persönlicher Freund von Hariri senior wie junior – und schlug sich nun plötzlich auf die Seite der Hisbollah, nannte das Sondertribunal ein »Instrument der Zerstörung«. Seine »Sozialistische Fortschrittspartei« war das Zünglein an der Waage im Parlament, wechselte die Seiten, so stürzte Hariri auch über ihn.

Zweimal ließ Nasrallah, der Chef der »Partei Gottes«, in den vergangenen Monaten seine Miliz provozierend an zentralen Plätzen von Beirut aufmarschieren – eine Drohgebärde. Mit den Stimmen der Drusen konnte er sich letztlich ganz legal durchsetzen. Und so hat die Hisbollah einen Regierungschef ihrer Wahl installiert: Nadschib Mikati, 55, einen milliardenschweren sunnitischen Geschäftsmann, der an der American University von Beirut und in Harvard studierte, aber als Freund Syriens gilt.

Im Libanon stehen sich nun zwei etwa gleich große, unvereinbare Blöcke gegenüber: die Hisbollah, deren Macht an dem unverbrüchlichen Glauben ihrer Anhänger hängt, dass der militante Widerstand immer nur dem »zionistischen Feind« galt – eine nachgewiesene Verwicklung in den Hariri-Mord wäre für sie fatal. Und die Gruppierung um Saad al-Hariri, der alles tun wird, um die Killer seines Vaters zur Rechenschaft zu ziehen und selbst an die Macht zurückzukehren. Jedes Wochenende gibt es in Beirut wieder Demonstrationen und »Tage des Zorns«, junge Leute fordern, endlich den Religionsproporz abzuschaffen, der ihr Land seit Jahrzehnten blockiert, sie fordern Freiheit, Gerechtigkeit und ein Ende des Terrors.

Über den Libanon zu schreiben heißt an Wunder zu glauben. Die Krise ist für dieses Land, was für den Skifahrer die Steilhangpiste ist – man kennt die Gefahren, ist auch schon öfter gestürzt. Und man geht doch immer wieder hinauf. Deshalb gibt es bei allen Spannungen in Beirut auch eine verblüffende Gelassenheit.

Möglicherweise sind die Dinge hinter den Kulissen mehr im Fluss als angenommen. Vor Kurzem jedenfalls schlug sich die von der Hisbollah bestimmte Regierung in einer entscheidenden Frage auf die Seite des Westens: Als alternierendes Mitglied im Uno-Sicherheitsrat brachte ausgerechnet Beirut die Resolution ein, mit der über Libyen eine Flugverbotszone eingerichtet und Oberst Gaddafi entscheidend geschwächt werden sollte.

Die Libanesen sind gewohnt, Spielball der Interessen anderer zu sein. Sie sind Meister darin, sich zu arrangieren. Eine Beiruter Telefongesellschaft wirbt dieser Tage mit dem Slogan: »Die Situation im Land ist angespannt. Nutzen Sie unser neues Sonderangebot, um auf dem Laufenden zu bleiben.«

Oase am Tropf

Die Golf-Emirate sind eine Provokation des gesunden Menschenverstands. Ihr extremer Reichtum, ihre glitzernde Architektur, ihre Hyperinstallationen der Kultur – alles auf Sand gebaut. Sind die Golfstaaten die arabische Zukunft?

Von Alexander Smoltczyk

Es ist ein 16 Millimeter dicker Schlauch aus schwarzem Plastik. Man sieht ihn nicht sofort, aber er ist da, überall. An jeder Dattelpalme des Emirats liegt er, an jeder Akazie und Tamariske, mal unterirdisch verborgen, mal offen im Sand. Kostspielig entsalztes Meerwasser fließt durch den Schlauch, und Hunderte, vielleicht Tausende Kilometer reicht das Netz der Schläuche, ganze Alleen werden so bewässert, vierfach gestaffelt ziehen sie sich durch die Wüste von Abu Dhabi, und jeder einzelne Baum hängt am Tropf.

Dieser Schlauch ist der Inbegriff eines Experiments, das seit 40 Jahren zwischen den hitzeflimmernden Ufern des Golfs und der Rub-al-Chali-Wüste läuft: das Experiment »Vereinigte Arabische Emirate« (VAE).

Es handelt sich eher um eine Wette. Der Staatsgründer, Scheich Sajid Bin Sultan Al Nahajan, war überzeugt, dass man nur genügend Bäume mit Schläuchen in die Wüste stellen müsste, dann würde sich das Klima schon ändern. Dann würden die Wurzeln eines Tages lang genug sein, um ohne Schlauch Wasser zu finden. Dann würden die sieben Emirate ohne die Krücken des Öls laufen können. Häfen und Finanzindustrie würden das Geld bringen, Forschungs- und Handelszentren, aus aller Welt würden Menschen in die Hotels, Museen, Freizeitparks am Golf kommen. Und überall würden Bäume ihnen Schatten spenden.

Knapp sieben Jahre nach dem Tod von Scheich Sajid sieht es ganz so aus, als könnte er seine Wette gewinnen. Die Vereinigten Emirate sind seit den Zeiten des legendären arabischen Forschungsreisenden Ibn Battuta die erste gute Botschaft gewesen, die aus der arabischen Welt ans Ohr des Westens drang.

»Dubai« ist eine Marke geworden. In Ostafrika und Zentralasien ist von »Dubaization« oder »Gulfization« die Rede, wenn es darum geht, auf nacktem Boden Stadtlandschaften zu errichten aus pseudotraditioneller Copy & Paste-Architektur, bewachten und bewässerten Freizeitparks und möglichst spektakulären Bauten als Wahrzeichen. »Bingo Urbanismus« nennt es der dänische Stadtplaner Boris Brorman Jensen.

Die Golfstaaten mögen langweilig sein und satt. Aber an keinem anderen Fleck Arabiens lässt es sich so komfortabel und westlich leben wie in Abu Dhabi und Dubai, wie in Katar. Der Islam bleibt großteils Privatsache, nicht jeder Ausländer wird unter den Generalverdacht des Kreuzfahrertums gestellt. »Steuern« ist ein Begriff aus dem Yachtclub, nicht aus der Ökonomie. Und wer geht schon auf die Straße, um gegen eines der höchsten Pro-Kopf-Einkommen der Welt zu protestieren?

Dubai ist die erste Post-Petrol-Ökonomie Arabiens geworden. 95 Prozent seiner Einkünfte kommen aus dem Hafen, von Finanzdienstleistungen, Industrie, Tourismus und sonstigen Aktivitäten, die man in einem Wüstenstaat nicht vermuten würde; nicht aber aus dem Export von Öl oder Gas.

Nahezu alle Weltkonzerne haben ihre Zentralen für den Mittleren Osten in Dubai, Bahrain oder Katar angesiedelt. Staaten mit null Toleranz gegenüber Korruption und Verwaltungen, die es an Effizienz mit den meisten EU-Ländern aufnehmen können. Es genügt, sich die Nachbarn anzuschauen. Den Gottesstaat Iran im Norden, das Wahhabiten-Regime der Saudis im Westen, der zerrissene Jemen im Süden. In dieser Landschaft fällt es nicht schwer, die Moderne zu besetzen.

Derzeit sind die Scheichtümer dabei, die politische Führung in der arabischen Welt zu übernehmen, zusammen mit dem neuen Ägypten und Saudi-Arabien. Der Flughafen Jebel Ali von Dubai wird gerade zum größten Gebäude der Welt ausgebaut. Es gibt Klassikfestivals, Formel-1-Rennen, Nachtclubs und Golfanlagen, die so grün sind wie die in den schottischen Highlands.

Aber überall schaut dieser 16-Millimeter-Schlauch hervor. Wie eine allgegenwärtige Erinnerung, dass es sich bei all dem Glanz um eine Wette auf die Zukunft handelt. Eine Wette, die schicksalhaft ist für die arabische Welt, und deren Ausgang immer noch völlig offen ist.

Die Emirate liegen an einer der unwirtlichsten Ecken einer unwirtlichen Halbinsel. Selbst an der Küste ist es schwer, Land von Wasser zu unterscheiden, salzverkrustetes Ödland zieht sich weit ins Innere, der Persische Golf ist hier weitgehend ein dunstiges Einerlei von Sandbänken und Mangrovenwäldern. Jahrhundertelang, bis zur Entdeckung des Öls, blieb die Bevölkerung aus Perlentauchern, Fischern, Händlern und Piraten stabil. Das Land war nicht zum Leben gemacht. »Wer sich hier durchschlug, der gehörte, noch bis vor 50 Jahren, zu den am wenigsten entwickelten Gesellschaften des Planeten«, schreibt Jim Krane in seiner Stadtbiografie von Dubai.

Geschichte passierte woanders. Nicht hier, wo die geduckten Gebäude im Sand kaum zu erkennen waren. Die erste und lange auch einzige Glühbirne wurde 1961 im Haus des Herrschers angeknipst. Aber auch dort gab es damals keine Toiletten und kein fließend Wasser.

Innerhalb einer Generation hat diese Gesellschaft den Sprung vom Fladenbrot zum Sushi-Dinner gemacht, vom Analphabetismus zum Harvard-Ph.D. Vom Kamel zum Maserati. Von der Lehmhütte zum höchsten Wolkenkratzer, der je gebaut wurde. Vom nackten Überleben zum Leben in Opulenz.

Ein höherer Beamter im Außenministerium erzählt wie selbstverständlich, dass sein Vater sein Brot als Pirat verdiente. Bis in die Fußnägel gestylte Marketing-Direktricen berichten, wie ihre Großväter den Bauch eines Kamels aufschlitzten, wenn sie am Verdursten waren. Die Herrscher Dubais sind stolz auf ihre beduinischen Väter und Großväter. Ihre Urbanität ist erst jüngsten Datums. »Die Golfstaaten sind neo-patrimoniale, autoritäre bürokratische Monarchien«, sagt der Frankfurter Humangeograf Christian Steiner. Es gibt keinerlei öffentliche Beteiligung, abgesehen von den Leserbriefseiten in den »Gulf News«. Ausländern, die sich über verschmutzte Badestrände beschweren, wird gern mal nahegelegt zu verschwinden.

Wie regiert und entschieden wird, ist undurchschaubar. Die »Ruler« sind umgeben von einem engen Zirkel von Beratern, meistens selbst Mitglieder des Stammes. Wer zum Zirkel gehört, wird mit lukrativen Posten belohnt. Es ist eine vormoderne Form politischen Verhandelns, bei der es vorkommen kann, dass 30-Jahres-Pläne in zwei Stunden umgeworfen werden.

Dafür, wie sie innerhalb von 20 Jahren aus einer mittelkleinen Hafenstadt eine Weltstadt mit fast zwei Millionen

Einwohnern hochgezogen haben, gibt es kein Beispiel. »Was hier geschieht, ist eines der Mirakel unserer Tage«, sagt der Philosoph Peter Sloterdijk. »Am Persischen Golf ist in kürzester Zeit ein beispielloser Zivilisationskollektor entstanden, an dem viele maßgebliche Elemente der Weltkulturen unter einer kraftvollen Regie neu versammelt werden.« Er beschreibt Abu Dhabis Kunstinsel Saadija, ja ganz Dubai als »Hyperinstallation«, wo die Museen, die künstlichen Klimata und Landschaften Teil eines Größeren sind, einer »Arabosphäre«.

Möglich ist all dies geworden, weil die Welt am Öl hängt. Weil China und Indien die Bühne betreten haben, weil es einen immensen Bedarf an Service gab und der Welthandel zwischen Europa und Asien in einem Maße explodiert ist, wie seit den Tagen vor dem Ersten Weltkrieg nicht mehr. Den Scheichtümern am Golf mag vieles vorgehalten werden, aber nicht, dass sie ihre Jahrhundertchance nicht genutzt hätten.

Dubai vervierfachte seine Größe innerhalb von zehn Jahren und verdoppelte seine Bevölkerung auf heute 1,9 Millionen. Der neue Airport wird doppelt so groß sein wie London-Heathrow. Las Vegas mag für Autofahrer gebaut worden sein, Dubai ist für den Landeanflug entworfen worden. Ein deutscher Architekt in Dubai erzählt, seine Kunden hätten bei Besprechungen nur einen einzigen Wunsch: »Make it look rich.« Dann folge meist der Satz: »Das Dienstmädchen-Zimmer braucht kein Fenster.«

Es mangelt nicht an Urbanisten, die schlüssig erklären, weshalb dieses Entwicklungsmodell nicht gutgehen kann. Weshalb es sich eigentlich um ein Missverständnis handeln muss, dieses Land, in dem alles unecht ist, die Bäume, die Arbeitsverträge, das Lächeln, das Wasser, die Inseln. Das im Grunde eine Fata Morgana ist, glitzernd aus der Ferne, das beim Sichnähern aber sofort zu dem zerfällt, was es eigentlich ist – in Sand.

Diese Stadt ist eine Provokation für den gesunden Menschenverstand. Es kann nicht sein, dass ein Wüstenland ohne einen Liter Süßwasservorkommen mit seinen Golfplätzen wirbt. Es kann nicht sein, dass rund 90 Prozent der Bürger gar keine sind, sondern weitgehend rechtlose Arbeitsnomaden (»Expats«), die bei der erstbesten Gelegenheit wieder hinausgeworfen werden können. Es kann nicht sein, dass immer noch so gelebt wird, als sei Klimawandel das Hirngespinst einer apokalyptischen Sekte.

Seit Abu Dhabi den Sitz von Irena ergattert hat, der Agentur für erneuerbare Energien, stehen überall Schilder, auf denen zu bewusstem Umgang mit Wasser und Energie ermahnt wird. Diese Schilder sind die ganze Nacht beleuchtet und stehen meist auf künstlich bewässerten Rasenflächen.

Dieser ungenierte Glaube an Wachstum, meint der im Emirat Ajman lehrende Architekt Michael Schwarz, sei einer der Gründe für den Boom der Emirate. Stadtpläne zeigen Dubai nicht, wie es ist, sondern wie es aussehen soll. Die abgebildeten Viertel sind »u/c«, »under construction«. Eine Stadt, die angelegt ist wie ein Freizeitpark. Räumlich getrennte Themenparks, mit Gebäude-Ikonen und dem Versprechen von Entspannung und Einmaligkeit.

Dubai ist der Versuch, mittels Architektur eine Identität zu erzeugen. Nur wird Identität mit Marke verwechselt. Die Gebäude, ganze Viertel sind völlig austauschbarer Globalstil, ideal für das Marketing, doch ungeeignet, die Sinnlichkeit zu erzeugen, die eine authentische Stadt braucht. Dubai und Abu Dhabi sehen in weiten Teilen aus wie ein Architekturmodell im Maßstab 1:1. Sie sind genauso sauber, steril und unbelebt. In urbanistischen Ideallandschaften stehen Sitzbänke in der flirrenden Hitze herum, blinken Fußgängerampeln, alles weit, sauber und menschenleer.

Der Dubai-Kult, dieser Tanz ums goldene »Übermorgenland«, endete abrupt, als am 25. November 2009 die staatseigene Holding Dubai World und ihr Bau-Tochterunternehmen Nakheel vorübergehend ihre Kredite nicht bedienen konnten. Bauprojekte wurden gestoppt, Expats und Investoren verließen scharenweise die Stadt, und wer sich nur auf Zeitungslektüre verließ, musste den Eindruck bekommen, Dubai sei klinisch tot.

Die Schadenfreude war nicht zu überhören. Plötzlich wurde die dunkle Seite des Glamours beschrieben, als sei Dubai ein neues Babylon, errichtet in Rekordzeit und auf Pump, erbaut auf den Trümmern von Korallenriffen und auf den zerschundenen Knochen der Billigarbeiter aus Südindien.

Das Dubai-Bashing ist so unangebracht wie der Dubai-Taumel zuvor. Das Emirat hat sich von der Krise schnell erholt. Lediglich der Hype ist vorbei, die auf Pump finanzierte Hybris des »Alles-ist-möglich«. Es wird besser gerechnet. »Sustainability« ist das Codewort, was die PR-Berater ihren Fürsten jetzt in die Reden schreiben, auch wenn es erst mal nur ein Wort ist.

Die Zukunftsgewissheit aber wurde keinen Moment erschüttert: »Während die Welt in der Rezession dahinsiechte, machte Dubai keinen Moment Pause und baute einen Flughafen und ein gewaltiges Logistiknetz«, sagt Jim Krane. Vom arabischen Frühling 2011 profitiert das Emirat. Wer sein Geld in Sicherheit bringen will, der schafft es nach Dubai.

Von der Anhäufung »symbolischen Kapitals« sprach der Soziologe Pierre Bourdieu. Er meint damit ein Phänomen, das bei Neureichen anzutreffen ist. Nachdem ihre Garagen bestückt sind und sie die Kinder auf Elite-Internaten untergebracht haben, fangen sie an, großformatige Kunst zu sammeln. Das gilt auch für neureiche Staaten.

Es gibt kein anderes arabisches Land, in dem so viel Kultur veranstaltet wird wie in den Emiraten am Golf. Das weitgehend unbekannte Kleinstemirat Schardscha verfügt über 16 Museen und eine ernstzunehmende Kunstbiennale. Es gibt eine jährliche Buchmesse in Abu Dhabi, die nach Frankfurter Vorbild organisiert wird. Im Luxushotel Emirates Palace wechseln sich Berliner Philharmoniker und das Amsterdamer Concertgebouw-Orchester auf der Bühne der »Abu Dhabi Classics« ab. Dubai hat seine Kunstmesse, Abu Dhabi ebenso. Außerdem Filmfestivals, World-Music-Konzerte an der Corniche.

Abu Dhabi, der reiche, leicht snobistische Vetter im Süden, hat über die Megalomanie der Scheichs von Dubai immer die Nase gerümpft. Und war doch tief gekränkt, wenn Bill Clinton und George W. Bush sich von Scheich Mohammed Raschid Al Maktum durch sein Glitzerreich fahren ließen und Abu Dhabi für eine Art Vorort hielten. Die Söhne des alten Scheichs Sajid sind derzeit in Abu Dhabi dabei, Dubai den Rang abzulaufen. Hier gibt es einen Urbanistikplan »Abu Dhabi 2030«, der mehr oder weniger abgearbeitet wird. Hier der Fischereihafen, dort die Marina, hier die »Labour Camps« für die Arbeiter, dort die Regierungsstadt und da die »Ferrari World« mit angeschlossenem Formel-1-Circuit.

Auf Saadijat-Island stehen bereits die Fundamente für den größten Museumsbezirk der Welt. Jean Nouvel baut hier einen Abu Dhabi Louvre, Zaha Hadid ein Performing Arts Center, Lord Norman Foster ein Scheich Sajid Nationalmuseum. Und Frank Gehry ein neues Guggenheim, das laut Bauherren-Vorgabe mindestens so spektakulär sein soll wie das in Bilbao und zwölfmal größer als das Original in New

York. Allein für die Leihgaben und die Nutzung des Namens des Louvre werden bis 2038 nach Paris 400 Millionen Euro überwiesen. In der Stadt Abu Dhabi gab es vor Guggenheim kein einziges Museum. Es ist ein zivilisatorischer Quantensprung, ein Kulturschock in einer Gesellschaft, die noch vor wenigen Jahrzehnten aus großteils analphabetischen Nomadenstämmen bestand.

In Katar wurde Ende 2008 das Museum für Islamische Kunst eröffnet, in einem Bau des amerikanischen Stararchitekten I. M. Pei. Die über 6000 Exponate der »Mathaf«-Sammlung für zeitgenössische arabische Kunst hat Scheich Hassan Bin Mohammed Al Thani, ein Mitglied des Herrscherhauses, auf dem internationalen Kunstmarkt zusammengekauft. Aber haben es die Renaissance-Fürsten in Florenz und Siena seinerzeit anders gemacht?

Problematischer ist das vorherrschende Gefühl der Leere bei den meisten dieser Kulturveranstaltungen. Ein Kulturdistrikt macht noch keine kreative Stadt. Es ist eine Sammlung von Meisterwerken – in einer Wüste kultureller Produktion.

Die gefragten Künstler bei den »Art Dubai«-Events kommen fast ausschließlich aus Damaskus, Kairo, Beirut oder der arabischen Diaspora. Die Zahl einheimischer Besucher bei einem Konzert der Philharmoniker lässt sich an zwei Händen abzählen. Ausstellungen werden ebenfalls von Expats besucht. Das wichtigste Kulturereignis in Abu Dhabi ist nach wie vor das »Dattelfestival« in der Oase Liwa. Wer soll auf all diesen Golfplätzen spielen? Wer wird die Museen, die Fünf-Sterne-Hotels im Dutzend besuchen, die Malls leerkaufen? Wer wird nach Abu Dhabi statt nach Paris fliegen, wenn er in den Louvre will?

Niemand – wenn die Welt hinter Dubai enden würde. Aber sie fängt am Golf erst an. China, Indien, Iran, die zentralasiatischen Republiken warten vielleicht nur darauf, ihren Wintern, ihrer Ödnis zu entkommen, um eine Woche lang pauschal »Ferrari World & Luxusshopping & Resort & Guggenheim« zu buchen. Diese Boom-Kontinente liegen nur wenige Flugstunden entfernt, ihre gerade zu Wohlstand kommenden Bewohner sind die Klientel.

»Natürlich birgt jeder Neubau eines Museums das Risiko, sein Publikum nicht zu finden. Aber man muss es wagen«, sagt Manal Ataja, die junge Museumschefin in Schardscha. »Früher musste man ins Ausland fahren, um etwas zu sehen. Jetzt gibt es jeden Tag eine Vernissage in Dubai.« Und die Nachfrage nach Kunst und Kultur werde weiter zunehmen. Solange nur genug gegossen wird. Es ist die Wette von Scheich Sajid. Ob sie gelingt, hängt allerdings nicht von Frank Gehry ab.

Dubai, Katar, Abu Dhabi sind globale Städte, in denen Dutzende von Nationalitäten ohne größere Konflikte miteinander leben. 180 sind es in Dubai. Der Taxifahrer kommt aus Peschawar, hört dröhnende Koransuren und sieht aus, als trainiere er für den »Bin-Laden-Look-alike«-Wettbewerb. Aber er spricht neben Urdu und Paschtu auch ausreichend Hindi, Arabisch und Englisch und führt nebenbei ein Unternehmen für Transporte aller Art.

New York gilt als kosmopolitische Stadt, weil dort 40 Prozent der Bevölkerung aus dem Ausland kommen. In Dubai sind es mehr als doppelt so viele. Die Stadt besteht aus Clustern, ihre Bewohner sind großteils Nomaden, die keine Chance haben, ein Bleiberecht zu bekommen. Sie sind wie die Nanny eines reichen Kindes. Sobald der Kleine groß ist, muss sie gehen.

Das Phantastische an Dubai sind nicht die Gebäude, nicht das süße Leben der Expats. Das Großartige sind die Zwischenräume, in denen sich die Weltnomaden eingerichtet haben. Die Typing Offices und Garküchen, die Netzwerke der Handlanger, Fischer, Mechaniker, IT-Experten. In Vierteln wie Sahwa drängeln sich Ukrainer, Afghanen, Jemeniten, Malaien an den Electronic-Shops, Galerien und Supermärkten vorbei, hier sind die Straßen, wo Dubai ein wenig von der Lower East Side hat.

Die Männer aus Kerala, Bangladesch und Peschawar, die Dubai gebaut haben, werden jeden Abend in Bussen in ihre Lager gekarrt, so erschöpft von der 12-Stunden-Schicht, dass ihre in Tücher gehüllten Köpfe gegen die Scheiben schlagen. Früher wurden sie in Viehwaggons transportiert. Hunderte haben ihr Leben für die Türme Dubais gelassen, sind in der Höllenhitze von Gerüsten gestürzt und irgendwo verscharrt worden.

Für sie hat keiner geplant, also haben sie sich selbst Orte genommen. Wo es keine Plätze gibt, werden Busbahnhöfe zur Piazza. In den Malls haben sie nichts zu suchen. Sie haben ethnische Zonen geschaffen, verborgene Städte. Das sind Brutplätze, für Illegales aller Art natürlich, für Alkoholbrenner, Geldwäscher, Drogen- und Mädchenhändler. Aber es sind auch diese Zonen, jenseits staatlicher Präsenz und ständig in Bewegung, wo Kunst entstehen kann, Literatur, Innovation, Musik, Mode.

Auf die eigene Jugend ist in dieser Beziehung nur bedingt Verlass. Anderswo ist die junge Generation die Hoffnung. In den Emiraten ist sie ein mittlerer Alptraum. Wo anderswo Halbstarke in tiefergelegten Golfs herumknattern, cruist der (männliche) Nachwuchs in Abu Dhabi mit elfenbeinweißen Porsches herum, in Maseratis, Jetskis oder Yachten. Ist das die Generation der »Löwen«, der allseitig einsetzbaren Super-Leader, von denen Scheich Mohammed träumte?

Es ist eine Generation von strukturellen Lottogewinnern, die von Geburt an wissen, dass sie sich um nichts bemühen müssen, um sorgenfrei zu leben. Die Arbeit machen die anderen. Mit 18 Jahren bekommt jeder Bürger der Emirate ein Stück Land und einen Kredit, um sich ein Haus zu bauen – und es teuer an Expats zu vermieten. Strom und Wasser sind umsonst, Gesundheitssystem und Ausbildung bis zum Ph.D. ebenfalls. In den Internationalen Schulen in Dubai muss den einheimischen Schülern erst beigebracht werden, dass man seine Schultasche auch selbst tragen kann.

Die Enkelgeneration in Dubai und Abu Dhabi scheint vor allem das Problem zu haben, die eigenen Blutzuckerwerte unter Kontrolle zu bekommen. Die VAE haben nach der Pazifikinsel Nauru die höchste Diabetes-Rate der Welt, jedes dritte Kind ist übergewichtig. »Nicht jeder ist wohlhabend. Aber sie sehen nicht, dass man für ein Luxusauto vielleicht hart arbeiten muss«, sagt Frauke Heard-Bey, eine der besten Kennerinnen der Vereinigten Emirate.

Die bequemen Pöstchen in Militär, Polizei, Verwaltung, wo Einheimische 90 Prozent der leitenden Stellen bekleiden, sind vergeben. Viele Firmen vermeiden es, Einheimische einzustellen. Sie gelten als faul, zu teuer und wenig belastbar. 13 Prozent der einheimischen Bevölkerung sind bereits arbeitslos. In den Golfstaaten gibt es »Emiratisierungs-«, »Bahrainisierungs-« und »Katarisierungs-Programme«, um die Quote der Einheimischen im Arbeitsleben nicht unter die Nachweisgrenze sinken zu lassen. Insgeheim herrscht die Furcht, die Region an die Expats zu verlieren. Die zweite und dritte Generation der Inder und Iraner hat besser gelernt, ist polyglotter und ehrgeiziger als ihre einheimischen Altersgenossen.

Ausländer können zwar in bestimmten Zonen eine Wohnung kaufen, haben damit aber keinen Anspruch auf Aufenthalt. Sie sind zumindest in den ersten beiden Jahren vollkommen abhängig von ihrem »Sponsor«, einem Einheimischen, der für sie bürgt und sich das gut bezahlen lässt. Wenn der Sponsor es nicht will, kann der Betreffende keine neue Arbeit annehmen. Wer keine Arbeit findet, bekommt sein Visum nicht verlängert und muss Dubai verlassen. Es gibt keinerlei Sozialsysteme für die Expats, keine Rentenansprüche, kein Anrecht auf Eigentum an Boden. Bleiberecht und Rechtssicherheit sind in den Golfstaaten praktisch inexistent.

Eine Gesellschaft, die glaubt, auf Grundrechte verzichten zu können, wird keine Zukunft haben. Was fehlt, ist Demokratie. Das ist die Herausforderung, und keiner kann sie den Scheichs abnehmen. Dubai kann nur ein Modell für die arabische Welt werden, wenn die Nichtaraber integriert werden. Katar überlegt derzeit, zumindest den hochqualifizierten Ausländern ein dauerhaftes Bleiberecht zu geben.

»Natürlich besteht die Möglichkeit, dass Dubai in 50 Jahren nicht mehr existiert«, sagte der Architekturprofessor Michael Schwarz kürzlich bei einem Symposium in Berlin. Diejenigen, die Dubai aus dem Sand gestampft haben, könnten dann weitergezogen sein, nach Lagos oder Khartum. »Anders als New York oder London ist Dubai zu einem extrem großen Teil von der Globalisierung abhängig«, sagt Schwarz.

Es gibt »The Line«, ein Videogame, das genau dieses Szenario durchspielt. Der Sand hat sich den Ort zurückgeholt, die Architektur-Ikonen der Scheich-Zayed-Road sind Ruinen geworden, die Karawane ist weitergezogen. Das Spiel wurde in Dubai auf den Index gesetzt.

Das Märchen vom guten Sultan

Der Oman wird feudalistisch regiert, trotzdem verehrt das Volk seinen Herrscher. Der modernisiert sein Land, sträubt sich aber gegen Reformen. Selbst moderate Forderungen finden kaum Gehör.

Von Juliane von Mittelstaedt

Man muss diese Geschichte vielleicht zweimal erzählen. Die erste ist die von einem Land wie aus dem Märchenbuch, mit Traumstränden, Weihrauchbäumen und einem Herrscher, der aussieht wie ein Weiser aus dem Morgenland. Ein Hort des Friedens zwischen dem Jemen, Saudi-Arabien und Iran, ein Vorbild geglückter Modernisierung ohne Tyrannei, Terror und Größenwahn.

Die zweite Geschichte handelt vom dienstältesten Herrscher der arabischen Welt, in dessen Reich nur wenig erlaubt ist, was nach Demokratie klingt: Die Gründung von Gewerkschaften wird erschwert, Parteien sind verboten wie auch seit kurzem das Wort »Reform«.

Beide Geschichten spielen im gleichen Land: dem Sultanat Oman.

Die Reise in den glücklichen Oman führt vom Flughafen hinein nach Maskat, der Hauptstadt. Das Taxi gleitet vorbei an Shoppingmalls, Villenvierteln, Luxushotels und der Moschee, die der Sultan seinem Volk errichtet hat, inklusive Fußbodenkühlung und dem größten Perserteppich der Welt.

Das Land, das man hier besichtigen kann, ist eines der am wenigsten repressiven der arabischen Welt. Es wird regiert von Sultan Kabus Bin Said, einem Mann, der Laute spielt und von seinem Volk geachtet wird. Er lässt keine Gefangenen foltern, unterdrückt keine Minderheiten, finanziert keine Islamisten und zettelt keine Bürgerkriege an. Stattdessen gewährt er Religionsfreiheit und fördert Frauen. Das Uno-Entwicklungsprogramm hat dem Land 2010 bescheinigt, in den 40 Regierungsjahren des Sultans die weltweit größten Entwicklungssprünge gemacht zu haben.

Als Reaktion auf Proteste, die es auch im Oman gab, hat der Sultan Renten und Mindestlöhne erhöht, 50 000 neue Jobs versprochen, zwölf Minister gefeuert und ein Komitee eingesetzt, das Vorschläge für eine neue Verfassung vorlegen soll.

Das Taxi hält vor einer weißen Villa, drinnen empfängt Ahmed Bin Sultan al-Husni, Geschäftsmann und Politiker, vor allem aber Angehöriger einer der einflussreichsten Familien des Landes. Er führt den Gast in ein Büro mit weißen Ledersofas. Er war einst Protokollchef des Sultans, jetzt ist er Mitglied des Oberhauses, vom Sultan persönlich ausgewählt, außerdem Vorsitzender der Qurum Business Group.

Husni gehört zu jenen rund zehn Prozent der Bevölkerung, die sich noch an den alten Sultan Said Bin Taimur, den Vater von Kabus, erinnern können. »Früher gab es nur drei Schulen und zehn Kilometer geteerte Straßen, keinen Strom, keinen Flughafen«, erzählt er. »Wir durften nicht ins Ausland reisen, und wer ein Auto kaufen oder ein Haus bauen wollte, brauchte eine Genehmigung von Sultan Said Bin Taimur persönlich.«

Husni war 18 Jahre alt, als Kabus 1970 seinen Vater stürzte. Die Husnis spielten bei diesem Putsch eine entscheidende Rolle: Sie stellten die Palastgarde in Salala, wo

ANP/Action Press

Sultan Kabus Bin Said (2009)

die Herrscherfamilie damals residierte – und als es darauf ankam, wendeten sie ihre Waffen gegen den alten Sultan. Die Treue zu Kabus zahlte sich aus. Ahmed Bin Sultan al-Husni hat in den ersten 18 Jahren seines Lebens nie eine Schule besucht, doch nach 1970 schickte ihn der Sultan nach Großbritannien, wo er von dessen altem Lehrer unterrichtet wurde. Danach wurde Husni Teil des Hofstaats und machte ein Vermögen mit seinem verzweigten Bau- und Dienstleistungsunternehmen.

»Vorher hatten wir in der Dunkelheit gelebt, wortwörtlich, denn es gab so gut wie keine Elektrizität«, berichtet er. »Dann kam Kabus, und es wurde Licht.« Der neue Regent ließ Stromtrassen verlegen, Straßen auch zu den abgelegensten Dörfern planieren; Entsalzungsanlagen kamen dazu, Krankenhäuser, Schulen, alles befeuert vom Öl, das Mitte der sechziger Jahre entdeckt worden war.

Auf Husnis Schreibtisch steht ein Foto des jungen Sultans im Tarnfleck. Damals, in den siebziger Jahren, schlug Kabus mit Hilfe der Briten einen Aufstand in Dhofar nieder, einer an den Jemen grenzenden Region. Seitdem ist der Oman jene friedliche Insel in Arabien, die das Kunststück schafft, gleichzeitig ein enger Alliierter Irans, Amerikas und Englands zu sein. Ein Blick auf dieses Foto reiche, sagt Husni, um zu wissen, was dem Land ohne Kabus drohen könnte: ein Zerfall in Nord und Süd, in Küstenregion und Landesinneres, ein omanischer Jemen.

Sein Sohn Chalid Ahmed al-Husni sieht auf dem Foto von Kabus etwas anderes: einen Herrscher, der schon regierte, als er vor 40 Jahren geboren wurde. Husni junior ist ein Anhänger des Sultans, aber seine Wirtschaftspolitik kritisiert er. Der Oman sei ein Rentierstaat, der noch immer größtenteils vom Öl und Gas lebe, obwohl die Ölreserven rein rechnerisch in 18 Jahren aufgebraucht sein werden. Es mangele an qualifizierten Jobs, deshalb sei der Frust bei vielen Jugendlichen so groß – und 51 Prozent der 2,9 Millionen Einwohner sind jünger als 25.

Dubai ist zur Drehscheibe der Welt geworden, den Oman halten viele für eine Insel im Indischen Ozean. Dabei ist der Oman so groß wie Italien und kontrolliert die strategisch wichtige Meerenge von Hormus; das Land hatte einst Kolonien von Mombasa bis Gwadar.

Angeblich will der Sultan eine konstitutionelle Monarchie einführen, Schritt für Schritt, das sagen seine Anhänger. Könnte der Oman vielleicht ein Beispiel dafür werden, wie ein Herrscher einen Teil seiner Macht abgibt, freiwillig und friedlich?

Mit kleinen Schritten kennt Chalid al-Haribi sich aus, er hat die erste Nichtregierungsorganisation im Oman gegründet, die ihren Namen verdient. Alle Vereinigungen werden kontrolliert vom Ministerium für soziale Entwicklung; Haribi meldete seine Organisation Tawasul als Unternehmen an, Branche: Beratung. Tawasul veranstaltet Seminare über Menschenrechte und Medien, berät Frauen, die bei den Wahlen für das Unterhaus, ein Gremium mit ausschließlich beratender Funktion, kandidieren wollen. Langsam will Haribi eine Zivilgesellschaft aufbauen, innerhalb der Grenzen des Systems. »Bei sensiblen Themen halten wir uns zurück und vermeiden Konfrontationen«, erläutert Haribi seine Strategie.

Wie die meisten Männer im Oman trägt er eine weiße Dischdascha, eine bestickte Kappe, die Kumma, und darüber ein zum Turban gebundenes Tuch. Aber er spricht Englisch mit amerikanischem Akzent, er hat in West Virginia Politikwissenschaft studiert, ein Fach, das es in seiner Heimat nicht gibt. »Die Regierung hat Angst, aus Vereinigungen wie Tawasul könnten Parteien werden.«

Haribi glaubt, dass der Herrscher eine Öffnung wolle, aber er sehe eben das Risiko. »Deshalb will er den Wandel über Jahrzehnte herbeiführen, nicht so sprunghaft.« Sicherheit und Stabilität, das sei das Wichtigste für Kabus. »Wir müssen ihn zu Reformen überreden, Schritt für Schritt.« Viele jugendliche Demonstranten glaubten, Wandel komme nur durch Druck zustande, wie in Tunesien und Ägypten. »Aber gibt es im Oman diese Massen, die aufstehen?« Haribi schüttelt den Kopf. »Nein, die meisten Omaner verehren den Sultan noch immer. Ich auch.«

Die Reise in den anderen Oman beginnt in Chasab, im äußersten Norden, dort, wo Iran nur rund 50 Kilometer entfernt ist. Ein Mann in Uniform bittet höflich in die Polizeiwache und sagt, er habe da einige Fragen. Er stellt sich vor als Angehöriger des Geheimdienstes CID.

»Verstehen Sie mich nicht falsch«, sagt der Mann. »Das ist hier keine Polizeiwache, das ist nur ein Ort, an dem ich mit Ihnen reden kann, wie ein Bruder zu seiner Schwester.« Die omanischen Behörden mögen es nicht, wenn Journalisten über die iranischen Schmuggler berichten, die jeden Tag Kleidung, Säfte und Satellitenempfänger über die Meerenge nach Iran transportieren. Aber so sagt es der Mann nicht. Er sagt: »Sprechen Sie nicht mit den armen und dummen Menschen auf der Straße, die erzählen Ihnen nur falsche Sachen.« Natürlich sei das kein Befehl, nur eine Empfehlung, und er würde zudem raten, so schnell wie möglich abzureisen.

Nach zwei Stunden ist die Befragung beendet, es ist eine Warnung, wie sie in diesen Wochen viele im Land erhalten haben: Journalisten, Demonstranten, Abgeordnete. Der Geheimdienst operiert unauffällig, man bemerkt ihn normalerweise nur, wenn YouTube-Videos sich nicht öffnen lassen oder Websites plötzlich blockiert sind.

Dieser andere Oman ist zusammen mit Saudi-Arabien das am wenigsten demokratische Land der ganzen Region. Es gibt so gut wie keine Mitbestimmung, das Land wird regiert mit Dekreten des Herrschers, der alles zugleich ist: Minister für Außenpolitik, Verteidigung und Finanzen, außerdem Premier und Chef der Zentralbank. Der Sultan fördert weltweit Lehrstühle für Dialog und Frieden, aber kein Land der Welt gibt, gemessen am Bruttoinlandsprodukt, mehr Geld für sein Militär aus als der Oman.

Mitte Januar gingen die ersten Demonstranten auf die Straße. Eine Chefredakteurin erzählt, man habe sie vorher angerufen und gewarnt, sie solle nicht darüber berichten. Seit dem 28. Februar hat sich das geändert, es war der

Tag, an dem die Zeitungen das erste Bild von den Protesten druckten. Seitdem demonstriert die Jugend, Arbeiter begannen wild zu streiken, und in Salala, der Hauptstadt der Region Dhofar, ertönte bereits der Schlachtruf der Revolution: Das Volk will den Sturz des Regimes.

Die Reise in diesen Oman führt von Chasab nach Suhar, wo die Proteste bisher am heftigsten waren, auch wenn heftig im Oman etwas anderes bedeutet als in Syrien, Ägypten oder Bahrain.

Es war Ende Februar, als Abd al-Ghaffar al-Schisawi, Doktor der Arabischen Sprache, zu dem Kreisverkehr in Suhar ging, auf dem sich etwa 3000 Protestierer versammelt hatten. Er wollte vermitteln und schrieb ihre Forderungen auf, er kam auf 38 Punkte. Mehr Geld, mehr Freiheit, weniger Korruption – das, was alle Demonstranten von Rabat bis Sanaa fordern. Dann traf Schisawi einen Abgesandten des Sultans, der versprach, die Liste zu überbringen.

Einen Monat später, um drei Uhr nachts, standen Polizisten vor Schisawis Haustür, sie traten und schlugen ihn, dann zogen sie ihm eine Tüte über den Kopf und nahmen ihn mit. Mehreren Hundert Demonstranten erging es ähnlich in dieser Nacht. 13 Tage lang wurden sie festgehalten und verhört. Dann ließ man sie wieder frei.

Zwei Wochen später wurde Schisawi angeklagt, zusammen mit 26 anderen, wegen Brandstiftung, Plünderung, Aufruf zur Gewalt. Ihm droht Gefängnis, bis zu sieben Jahre sind möglich. »Vielleicht läuft es wieder wie sonst«, sagt er. »Erst verurteilen sie uns zu harten Strafen, um uns einzuschüchtern, und dann spricht uns der Sultan nach einer Weile großmütig frei.« Schisawi, 51, saß schon einmal 19 Monate im Gefängnis, weil er eine Verfassung gefordert hatte. Er will Reformen, den Sturz des Sultans fordert er nicht, aber die Kritik, sagt er, ziele zunehmend auch auf den Monarchen selbst. »Und die Regierung reagiert jetzt härter.«

Wie sich das anfühlt, musste Basma al-Radschhi, 33, erleben. Sie ist Radiomoderatorin und Gründungsmitglied der »Omanischen Vereinigung für Reform«. In der zweiten April-Woche hielten vermummte Sicherheitskräfte ihr Auto an, zerrten sie und den Aktivisten Said al-Haschmi in einen Bus, fuhren in die Wüste, verprügelten sie und traten sie mit Füßen. »Wenn du so weitermachst, dann bringen wir dich um«, drohten die Männer. Dann fuhren sie davon.

Zwei Nackenwirbel Haschmis sind verschoben, Radschhi hat blaue Flecken am ganzen Körper, aber vor allem ist ein Glaube zerstört: dass der Oman ein Land ist, in dem man sich vor der Polizei nicht fürchten muss. »Man wird hier normalerweise nicht direkt bedroht«, sagt Radschhi. »Sie machen es auf sanfte Weise: Sie üben Druck auf deine Familie aus, auf deine Freunde, auf deinen Stamm, damit sie dich überzeugen, von Kritik abzulassen.« Der Sultan herrscht mit der eisernen Keule von Harmonie und Einheit. Kritik an ihm wird strikt unterbunden, die Medien berichten in diesen Tagen noch mehr als ohnehin von den guten Taten des Monarchen.

Hussein al-Abri, 38, ist Psychiater und Schriftsteller. Er ist eine Art Experte für die omanische Seele, und im Moment, sagt er, sei diese Seele in Aufruhr. Viele Omaner seien tief verunsichert von den Protesten, aber auch von den Reaktionen des Regimes. Kann er vielleicht die Frage beantworten, warum die Proteste im Oman so viel sanfter sind als anderswo in Arabien?

Darauf wisse auch er keine richtige Antwort, gesteht der Psychiater. Möglicherweise liege es daran, dass man nie gelernt habe, offen über Politik zu reden. »Viele Menschen sind wie hypnotisiert, sie sehen den Sultan als Vater und trauen sich nicht aufzubegehren.« Doch innerlich, sagt Abri, brodele es in den Menschen. Sie merkten, dass sie vom Reichtum ihres Landes immer weniger abbekommen, dass sie nichts zu sagen haben und dass vieles vor ihnen geheimgehalten wird.

Unbekannt sei, wie politische Entscheidungen getroffen werden oder wie viel Geld der Sultan und seine Familie ausgeben. Zahlen über Drogen- und Alkoholabhängige, Unfalltote und Verbrechensopfer könnten nur geschätzt werden, bis vor einigen Jahren waren diese Themen komplett tabu. Der größte Unbekannte aber ist der Sultan selbst. Nur einmal im Jahr tritt er mit einer Rede vor sein Volk, den Rest des Jahres schaut er aus einer Ecke der Kommentarseite der »Times of Oman«. Dort werden jeden Tag einige Absätze aus seinen Reden gedruckt.

Als volksnah wird der Sultan gern beschrieben, weil er im Winter mit viel Pomp durchs Land fährt und seine Untertanen trifft. »Das ist eine riesige Show«, sagt Abri. »Die Teilnehmer werden vorher genau ausgewählt, und es wird ihnen gesagt, worüber sie reden dürfen und worüber nicht.« Ansonsten weilt der Sultan in einem seiner Paläste oder auf seiner Motoryacht, der drittgrößten der Welt. Er legt keine Grundsteine, eröffnet keine Schulen, verleiht keine Orden, all das, was sonst zu den Pflichten eines Monarchen gehört. Zu den Protesten hat er bisher geschwiegen.

Kann ein autoritäres System trotzdem gut sein für die Menschen, wenn der Herrscher im Grunde gut ist? Der Sultan sei sicher ein weiser Mann, sagt Abri und lächelt. Allerdings setze er sich doch vor allem für das ein, was ihn persönlich interessiere. Eine Oper werde gerade für 1,8 Milliarden Euro gebaut, sagt Abri. »Aber die Menschen haben andere Sorgen als klassische Musik.« Wer sein Auto nicht wäscht oder Müll wegwirft, muss Strafe zahlen. »Korruption der Regierung dagegen wird nicht verfolgt, obwohl es Belege dafür gibt, dass Minister und Berater des Sultans sich bereichern.«

Trotzdem hält sich das Märchen vom guten Sultan beharrlich. Das liege auch daran, dass sich eine fein eingespielte Maschinerie um sein Image kümmere, erzählt Abri. Und die lokalen Medien rühmten stetig die Errungenschaften des Sultans, seine Güte, seine Weisheit. »Aber wissen wir, ob der Sultan wirklich gütig ist?«, er denkt eine Weile nach. »Ich habe daran Zweifel. Manche sagen, der Sultan wisse nichts über die Armut und Korruption in seinem Land. Aber wie kann das sein? Ich glaube, er weiß alles.«

Vier Romane hat Abri veröffentlicht, einer davon wurde im Oman verboten. Er handelt von einem Mann, der sich durch die Institutionen eines tyrannischen Systems kämpft, es klang ein wenig, als könnte es im Oman spielen. »Es hat mir nie jemand gesagt, dass mein Buch verboten ist. Aber ich fand keinen Verleger. Das ist die Methode.«

Nach drei Stunden des Gesprächs lehnt sich Abri zurück. Ob man noch eine Frage habe? Ja, eine letzte: Wie steht er denn nun persönlich zu Kabus? Abri lacht. »Ich bin Omaner. Auch ich betrachte den Sultan noch immer als meinen Vater.«

Druckwelle des Wandels

Der arabische Frühling verändert
die Kräfteverhältnisse im Nahen Osten. Wer
schafft den Sprung in die Demokratie?

Von Volker Perthes

Gründe zu revoltieren gab es seit Jahren, wenn nicht Jahrzehnten. Die politisch-sozialen Verhältnisse in den Staaten vom Maghreb bis zum Persischen Golf waren vor allem durch eines geprägt: besonders schlechte Regierungsführung. Die arabischen Regime verletzen regelmäßig die Menschenrechte, erlauben sich eine grassierende Korruption und wachsende Ungleichheit, benachteiligen besonders Frauen und die Jugend.

Zu den Impulsen, die nötig waren, um die versteinerten Verhältnisse schließlich in Bewegung zu setzen, gehören sicher die sozialen Netzwerke: Über Twitter und Facebook wurden die Proteste schnell verbreitet. Einige WikiLeaks-Berichte bestätigten Vermutungen über die Gier der Herrscher und ihrer Familien. Gleichzeitig stiegen die Lebensmittelpreise und brachten die Armen in Aufruhr.

Der wichtigste Faktor des Umbruchs aber liegt in der Demografie: Die Generation der 20- bis 35-Jährigen, die diese Revolte in Tunesien, Ägypten und anderen arabischen Staaten im Wesentlichen angestoßen hat, stellt in allen arabischen Ländern mehr als 30 Prozent der Bevölkerung. Sie ist allgemein besser ausgebildet, vernetzter und globalisierter, aber bis zu 90 Prozent der Arbeitslosen kommen aus ihrer Altersgruppe, vor allem bei Hochschulabgängern.

Die jungen arabischen Bürger sehen sich um ihre Zukunft betrogen, um ihre Chancen auf wirtschaftliche und politische Teilhabe.

Es ist eine skeptische Generation, die sich von den Propagandafloskeln der autoritären Systeme nicht mehr überzeugen lässt. Als sich der gestürzte ägyptische Präsident Husni Mubarak in seiner letzten Rede noch einmal damit brüstete, dass er – 1973! – für Ägypten gesiegt habe, dokumentierte er damit bloß, wie groß der Abstand zwischen seinem Regime und dieser jungen Generation geworden war, für die der »Oktoberkrieg« in der Vorzeit liegt und keinerlei politische Legitimität mehr verleiht.

Die Revolten und Revolutionen in der Region entfalten sich mit einer solchen Dynamik, dass Vorhersagen schwer zu treffen sind. Sicher ist, dass sich die Länder unterschiedlich entwickeln werden, denn ihre politischen Systeme unterscheiden sich stärker, als Beobachter aus der Ferne oft wahrnehmen.

Das günstige Klima, das sich in Tunesien und Ägypten dank einer kooperativen Armee einstellte, blieb in anderen Ländern aus. Vor allem im Jemen, in Libyen und in Syrien reagierte das Regime mit brutaler Härte auf die Demokratiebewegung, so wie Iran vor zwei Jahren. Auch wenn die Welle des Aufbruchs bis weit in die arabische Welt reicht, blieb sie in eisern geführten Staaten wie Saudi-Arabien zunächst kaum spürbar.

Eine schrittweise freiere, offenere arabische Welt entsteht derzeit. Sie wird aber viel stärker geteilt sein als bisher – in Hardliner- und Reformstaaten. Vier Entwicklungsprofile zeichnen sich ab: auf der Seite des Wechsels die demokratischen Konsolidierer und die halbdemokratischen Veränderer, andererseits die gefährdeten Regime sowie die ressourcenreichen Ausharrer.

Eine demokratische Konsolidierung ist in Tunesien und Ägypten möglich, allerdings nicht garantiert. Hier gibt es eine starke Mittelschicht und staatliche Institutionen, die sich auch in Krisenzeiten bewährt haben. Die tunesische wie die ägyptische Armee haben unter Beweis gestellt, dass der Staat im Zweifelsfall wichtiger ist als das Regime.

Der Erfolg des demokratischen Aufbruchs in Tunesien wird stark von europäischer Unterstützung abhängen. Das kann sich nicht nur auf Hilfen zur Vorbereitung von Wahlen oder bei einer Justiz- und Polizeireform beschränken, sondern müsste auch eine weitere Öffnung der europäischen Märkte für tunesische Agrarprodukte beinhalten.

In Ägypten steht das Militär vor der Herausforderung, einen demokratischen Neuanfang zu schützen und gleichzeitig den eigenen Rückzug von der Macht zu verhandeln. Es wird Kompromisse geben, die eine gewisse Wächterfunktion des Militärs und womöglich auch den Erhalt wirtschaftlicher und sozialer Privilegien bedeuten könnten. Ein demokratisches Ägypten wird Schwächen haben, es kann aber gleichwohl eine funktionierende Demokratie werden. Die Vorlage dafür wird wohl weniger Dänemark sein als ein

Volker Perthes
Der habilitierte Politikwissenschaftler mit dem Spezialgebiet Naher und Mittlerer Osten leitet die Stiftung Wissenschaft und Politik in Berlin, die den Bundestag und die Bundesregierung in außen- und sicherheitspolitischen Fragen berät. Von Perthes, Jahrgang 1958, erschienen zuletzt die Bücher »Orientalische Promenaden. Der Nahe und Mittlere Osten im Umbruch« und »Der Aufstand. Die arabische Revolution und ihre Folgen«.

Staat wie Indonesien, wo der Präsident und das Parlament aus freien Wahlen hervorgehen, es bei der Umsetzung mancher demokratischer Verfahren aber noch hakt.

Sogar in Palästina und im Libanon sind perspektivisch gefestigte Demokratien denkbar, allerdings nur, wenn eine friedliche Regelung des Nahost-Konflikts gelingt. Dann würde den militanten Gruppen der Boden für ihre Widerstandsideologie entzogen, die auch die Innenpolitik blockiert. Die Palästinensergebiete wie der Libanon verfügen immerhin bereits über demokratische Verfassungen. Politische oder konfessionelle Gegensätze liefern häufig Sprengstoff, aber der Wunsch, gemeinsam einen Staat zu bilden, steht nicht in Frage.

In Jordanien, Marokko oder Kuwait, auch in Algerien und im Irak sind verhandelte, nicht-revolutionäre Übergänge zu demokratischeren Regierungsformen möglich. Jordanien, Marokko, Kuwait und vielleicht Oman könnten sich in einem Zusammenspiel von gesellschaftlichem Druck und Reformbemühungen von oben in Richtung konstitutionelle Monarchien entwickeln. In all diesen Staaten sind, mit Ausnahme Omans, bereits Elemente demokratischer Herrschaft vorhanden: gewählte Parlamente mit einer Pluralität von Parteien und nicht von vornherein feststehenden Wahlergebnissen sowie eine mehr oder weniger freie Presselandschaft. Im Irak könnten vorhandene demokratische Institutionen endlich lebendig, in Algerien das Militär allmählich aus der aktiven Politik herausgedrängt werden.

Ein völlig anderer Trend zeichnet sich in Libyen, Bahrain, wohl auch in Syrien ab: Diese Regime werden unter gesellschaftlichem Druck eher rigider; die staatlichen Institutionen genießen wenig Vertrauen; es ist nicht zu erwarten, dass Umbrüche friedlich stattfinden könnten. Das gilt, außerhalb der arabischen Welt, wohl auch in Iran.

In Libyen tobte im Frühjahr 2011 bereits ein Bürgerkrieg. Im Jemen, in Bahrain und in Syrien fürchten auch regimekritische Kräfte einen Zerfall ihrer Staaten entlang ethnischer oder konfessioneller Linien. Im Inselstaat Bahrain, der sich stark an Saudi-Arabien als Schutzmacht anlehnt, könnte der lokale Herrschaftskonflikt gar zum Teil einer regionalen Konfrontation werden. Einige der autokratischen Herrscher könnten versucht sein, wenn sie sich existentiell gefährdet sehen, zu Tiananmen-Lösungen zu greifen und wie China 1989 die Demokratiebewegung blutig niederzuschlagen.

Doch je mehr Gewalt angewandt wird und je schwächer die staatlichen Institutionen sind, desto schwieriger wird es sein, einen Konsens über ein neues tragfähiges politisches System zu finden. So werden in Libyen oder im Jemen die Alternativen zu den alten Systemen nicht unbedingt demokratische sein. Vielleicht teilen sich die Stämme in neuen Arrangements die Macht auf. Sogar die Gefahr, dass die Staaten auseinanderbrechen, ist nicht auszuschließen.

Saudi-Arabien, die Vereinigten Arabischen Emirate und Katar werden der regionalen politischen Druckwelle nicht völlig entgehen, können sie zunächst aber wohl weiter abfedern. Dabei helfen ihnen ihr Ölreichtum und die finanziellen Wohltaten, mit denen sie ihre Bürger subventionieren und damit bei Laune halten. Ihnen nützt aber auch teilweise eine geschickte Außenpolitik.

Das Emirat Katar etwa hat sich mit seinem Satellitenkanal al-Dschasira, mit Hilfsleistungen für die Umbruchländer und im libyschen Fall sogar als Teil der internationalen Militärkoalition an die Spitze der regionalen Veränderungsbewegung gesetzt, sieht aber im Innern noch keinen Bedarf zu weitreichenden Reformen. Tatsächlich fordern die Bürger Katars bisher keine größeren Veränderungen, sondern gelegentlich bessere Regierungsleistungen und vor allem den Erhalt ihrer privilegierten Lebensbedingungen.

Saudi-Arabien spürt politischen Reformdruck schon eher – allerdings aus Segmenten der Bevölkerung, die wenig miteinander zu tun haben. Wenn sie zu vorsichtigen, aber sichtbaren Reformen bereit sind, könnte es Saudi-Arabien und anderen Golfmonarchien deshalb gelingen, das eigene Staatsmodell aufrechtzuerhalten. Saudi-Arabien, das seine Truppen gegen Demonstranten in Bahrain einmarschieren ließ, läuft allerdings Gefahr, seine regionale Legitimität zu verlieren, wenn es sich auf diese Weise zum Anführer einer »Gegenrevolution« macht.

Wie der Umbruchprozess weiter verläuft, ist offen. Es lässt sich jedoch schon beobachten, wie sich die regionalpolitischen Gewichte und Rollen verschieben. Dabei geht es vor allem um Ägypten, Saudi-Arabien und Iran sowie, als weiteren Akteur, die Türkei.

Ägyptens innere Stagnation spiegelte sich im starken Verlust von außenpolitischem Einfluss. Der politische Umbruch in Kairo dürfte diesen Trend umkehren und dazu beitragen, dass Ägypten nach einer Phase der Konsolidierung seine natürliche Rolle als Trendsetter und Leitbild im Nahen und Mittleren Osten zurückgewinnt. Als geopolitischer Mittelpunkt und bevölkerungsreichster Staat der Region mit großen wirtschaftlichen, diplomatischen, militärischen und kulturellen Potentialen verfügt Ägypten über die Instrumente einer mittleren Führungsmacht. Das neue Ägypten wird wieder eine aktivere regionale Politik betreiben. So hatte Kairo schon in der Umbruchphase klargestellt, dass es auch weiterhin den Posten des Generalsekretärs der Arabischen Liga für sich beansprucht.

Eine demokratisch legitimierte Führung wird dabei noch offenere Türen in Washington und europäischen Hauptstädten finden als zuvor. Der Westen sollte sich aber auch auf ein sehr selbstbewusstes Auftreten einstellen – auch gegenüber Israel. Keine relevante politische Kraft in Ägypten wird den Friedensvertrag mit Israel in Frage stellen. Man wird sich aber auch nicht mehr zum Hilfspolizisten Israels an der Grenze zum Gaza-Streifen machen lassen.

Israel selbst hat auf die Veränderungen bislang vor allem mit Sorge reagiert. Dabei mischte sich die Angst, dass nun extremistische Kräfte an die Macht kommen könnten, mit der Befürchtung, dass Israel bei einem Sieg der arabischen Demokratie seine Exklusivität als einziger demokratischer Staat im Nahen Osten verlieren könnte. Gerade für die amerikanische Unterstützung des jüdischen Staates war diese Sonderrolle immer von großer Bedeutung. Ägypten wird Israel signalisieren, dass es erstmals die Chance hat, Frieden mit seinen Nachbarn und und nicht nur mit deren autokratischen Herrschern zu machen. Dafür müsste Israel aber zu einer Konfliktregelung bereit sein, die auch in der ägyptischen Öffentlichkeit als fair empfunden wird.

Im Gegenzug zu Ägypten dürfte Saudi-Arabien an Gewicht verlieren. Riad hatte seit Beginn dieses Jahrhunderts eine aktivere Politik in der Region betrieben. So initiierte das Königreich die arabische Friedensinitiative von 2002 und bemühte sich wiederholt um Ausgleich in innerarabischen Konflikten. Saudi-Arabien wurde auch zu einem privilegierten Ansprechpartner der USA und ist neben der Türkei als einziger nah- oder mittelöstlicher Staat Mitglied der G 20.

Wie viel Einfluss Saudi-Arabien verliert, wird nicht zuletzt davon abhängen, wie das Königreich sich angesichts der Umbrüche positioniert. Wichtig ist auch, wer die Nachfolge von König Abdullah antreten wird: Ein betont konservativer, veränderungsresistenter Kurs wird das regionale Ansehen Saudi-Arabiens untergraben und könnte auch das Verhältnis zu den USA weiter beschädigen.

Entgegen seiner eigenen Propaganda wird Iran kaum zu den Gewinnern der regionalen Entwicklungen gehören, da geht so manche Befürchtung fehl. Teheran konnte nicht übersehen, dass die Revolten in der arabischen Welt keineswegs dem Modell der iranischen Revolution von 1979 folgten. Der real existierende Islamismus iranischer Prägung spielt für die Protest- und Demokratiebewegungen in der arabischen Welt keine Rolle. Je demokratischer und offener die arabischen Gesellschaften werden, desto geringer wird die Möglichkeit Irans werden, gesellschaftlichen Einfluss zu gewinnen. Das neue Ägypten und andere arabische Staaten werden dennoch voraussichtlich ein entspanntes Verhältnis zu Teheran suchen und sich amerikanischen Plänen, eine Front gegen Iran aufzubauen, entziehen. Sie können sich das auch eher leisten als ihre Vorgänger.

Profiteur der neuen Entwicklung ist die Türkei mit einem Zuwachs an politischem Einfluss. Die türkische Regierungs- und Staatsspitze hat früh erkannt, dass die alten arabischen Regime den Herausforderungen nicht mehr gewachsen waren, mahnte Reformen an oder stellte sich gar auf die Seite der Protestbewegungen. Dank aktiver Wirtschaftsbeziehungen hat Ankara seine Position in den arabischen Staaten bereits in den letzten acht Jahren deutlich ausgebaut.

In zweifacher Hinsicht hat die heutige Türkei für die Reformkräfte in der arabischen Welt sogar Modellcharakter: Die regierende AKP unter Ministerpräsident Recep Tayyip Erdogan demonstriert, wie eine ursprünglich islamistische Partei zu einer erfolgreichen konservativ-demokratischen Volkspartei werden kann, ohne ihre islamische Grundierung aufzugeben.

Darüber hinaus gilt vielen der türkische Staat als Vorbild für einen graduellen Übergang von einer Diktatur zu einem demokratischen System. All dies stärkt die »soft power« Ankaras. Als Nato-Mitglied wird der Türkei auch im geopolitischen Konkurrenzspiel eine stabilisierende Rolle zugeschrieben – ein westlich eingebundener Staat, der gleichwohl regionale Bedürfnisse artikulieren kann und stark genug ist, um im Zweifelsfall auch den Einfluss Irans – oder Israels – auszubalancieren.

Und Europa? Die EU-Staaten und die USA waren nicht nur vom plötzlichen Anbruch des arabischen Frühlings überrascht, sie mussten auch sehen, dass sie wenig Einfluss auf den Verlauf der revolutionären Umbrüche haben. Sie können helfen oder im Weg stehen, aber die Ergebnisse nicht bestimmen. Das gilt selbst für den Bürgerkrieg in Libyen, in den die Nato eingegriffen hat. Ob hier eine neue Diktatur, eine Stammeskonföderation oder ein demokratisches System entsteht oder der Staat in Anarchie zerfällt, wird von den libyschen Konfliktparteien, nicht von europäischen Staaten oder der Nato abhängen.

Für Europa muss das kein Schaden sein. Die Schönheit der ägyptischen und tunesischen Revolution liegt neben ihrem friedlichen Verlauf gerade in ihrer Eigenständigkeit, die alle Vorwürfe, sie sei das Werk ausländischer Agenten, ins Leere laufen ließ.

Es fällt auf, dass auf den arabischen Websites und Blogs nur wenig über Europa diskutiert wird. Die Aufbruchsgeneration ist Europa gegenüber nicht unfreundlich gesinnt, aber die europäischen Regierungen hält man, sofern ihre Politik überhaupt debattiert wird, überwiegend für zynisch. Dabei gibt es durchaus konkrete Erwartungen an Europa, die von Investitionen bis zur Unterstützung beim Aufbau demokratischer Institutionen reichen.

Tatsächlich hat Europa gerade hier eine Verantwortung. Die USA werden vor allem am Persischen Golf und im Nahen Osten engagiert bleiben, das wünschen die meisten regionalen Akteure auch, Washingtons strategische Interessen im Mittelmeerraum sind allerdings begrenzt. Gerade wenn es um die Konsolidierung demokratischer Neuanfänge, um wirtschaftlichen Aufbau und soziale Stabilisierung geht, ist Europa gefragt.

Die EU sollte deshalb den arabischen Staaten, die sich in Richtung Demokratie bewegen, eine neue Form der Partnerschaft anbieten mit größerer Offenheit für die Menschen dieser Länder – Angebote zu Ausbildung und temporärer Arbeitsmigration eingeschlossen. Dabei wird Europa auch Akteuren in diesen Ländern, die nicht zu den traditionellen Klienten europäischer Institutionen gehören, zunächst einmal einen Vertrauensvorschuss gewähren müssen.

Zwischen den Welten

Der algerische Autor
Yasmina Khadra schreibt die Geschichte
seiner Heimat – ein Besuch in Paris.

Von Stefan Simons

Geblieben ist der messerscharfe Haarschnitt, der gerade Blick, der knappe Handschlag. Sonst aber deutet nichts darauf hin, dass der schmale Mann mit den grazilen Gesten fast sein halbes Leben als Offizier der algerischen Armee diente: Yasmina Khadra, 56, gefeierter Bestsellerautor, übersetzt in rund 40 Sprachen, verbreitet die Aura des Intellektuellen. Er empfängt im algerischen Kulturzentrum in Paris, das er leitet. »Mohammed Moulessehoul« steht auf der Visitenkarte, berühmt wurde er jedoch als Yasmina Khadra – ein Mann, der sich hinter einem Frauennamen versteckt (»Grüne Jasminblüte«). Um der Zensur zu entgehen, publizierte er schon früh unter Pseudonym.

Seine Landsleute lieben seine Bücher, doch in Teilen der Elite ist er verhasst – ein unerbittlicher Kritiker des Regimes und zugleich ein Diener des Staates: Die Wege von Monsieur Khadra und Offizier Moulessehoul sind so gewunden und widersprüchlich wie die Geschichte Algeriens. Khadras Bücher sind ein Spiegel seines Landes – einer feudalen Stammesgesellschaft, die sich nach 130 Jahren französischer Kolonialherrschaft 1962 befreit, dann aber ins Massenelend und schließlich in einen Bürgerkrieg taumelt.

Seine bittere Abrechnung mit der Unterdrückung schreibt sich Khadra als Krimis um den lauteren Kommissar Brahim

Llob von der Seele. Die Algier-Trilogie »Morituri«, »Doppelweiß«, »Herbst der Chimären« (1997/98) erreicht endgültig Kultstatus. Die Romane verknüpfen geschliffene Plots mit der Schilderung des real existierenden Terrors, mit den Tabuthemen Korruption und Bürgerkrieg.

Als Neunjähriger kommt Mohammed Moulessehoul in eine Kadettenanstalt, wird später Offizier. Der Drill verhindert nicht, dass er seine Bestimmung als Romancier findet. »Die Armee hat mir als Schriftsteller sogar geholfen«, sagt der Autor. »Ich verstehe die Dinge besser als ein Intellektueller, weil ich am eigenen Leib Mut, Feigheit, Terror und Unglück erlebt habe.« Doch sein Erfolg bringt ihn zunehmend in Gefahr. Denn seine Protokolle des Abgleitens in Hass und Brutalität enthalten auch Seitenhiebe auf das mafiöse Geschäftsgebaren der herrschenden Politikerkaste.

2000 verlässt Khadra Algerien und geht, wie so viele seiner Landsleute, nach Frankreich. Hier erst lüftete er den Schleier um seine wahre Identität, hier entstand auch sein großer Roman »Die Schuld des Tages an die Nacht«. Er erzählt die traumatische Beziehung zwischen Frankreich und Algerien, ein anrührendes Epos von Liebe, Freundschaft und Verrat zwischen Menschen auf beiden Seiten.

Der Roman beginnt in den dreißiger Jahren, als die Franzosen sich auf dem Höhepunkt ihrer Herrschaft wähnen. Die Araber sind vor allem ihre Feldarbeiter, Dienstboten, Tagelöhner, Bettler, sie werden misshandelt, ausgebeutet. »Das sind alles Nattern«, sagt einer der arroganten französischen Brotherren über die Araber. Im kolonialen Weinbauerndorf Río Salado wächst der Romanheld Younes unter Franzosen auf. Araber seien faul, hört der Junge bestürzt. »Wir lassen uns nur Zeit zum Leben«, erklärt ihm sein kluger Onkel.

Das erste Mädchen, das ihn küsst, stellt bald fest: »Wir gehören verschiedenen Welten an… Kannst du dir vielleicht vorstellen, dass ich einen Araber heirate? Da krepier ich doch lieber!« Und doch entwickelt er eine lebenslange Freundschaft zu vier Franzosen. »Du bist einer von uns, doch du führst ihr Leben«, wirft ihm ein algerischer Nachbar vor. Tatsächlich gerät Younes immer stärker in Konflikt, vor allem im Unabhängigkeitskrieg. Auf welcher Seite steht er?

Den arabischen Aufbruch 2011 beobachtet der Schriftsteller nun mit »großer Erleichterung«: »Wir haben so lange auf diesen Moment gewartet, auf das Erwachen der über Generationen unterdrückten Völker, denen es verboten war, sich auszudrücken, ja zu träumen. Die Intellektuellen waren verbannt, ermordet oder eingesperrt. Die arabischen Regime hatten in die Herzen der Menschen Misstrauen eingepflanzt – die Angst des einen vor dem anderen.« Ihre Würde sei dennoch intakt geblieben.

Wird die »Explosion des lange komprimierten Schweigens« auch Algerien erfassen? »Die Algerier sind müde«, sagt Khadra, »sie wollen keinen Umsturz.« Den bewaffneten Kampf lehnten sie ab. Zu frisch sei noch die Erfahrung des Bürgerkriegs, der 1992 losbrach, nachdem sich zuvor bei den ersten freien Wahlen ein Sieg der Fundamentalisten abgezeichnet hatte. »Mehr als 100 000 Tote, eine Million Opfer – das hat uns zutiefst traumatisiert.« Khadra hat das »schwarze Jahrzehnt« hautnah erlebt, als Offizier beim Einsatz gegen die islamistische Guerilla – ein gegenseitiges Abschlachten von unvorstellbarer Brutalität.

Nun hofft der Autor auf eine Veränderung von innen, einen wirklich demokratischen Wandel, der von der Mittelschicht und der gebildeten Jugend getragen wird: »Statt der Clans und Cliquen, die sich jahrzehntelang schamlos bereichert haben, brauchen wir junge, gut ausgebildete Minister.« Vorwürfe aus der Heimat, er sei in Aix-en-Provence, wo er ein Haus hat, zum Luxus-Exilanten mutiert und als Kulturchef zum politischen Wendehals obendrein, kontert er lächelnd: »Meine Kritik am Regime hat sich nicht geändert.« Tatsächlich ist sein Urteil über den seit zwölf Jahren regierenden Staatschef Abdelaziz Bouteflika vernichtend. »Das System ist wurmstichig, die Korruption hat sich als Nationalsport etabliert, die Justiz ist einäugig. Es herrschen Nepotismus und soziale Ausgrenzung. Die Parteien sind bloße Fassaden.« Gewiss, Öleinnahmen wurden in Straßen, Krankenhäuser, Schulen und Universitäten investiert. Doch der einfache algerische Bürger habe vom Boom nicht profitiert.

Im Roman kehrt Younes am Ende zurück nach Algerien. Yasmina Khadra bleibt in Frankreich. Hier sei er dichter bei seinen Verlegern, sagt er, und geschützt vor der »Intrigenwirtschaft« der algerischen Neid-Zirkel. Aber immer wieder besucht er seine Heimat. »Algerien verfolgt mich«, heißt es im Buch, »bald trifft mich sein Giftpfeil, bald umweht mich sein Duft.«

ANHANG

Lexikon der arabischen Länder

Kolonialherren, Despoten und halbherzige Reformer

Von Anne-Sophie Fröhlich

Ägypten
Arabische Republik Ägypten

Hauptstadt: Kairo
Staatsoberhaupt: Militärrat
Politisches System: Präsidialrepublik
Bevölkerung: 85 Millionen
(etwa zehn Prozent koptische Christen)
Uno-Entwicklungsindex: Rang 101
BIP pro Kopf*: 5673 US-Dollar

In mehr als 5000 Jahren Geschichte eroberten viele Herrscher das Land am Nil: Nach den Pharaonen kamen die Römer, später die arabischen Kalifen und die Türken. 1805 erlangte Mohammed Ali faktisch Autonomie vom Osmanischen Reich und leitete eine Modernisierung ein, doch europäische Mächte bestimmten zunehmend die Politik. Obwohl seit 1922 nominell unabhängig, blieb Ägypten unter britischer Verwaltung. In Aufständen 1881 (unter Ahmed Urabi) und 1919 gegen die Fremdbestimmung forderte das Volk politische Mitsprache. 1928 gründete der Volksschullehrer Hassan al-Banna die Muslimbruderschaft. Nach dem Sturz König Faruks wurde Ägypten 1953 Republik. Präsident Gamal Abd al-Nasser fuhr einen sozialistischen Kurs

* Alle BIP-Angaben sind kaufkraftbereinigt.

und wurde zum Idol der panarabischen Bewegung. Nachfolger Anwar al-Sadat öffnete das Land ab 1970 vor allem wirtschaftlich nach Westen. Sein Frieden mit Israel 1979 isolierte Kairo in der arabischen und islamischen Welt. Gegen die starke Linke förderte Sadat die Islamisten. Am 6. Oktober 1981 erschossen ihn religiöse Extremisten. Der neue Staatschef Husni Mubarak galt dem Westen als Garant für Stabilität, der die Islamisten im Zaum hielt. Doch er regierte mit harter Hand weiter über Notstandsgesetze. Seit 2004 wuchs die Oppositionsbewegung. Im Februar 2011 zwingen ihn Massenproteste zum Rücktritt. Das Militär kontrolliert den Übergang zu Neuwahlen.

Algerien
Demokratische Volksrepublik Algerien

Hauptstadt: Algier
Staatsoberhaupt: Abdelaziz Bouteflika
Politisches System: Sozialistische Republik
Bevölkerung: 35,7 Millionen (etwa 30 Prozent Berber)
Uno-Entwicklungsindex: Rang 84
BIP pro Kopf: 8172 US-Dollar

Vor der Besetzung durch die Franzosen 1830 herrschten die Deys, relativ unabhängige Regenten der Osmanen, über eine feudale Stammesgesellschaft. Die französische Kolonialherrschaft wurde brutal durchgesetzt. Die muslimischen Algerier erhielten keine vollen Bürgerrechte, obwohl ihr Land als Teil Frankreichs galt. Der Befreiungskrieg (1954 bis 1962) wurde beiderseits äußerst grausam geführt. Seit der Unabhängigkeit 1962 trieb Algier die Industrialisierung voran, baute Bildung und medizinische Versorgung aus. Angelehnt an die Sowjetunion, wurde Algerien zu einem einflussreichen Dritte-Welt-

Staat, aber auch zu einer korrupten Diktatur. Nach Brotunruhen 1988 leitete der Präsident eine Demokratisierung ein. Als bei der Parlamentswahl 1992 die Islamische Heilsfront (FIS) vorn lag, ergriff das Militär die Macht. Sieben Jahre tobte ein extrem blutiger Bürgerkrieg. Erst Präsident Bouteflika dämmte ab 1999 mit Amnestieangeboten die Gewalt ein. Aufstände hielten an. 2011: Nach Demonstrationen wird im Februar der Ausnahmezustand von 1992 aufgehoben.

Bahrain
Königreich Bahrain

Hauptstadt: Manama
Staatsoberhaupt: König Hamad Bin Issa Al Chalifa
Politisches System: Konstitutionelle Monarchie
Bevölkerung: 0,8 Millionen (etwa die Hälfte Ausländer, 70 Prozent sind Schiiten)
Uno-Entwicklungsindex: Rang 39
BIP pro Kopf: 35 174 US-Dollar (2008)

Als sich Großbritannien 1971 aus allen Gebieten »östlich von Suez« zurückzog, bildete das kleine Inselreich einen unabhängigen Staat. Die Ansprüche Irans, das von 1622 bis 1783 über die bereits seit dem 3. Jahrtausend v. Chr. besiedelten Inseln geherrscht hatte, waren von der Uno abgewiesen worden. Seit 1783 wurde das Reich durchgängig von der sunnitischen Herrscherfamilie Chalifa regiert – allerdings lag die Macht de facto seit dem späten 19. Jahrhundert bei den Briten. 1931 wurde in Bahrain, lange Zentrum des Perlenhandels, als erstem Golfstaat Erdöl entdeckt. In den folgenden Jahrzehnten formierte sich die aus Sunniten und Schiiten gemeinsam getragene Unabhängigkeitsbewegung. 1973 fanden in Bahrain erstmals Parlamentswahlen statt. 1975 löste der Emir die Volksvertretung jedoch auf und regierte fortan mit Notstandsgesetzen. Infolge der iranischen Revolution 1979 politisierte sich vor allem die schiitische Mehrheit der Bahrainer. Mitte der neunziger Jahre kam es zu Unruhen. Die »bahrainische Intifada« wurde brutal niedergeschlagen.

Hoffnung auf Veränderung keimte auf, als 1999 Scheich Hamad Bin Issa nach dem Tod seines Vaters den Thron bestieg. In einem Referendum stimmten 98,4 Prozent der Bahrainer einer vagen Reformcharta zu, die Bahrain 2002 vom Emirat zum Königreich machte. Wie in vielen arabischen Rentenstaaten, die ihre Bürger von Steuern freistellen, geht die Demokratisierung nur zögerlich voran. Insbesondere die Schiiten werden immer weiter ausgegrenzt.

2011: Anfang März kommt es zu massiven Bürgerprotesten vor allem der schiitischen Opposition, die Demonstranten besetzen den Perlenplatz in Manama. Die Regierung greift gewaltsam durch: Truppen des Golfkooperationsrates marschieren ein. Ende April werden vier Demonstranten zum Tode verurteilt, drei erhalten lebenslange Haftstrafen. Oppositionsgruppen werden verboten.

Irak
Republik Irak

Hauptstadt: Bagdad
Staatsoberhaupt: Dschalal Talabani
Politisches System: Föderale Republik
Bevölkerung: 31,6 Millionen (etwa 20 Prozent Kurden; rund 60 Prozent der Iraker sind Schiiten)
BIP pro Kopf: 3548 US-Dollar

Im Zweistromland an Euphrat und Tigris entstand um 3000 v. Chr. eine der ältesten Hochkulturen der Welt: Die Sumerer erfanden nicht nur Schrift, Rad und Bier, sondern rechneten auch mit der Zahl Pi und schufen ein raffiniertes Bewässerungssystem. Mit der Eroberung durch die Araber 637 wurde das Land islamisiert. Nach dem Ersten Weltkrieg unter britischer Mandatsverwaltung, wurde der Irak 1932 formell unabhängig. »Freie Offiziere« stürzten 1958 König Faisal. Nach Umstürzen kam 1968 die Baath-Partei an die Macht, die unter Saddam Hussein bis zum Irak-Krieg 2003 herrschte. Saddam initiierte den Krieg gegen Iran 1980. Er erwies sich als brutaler Diktator, obwohl er auch die Wirtschaft und Sozialreformen vorantrieb. Er wurde 2006 hingerichtet. Die Zeit nach dem Sieg der Alliierten war von Terror gekennzeichnet, gleichzeitig ging der Aufbau demokratischer Institutionen voran.

Jemen
Republik Jemen

Hauptstadt: Sanaa
Staatsoberhaupt: Ali Abdullah Salih
Politisches System: Präsidialrepublik
Bevölkerung: 24,3 Millionen
(davon geschätzt 20 bis 40 Prozent saiditische Schiiten)
Uno-Entwicklungsindex: Rang 133
BIP pro Kopf: 2470 US-Dollar

Das Staatsgebiet des Jemen war historisch kein einheitliches Gebilde. Legendäre Reiche bestanden in Teilen des Landes – auch wenn die in Bibel und Koran erwähnte Königin von Saba wohl ein Mythos ist. Im 9. Jahrhundert etablierte die schiitische Splittergruppe der Saiditen einen unabhängigen Staat, dessen Imame bis 1962 abgeschottet von außen regierten. Das Gebiet zwischen Aden und Oman war zeitweilig britisches Protektorat. 1967 in die Unabhängigkeit entlassen, entstand dort die Volksrepublik Südjemen mit enger Bindung an die Sowjetunion. Im Norden tobte seit dem Sturz des Imam ein Bürgerkrieg, 1974 übernahm das Militär die Macht. 1990 wurden die beiden Landesteile vereinigt. Gegen den erneuten Teilungsversuch sozialistischer Gruppierungen im Südjemen setzte sich Sanaa 1994 nach heftigen Kämpfen durch. Die Demokratisierung schien im ärmsten Land der Arabischen Halbinsel besser voranzukommen als in anderen Ländern der Region; die islamistische Islah-Partei war stärkste Kraft der Opposition im Parlament. Doch auf die immer heftiger aufbrechenden Konflikte reagierte das Regime autoritär. Der Jemen wurde zum Rückzugsgebiet terroristischer Gruppen, insbesondere al-Qaidas. Im Nordwesten geht Sanaa seit 2004 militärisch gegen die saiditischen Aufständischen vor, im Süden sind neue separatistische Bewegungen aktiv. Weite Teile der Bevölkerung sind arm, in vielen Familien fließt das karge Einkommen in den Konsum der Volksdroge Kat. 2011: Massive Demonstrationen gegen Präsident Salih, der sich gegen den Regimewechsel stemmt, weiten sich aus. Salih lässt die Proteste blutig niederschlagen. Bei einem Angriff auf seinen Palast schwer verletzt, flieht er Anfang Juni nach Saudi-Arabien.

Jordanien
Haschemitisches Königreich Jordanien

Hauptstadt: Amman
Staatsoberhaupt: König Abdullah II.
Politisches System: Parlamentarische Monarchie
Bevölkerung: 6,5 Millionen
Uno-Entwicklungsindex: Rang 82
BIP pro Kopf: 5597 US-Dollar

Die Bewohner des ressourcenarmen Königreichs gehören zwei arabischen Völkern an: Die Transjordanier sind beduinischer Herkunft mit traditionellen Stammesstrukturen, die Mehrheit stellen Palästinenser mit eher städtischer Kultur. Nach dem Ende der britischen Mandatszeit wurde das Wüstenland als Transjordanien 1946 unter Herrschaft der Haschemiten in die Unabhängigkeit entlassen. Nach dem ersten Krieg der Araber gegen Israel annektierte Amman 1950 das Westjordanland und Ost-Jerusalem, verlor es jedoch im Sechstagekrieg 1967 wieder und trat 1988 alle Ansprüche an die Palästinenser ab. 1994 schloss König Hussein Frieden mit Israel. Innenpolitisch verhielt sich Amman restriktiv. 2011: Nach Protesten versprach Abdullah II. weitere Reformen und erneuerte die Regierung.

Katar
Staat Katar

Hauptstadt: Doha
Staatsoberhaupt: Emir Hamad Bin Chalifa Al Thani
Politisches System: Emirat
Bevölkerung: 1,5 Millionen (etwa 80 Prozent Ausländer)
BIP pro Kopf: 91 379 US-Dollar

In der Region tobten in der Kolonialzeit Machtkämpfe um die Handelswege nach Indien. Die Bewohner, überwiegend Nomaden, sicherten ihr Einkommen als Perlentaucher und durch Überfälle auf Handelsschiffe an der »Piratenküste«. Mitte des 18. Jahrhunderts kam aus dem Inneren der Arabischen Halbinsel der Stamm der Al Thani und errang nach heftigen Kämpfen mit den Al Chalifa, die bis heute Bahrain regieren, die Macht. Durch einen Vertrag mit den Briten 1867 sicherte der wahhabitische Emir seine Herrschaft. 1939 wurde Erdöl gefunden. Nach dem Rückzug der Briten erlangte Katar 1971 seine Unabhängigkeit, ein unblutiger Putsch brachte Chalifa Al Thani auf den Thron. Er modernisierte das Land. Sein Sohn Hamad setzte ihn 1995 ab, als er auf Staatsbesuch war. Der Emir regiert weiter absolut, leitete aber eine Liberalisierung ein, gründete den kritischen Sender al-Dschasira.

Kuwait
Staat Kuwait

Hauptstadt: Kuwait
Staatsoberhaupt: Sabbah al-Ahmed Al Sabbah
Politisches System: Emirat
Bevölkerung: 3,1 Millionen (über 60 Prozent Ausländer)
Uno-Entwicklungsindex: Rang 47
BIP pro Kopf: 48 631 US-Dollar (2008)

Das Staatsgebiet war bis Mitte des 18. Jahrhunderts osmanisch. 1756 gelangten die zugewanderten Al Sabbah an die Herrschaft und schlossen 1899 ein Protektoratsabkommen mit Großbritannien. 1938 wurden große Erdölvorkommen entdeckt. Kuwait erklärte 1961 seine Unabhängigkeit. Trotz Grenzvertrag marschierten Saddam Husseins Truppen 1990 in Kuwait ein und annektierten das Nachbarland. Erst eine internationale Militärkoalition unter US-Führung beendete Anfang 1991 die Besatzung. Nach der Befreiung wuchs der internationale Druck zu Reformen, bis 2005 hatten Frauen kein Wahlrecht. Heute gilt das kuwaitische Parlament mit 33 Oppositionellen bei 50 Abgeordneten als das aufmüpfigste der Golf-Region. 2011: Am 30. März trat die Regierung zurück, die Opposition hatte die Ablösung des Premiers gefordert. Öffentliche Proteste oder Demonstrationen gab es nicht.

Libanon
Libanesische Republik

Hauptstadt: Beirut
Staatsoberhaupt: Michel Sulaiman
Politisches System: Parlamentarische Republik
Bevölkerung: 4,3 Millionen (größte Religionsgruppen: schiitische Muslime, christliche Maroniten)
BIP pro Kopf: 13 070 US-Dollar

Nach dem Ersten Weltkrieg entstand der Libanon als einziger Staat mit christlicher Bevölkerungsmehrheit in der Region. Laut Verfassung sollten die verschiedenen ethnisch-religiösen Gemeinschaften »proportional in den öffentlichen Ämtern vertreten« sein. Das gilt bis heute: Staatspräsident ist ein maronitischer Christ, Regierungschef ein sunnitischer Muslim und Parlamentspräsident ein Schiit, deren Bevölkerungsanteil rapide wächst; die fundamentalistische Hisbollah regiert mit. Um den Proporz ging es auch im Bürgerkrieg 1975 bis 1989. Seit der Ermordung von Ex-Premier Rafik al-Hariri, findet das Land keine politische Stabilität. 2011: Proteste gegen die Hisbollah.

Libyen
Bisher Große Sozialistische Libysche Arabische Volksdschamahirija

Hauptstadt: Tripolis
Staatsoberhaupt: Übergangsrat unter Mustafa Abd al-Dschalil
Bevölkerung: 6,6 Millionen
Uno-Entwicklungsindex: Rang 53
BIP pro Kopf: 16 502 US-Dollar

Das libysche Staatsgebiet wurde 1912 unter italienischer Herrschaft aus den drei Regionen Fessan, Cyrenaika und Tripolitanien gebildet. Jeglicher Widerstand wurde brutal niedergeschlagen. Unter Mussolini war das Land teils Kolonie, teils Bestandteil Italiens, im Zweiten Weltkrieg Ausgangsbasis italienischer und deutscher Truppen. Den Weg in die Unabhängigkeit begleitete die Uno, da sie Libyen weder wirtschaftlich noch politisch als lebensfähig einschätzte. 1951 erlangte Libyen als Königreich Souveränität; einer der ärmsten Staaten der Welt, 90 Prozent der Bevölkerung waren Analphabeten. Von den Ölfunden 1959 profitierte die Bevölkerung kaum. Offiziere um »Revolutionsführer« Muammar al-Gaddafi stürzten 1969 den König. 2011: Aufstand gegen Gaddafi, der Demonstranten und Rebellen brutal bekämpft. Die Nato greift auf Seiten der Opposition ein. Der internationale Strafgerichtshof in Den Haag erlässt Haftbefehl gegen Gaddafi wegen Verbrechen gegen die Menschlichkeit. Ende August zerbricht das Regime Gaddafis.

Marokko
Königreich Marokko

Hauptstadt: Rabat
Staatsoberhaupt: König Mohammed VI.
Politisches System: Parlamentarische Monarchie
Bevölkerung: 33,1 Millionen (einschließlich Westsahara)
Uno-Entwicklungsindex: Rang 114
BIP pro Kopf: 4494 US-Dollar

Die Alawiden, die sich auf Ali, den Vetter des Propheten Mohammed, zurückführen und Marokko bis heute regieren, gelangten 1660 an die Macht. König Mohammed VI. gilt als Abkömmling des Propheten in 36. Generation. 1912 wurde

Marokko Protektorat Frankreichs, das Widerstand mit großer Härte unterdrückte. Erst 1956 wurde Marokko unabhängig. Hassan II. wandelte Marokko 1962 in eine konstitutionelle Monarchie um, löste jedoch das Parlament wieder auf. Der aufgeklärt auftretende Monarch war nach innen ein Despot, dessen Folterkeller berüchtigt waren. Unruhen schlug er nieder. 1976 annektierte er die Westsahara, ein bis heute ungelöster Konflikt. 1991 begann Hassan II. eine Liberalisierung, die sein Sohn Mohammed VI. seit 1999 dynamisch fortsetzt. So bekam Marokko 2004 das modernste arabische Familienrecht. 2011: Nach Demonstrationen versprach der König weitere Reformen.

Mauretanien
Islamische Republik Mauretanien

Hauptstadt: Nouakchott
Staatsoberhaupt: General Mohammed Ould Abd al-Asis
Politisches System: Islamische Präsidialrepublik
Bevölkerung: 3,4 Millionen
Uno-Entwicklungsindex: Rang 136
BIP pro Kopf: 1929 US-Dollar

Der dünnbesiedelte Wüstenstaat gehört zu den am wenigsten entwickelten Ländern der Erde. Seine ersten Einwohner waren vor mehr als 3000 Jahren vermutlich Berber. Anfang des 20. Jahrhunderts von Frankreich unterworfen, erlangte das Land 1960 seine Unabhängigkeit und wurde zu einer treibenden Kraft bei der Gründung der Organisation für Afrikanische Einheit (OAU) 1963. Die einstige spanische Kolonie Westsahara geriet zum Zankapfel mit Marokko. Auch innenpolitisch war die Lage mit einer Reihe von Militärregierungen heikel. Nach schweren Unruhen 1989 drängte Frankreich auf demokratische Reformen. Doch Oberst Taya, der sich 1984 an die Macht geputscht hatte, hielt sich bis 2005. Nach einem Staatsstreich erklärte sich der Junta-Chef Ould Abd al-Asis 2009 zum Sieger der Präsidentenwahl.

Oman
Sultanat Oman

Hauptstadt: Maskat
Staatsoberhaupt: Sultan Kabus Bin Said
Politisches System: Sultanat
Bevölkerung: 2,9 Millionen
BIP pro Kopf: 25 462 US-Dollar (2008)

Unter der Dynastie der Jaariba stieg der Oman im 18. Jahrhundert zur wichtigsten Handelsmacht und zum Hauptakteur des Sklavenhandels am Indischen Ozean auf. Geschickt nutzte Maskat dafür den Konkurrenzkampf zwischen den Kolonialmächten Portugal und Großbritannien in der Region. 1749 gelangten die Al Said an die Macht, die sie bis heute innehaben. Die Öffnung des Suezkanals und das Verbot des Sklavenhandels trugen im 19. Jahrhundert zum Niedergang des Oman bei. Die Briten halfen dem Sultan, seine Herrschaft 1959 über den ganzen Oman auszudehnen. Nach einer Palastrevolte übernahm 1970 Sultan Saids Sohn Kabus die Macht. Er leitete eine umfassende Modernisierung ein. Seit 2003 wird die Beratende Versammlung vom Volk gewählt, Parteien gibt es jedoch nicht. 2011: Nach Protesten verspricht der Sultan dem Parlament mehr Macht.

Palästina
Palästinensische Autonomiegebiete

Regierungssitz: Ramallah
Autonomiepräsident: Mahmud Abbas
Politisches System: Parlamentarische Autonomie
Bevölkerung: 4,4 Millionen (etwa fünf Prozent Christen)

Ende des 19. Jahrhunderts begann die zionistische Einwanderung nach Palästina, das zum Osmanischen Reich gehörte. 1917 eroberten es die Briten. Den Plan der Uno, das Land in einen jüdischen und einen palästinensischen Staat aufzuteilen, lehnten die Araber ab. Im Krieg gegen das gerade gegründete Israel 1948 verloren etwa 700 000 Palästinenser ihre Heimat. Nach weiteren Kriegen vergrößerte Israel sein Staatsgebiet auf Kosten der Palästinenser erheblich. Auch der 1959 von Jassir Arafat mitbegründeten militanten Befreiungsbewegung gelang es nicht, ein unabhängiges Palästina zu schaffen. 1993 unterzeichneten Israelis und Palästinenser ein Autonomieabkommen, Arafat wurde 1994 Präsident. Intifada und Terror unterbrachen den Friedensprozess. Arafats Nachfolger Mahmud Abbas will notfalls einseitig einen Staat ausrufen.

Saudi-Arabien
Königreich Saudi-Arabien

Hauptstadt: Riad
Staatsoberhaupt: König Abdullah
Politisches System: Königreich
Bevölkerung: 26,4 Millionen
Uno-Entwicklungsindex: Rang 32
BIP pro Kopf: 23 480 US-Dollar

Mit der Geburt des Islam erlangte die Arabische Halbinsel weltgeschichtliche Bedeutung. Mohammed machte die Kaaba in seiner Geburtsstadt Mekka zum Zentralheiligtum. Bereits unter den umajjadischen Kalifen (ab 661) verlor die Region ihre politische Führungsrolle, blieb aber das religiöse Zentrum des Islam. Mit der rigiden wahhabitischen Lehre konnte Scheich Mohammed Bin Saud im 18. Jahrhundert die Stämme einen, der erste saudische Staat entstand; er wurde im Auftrag des osmanischen Sultans zerstört. 1932 rief Abd al-Asis Al Saud das Königreich Saudi-Arabien aus. Die Öleinnahmen machten es zu einer einflussreichen Regionalmacht. Nach dem Einmarsch Saddam Husseins in Kuwait wurde Saudi-Arabien ein wichtiger US-Stützpunkt. 2005 gab es erstmals Kommunalwahlen, aber echte Reformen bleiben aus.

Sudan
Republik Sudan

Hauptstadt: Khartum
Staatsoberhaupt: Omar al-Baschir
Politisches System: Republik
Bevölkerung: 43,4 Millionen
Uno-Entwicklungsindex: Rang 154
BIP pro Kopf: 2210 US-Dollar

Der Vielvölkerstaat mit Hunderten ethnischer Gruppen und 130 Sprachen hat keine einheitliche Geschichte. Unter den Osmanen blühte der Sklavenhandel. Von 1882 an unterstand der Sudan den Briten, bis er 1956 in die Unabhängigkeit entlassen wurde. Die Staatsgewalt bekamen die arabischstämmigen muslimischen Nordsudanesen. Der Konflikt führte zum Bürgerkrieg, der in 50 Jahren etwa zwei Millionen Menschen das Leben kostete. 2005 gelang internationalen Vermittlern ein Friedensabkommen, der Südsudan erhielt Teilautonomie. Beim Referendum im Januar 2011 stimmten fast 99 Prozent für einen unabhängigen Südsudan. Wegen Massakern in Darfur im Westsudan ließ der Internationale Strafgerichtshof 2009 Staatschef Baschir wegen Völkermords zur Fahndung ausschreiben. 2011: Demonstrationen im Januar wurden mit Härte niedergeschlagen. Am 9. Juli verkündete der Südsudan seine Unabhängigkeit vom Norden – und wurde als 193. Staat in die Uno aufgenommen.

Syrien
Syrische Arabische Republik

Hauptstadt: Damaskus
Staatsoberhaupt: Baschar al-Assad
Politisches System: Präsidialrepublik
Bevölkerung: 22,6 Millionen (etwa 90 Prozent Muslime, 9 Prozent Christen)
Uno-Entwicklungsindex: Rang 111
BIP pro Kopf: 4730 US-Dollar

Damaskus gilt als älteste Hauptstadt der Welt. Bis 750 war es Sitz der Umajjaden-Kalifen und damit Zentrum eines Großreiches von Spanien bis Zentralasien. Als Teil der Konkursmasse des Osmanischen Reichs stand Syrien zunächst unter französischer Mandatsherrschaft, 1941 marschierten britische Truppen ein. Der 1946 schließlich souveräne Staat wurde von Umstürzen und Putschen erschüttert. 1963 kam die bis heute herrschende Baath-Partei an die Macht. Sie stützt sich auf das Militär und die religiöse Minderheit der Alawiten. 1967 verlor Syrien die Golanhöhen an Israel, auch der Krieg 1973 endete mit einer

Niederlage. Im libanesischen Bürgerkrieg von 1975 bis 1989 lieferten sich Syrien und Israel schwere Gefechte; danach blieb Syrien die alles bestimmende Macht im Zedernstaat. Erst 2005 zog Damaskus unter Druck seine Truppen zurück. General Hafis al-Assad, seit 1970 Präsident, machte den Staat zu einer Ein-Mann-Diktatur. 1982 ließ er eine Revolte der Muslimbrüder niederschlagen, bis zu 30000 Anhänger der Islamisten sollen in Hama getötet worden sein. Assads Sohn Baschar, der 2000 die Führung übernahm, enttäuschte die Hoffnungen auf Liberalisierung und Demokratie. Zwar liberalisierte der in London ausgebildete Augenarzt die Wirtschaft und schuf eine Art kollektiver Führung, doch Kritiker wurden weiter verfolgt. 2011: Anhaltende Proteste, vor allem in der Provinz, ließ Assad mit äußerster Härte niederknüppeln, er schickte Panzer und sogar die Luftwaffe. Bis Mitte Juli starben mehr als 1600 Menschen, Tausende Regimegegner wurden verhaftet. Die USA kritisierten das Vorgehen als »barbarisch«.

Tunesien
Tunesische Republik

Hauptstadt: Tunis
Staatsoberhaupt: Übergangsregierung
Politisches System: Präsidialrepublik
Bevölkerung: 10,5 Millionen
Uno-Entwicklungsindex: Rang 81
BIP pro Kopf: 8273 US-Dollar

Einst Kornkammer des Römischen Reiches und Teil des christlichen Byzanz, kam Tunesien im 7. Jahrhundert unter islamische Herrschaft. 1574 wurde es osmanische Provinz, die jedoch weitgehende Autonomie genoss. Auch als französisches Protektorat

ab 1881 blieb eine gewisse Selbständigkeit erhalten. Von 1920 an versuchten die Tunesier, die Fremdherrschaft abzuschütteln, was 1956 gelang: Im Juli 1957 rief Habib Bourgiba die Republik aus. Industrialisierung und Liberalisierung der Wirtschaft brachten die Arbeitermassen in oft prekäre Verhältnisse, es kam zu Unruhen, und 1987 setzte Zine el-Abidine Ben Ali den »Vater der Unabhängigkeit« ab. Erklärtes Ziel des Umsturzes war Demokratisierung: Ein Mehrparteiensystem sollte entstehen, Menschenrechte geachtet werden. Doch angesichts von Erfolgen der Islamisten bei Kommunalwahlen und unter dem Eindruck des Bürgerkriegs in Algerien etablierte Ben Ali ein strenges Überwachungsregime. Die islamistische Bewegung al-Nahda verbot Tunis 1991 nach ersten Wahlerfolgen. Korruption und Selbstbereicherung der Machtelite uferten aus. 2002 ließ Ben Ali per Referendum die Verfassung so ändern, dass er Präsident bleiben konnte.
Nach außen galt Tunesien aufgrund der wirtschaftlichen Öffnung, der Gleichberechtigung von Frauen und Männern sowie seiner demokratisch wirkenden Institutionen als Musterland. Doch die Unzufriedenheit wuchs, zumal im »akademischen Proletariat«: 60 Prozent der Arbeitslosen hatten einen Hochschulabschluss und sahen keinerlei Perspektiven in ihrem Land.
2011: Mit der Selbstverbrennung des 26-jährigen Gemüsehändlers Mohammed Bouazizi am 17. Dezember 2010 begannen die Massenproteste, die am 14. Januar 2011 zum Sturz und Exil Ben Alis führten und den »arabischen Frühling« einläuteten. Doch Tunesien kam auch danach nicht zur Ruhe.

Vereinigte Arabische Emirate
Hauptstadt: Abu Dhabi

Staatsoberhaupt: Emir Chalifa Bin Sajid Al Nahajan
Politisches System: Föderation der sieben Bundesstaaten Abu Dhabi, Dubai, Schardscha, Adschman, Umm al-Kaiwain, Fudschaira und Ras al-Chaima
Bevölkerung: 4,7 Millionen (etwa 80 Prozent Ausländer)
Uno-Entwicklungsindex: Rang 32
BIP pro Kopf: 57 744 US-Dollar

Als die Bewohner der unwirtlichen Wüstenregion sich im 7. Jahrhundert zum Islam bekannten, gab es mit Ausnahme der Oasenstadt al-Ain keine dauerhaften Siedlungen. Später enstanden Handelshäfen, doch die Region war vor allem als »Piratenküste« berüchtigt. Die Briten zerstörten 1819 den Haupthafen der Freibeuter, Ras al-Chaima, und beendeten den »Piratenkrieg«. Die ganze Region wurde britisches Protektorat.

Die drei wichtigsten Städte der VAE entwickelten sich erst im 20. Jahrhundert: Zunächst war Schardscha britische Residenz, dann Dubai, das Zentrum des Goldhandels; Abu Dhabi erstarkte als Zentrum der Erdölförderung, die zusammen mit dem internationalen Handel nach 1945 die Perlentaucherei als wichtigste Einnahmequelle ablöste.

1968 kündigte London an, bis 1971 seine gesamten Streitkräfte »östlich von Suez« abzuziehen. Die Mehrheit der kleinen Emirate am Golf entschieden sich daraufhin für eine Föderation; Katar und Bahrain schlossen sich nicht an, Ras al-Chaima erst ein Jahr nach der Staatsgründung von 1971. Die VAE erlebten eine schwunghafte Entwicklung, insbesondere der rasante Anstieg des Ölpreises nach dem arabisch-israelischen Krieg 1973 verschaffte ihnen satte Einnahmen. Geführt von den

beiden reichsten Emiraten – Abu Dhabi stellt den Präsidenten, Dubai den Regierungschef –, investierten die VAE auch in die Infrastruktur, den Aufbau eines staatlichen Wohlfahrts- und Bildungssystems. Die einzelnen Emirate besitzen eigene Verwaltungsstrukturen, große Teile der Souveränität haben sie jedoch an die Föderation abgetreten. Demokratische Institutionen, Parteien oder Gewerkschaften gibt es nicht. Die politischen Strukturen sind von den Herrscherfamilien bestimmt; Schritte zur Demokratisierung wurden zwar seit 2005 angekündigt, bisher aber nicht umgesetzt.
2011: Auf die Proteste in anderen arabischen Staaten reagierten auch die Herrscher der Emirate und kündigten für September Neuwahlen zur »Beratenden Versammlung« an; 130 Intellektuelle aus den VAE forderten in einer Internetpetition die Schaffung eines Parlaments. Großdemonstrationen blieben aber aus.

Dschibuti
Republik Dschibuti

Hauptstadt: Dschibuti
Staatsoberhaupt: Ismail Omar Guelleh
Politisches System: Präsidialrepublik
Bevölkerung: 0,9 Millionen
Uno-Entwicklungsindex: Rang 147
BIP pro Kopf: 2319 US-Dollar

Komoren
Union der Komoren

Hauptstadt: Moroni
Staatsoberhaupt: Ikililou Dhoinine
Politisches System: Föderale Republik
Bevölkerung: 0,7 Millionen
Uno-Entwicklungsindex: Rang 140
BIP pro Kopf: 1183 US-Dollar

Somalia
Republik Somalia

Hauptstadt: Mogadischu
Staatsoberhaupt: Sharif Scheich Ahmed
Politisches System: Somalia ist ein »gescheiterter Staat«, international anerkannt ist eine Übergangsregierung
Bevölkerung: 9,4 Millionen

Buchempfehlungen

Chalid al-Chamissi: Im Taxi. Unterwegs in Kairo. Lenos Verlag, Basel, 2011.
Der Regisseur, Schriftsteller und Politologe sammelte Witze, Alltagsszenen und Geschichten aus dem heutigen (allerdings vorrevolutionären) Ägypten in Gesprächen mit Taxifahrern.

Alexander Flores: Die arabische Welt. Ein kleines Sachlexikon. 2. Auflage, Reclam Verlag, Stuttgart, 2008.
In über 80 Einträgen, thematisch gegliedert, gibt der in Bremen Wirtschaftsarabistik lehrende Autor eine Handreichung zum Verständnis der arabischen Welt.

Ulrich Haarmann: Geschichte der arabischen Welt. 4. Auflage, Verlag C. H. Beck, München, 2001.
Das Standardwerk mit Beiträgen renommierter Islamwissenschaftler und Historiker.

Heinz Halm: Die Araber. Von der vorislamischen Zeit bis zur Gegenwart. 3. Auflage, Verlag C. H. Beck, München, 2010.
Der Tübinger Professor für Islamische Geschichte schildert kompakt und allgemeinverständlich Historie und Kultur der arabischen Welt.

Albert Hourani: Die Geschichte der arabischen Völker. Fischer Taschenbuch Verlag, Frankfurt am Main, 2001.
Der große libanesisch-britische Orientalist entfaltet in seinem Bestseller ein breites Spektrum der Historie aus 14 Jahrhunderten.

Tahar Ben Jelloun: Arabischer Frühling. Das Wiedererwachen der arabischen Würde. Berlin Verlag, Berlin; 2011.

Der marokkanische Schriftsteller erklärt, wie die Menschen in den arabischen Ländern den Wert bürgerlicher Freiheiten entdecken.

Bernard Lewis: Die Araber. Aufstieg und Niedergang eines Weltreichs. dtv, München, 2002.
Der britisch-amerikanische Doyen der Orientalistik, Jahrgang 1916, zeichnet nach, wie die islamische Zivilisation, die der Welt einst Spitzenleistungen brachte, in eine Position der Schwäche geriet.

Khalid Al-Maaly (Hg.): Die arabische Welt. Zwischen Tradition und Moderne. Palmyra Verlag, Heidelberg, 2004.
International renommierte Publizisten und Wissenschaftler analysieren politische, kulturelle, religiöse und soziale Gegenwartsfragen aus arabischer Sicht.

Frank Nordhausen, Thomas Schmid (Hg.): Die arabische Revolution. Demokratischer Aufbruch von Tunesien bis zum Golf. Ch. Links Verlag, Berlin, 2011.
Zehn ausgewiesene Kenner der jeweiligen Länder beschreiben Ursachen und Verlauf der Volkserhebungen und zeigen mögliche Perspektiven auf.

Alfred Schlicht: Die Araber und Europa. 2000 Jahre gemeinsamer Geschichte. Kohlhammer Verlag, Stuttgart, 2008.
Der Orientalist schildert die Geschichte einer Symbiose, zweier Welten, die sich aneinander reiben, aber auch gegenseitig bedingen.

Autorenverzeichnis

Dieter Bednarz ist Redakteur im Auslandsressort des SPIEGEL.

Dr. Erich Follath ist Diplomatischer Korrespondent des SPIEGEL.

Anne-Sophie Fröhlich ist Dokumentationsjournalistin beim SPIEGEL.

Annette Großbongardt ist stellvertretende Leiterin der Reihen SPIEGEL GESCHICHTE und SPIEGEL WISSEN.

Christoph Gunkel ist Autor bei SPIEGEL ONLINE.

Lutz Jäkel ist Islamwissenschaftler und Historiker und arbeitet als freier Autor.

Alexander Jung ist Redakteur im Wirtschaftsressort des SPIEGEL.

Uwe Klußmann ist Redakteur bei SPIEGEL GESCHICHTE und SPIEGEL WISSEN.

Juliane von Mittelstaedt ist SPIEGEL-Korrespondentin in Tel Aviv.

Joachim Mohr ist Redakteur bei SPIEGEL GESCHICHTE und SPIEGEL WISSEN.

Yassin Musharbash ist Redakteur bei SPIEGEL ONLINE.

Prof. Dr. Angelika Neuwirth lehrt Arabistik an der Freien Universität Berlin und erforscht unter anderem die Geschichte des Koran und die moderne Literatur der Levante.

Prof. Dr. Volker Perthes ist Politikwissenschaftler mit dem Spezialgebiet Naher und Mittlerer Osten und leitet die Stiftung Wissenschaft und Politik in Berlin.

Dietmar Pieper ist Leiter der Reihen SPIEGEL GESCHICHTE und SPIEGEL WISSEN.

Norbert F. Pötzl ist stellvertretender Leiter der Reihen SPIEGEL GESCHICHTE und SPIEGEL WISSEN.

Dr. Johannes Saltzwedel ist Redakteur bei SPIEGEL GESCHICHTE und SPIEGEL WISSEN.

Dr. Eva-Maria Schnurr ist Mitarbeiterin in der Redaktion von SPIEGEL GESCHICHTE und SPIEGEL WISSEN.

Tom Segev ist israelischer Historiker und Publizist.

Dr. Stefan Simons war SPIEGEL-Korrespondent in Paris.

Alexander Smoltczyk ist SPIEGEL-Korrespondent in Abu Dhabi.

Michael Sontheimer ist Autor beim SPIEGEL.

Daniel Steinvorth ist Redakteur im Auslandsressort des SPIEGEL.

Dr. Claudia Stodte ist Dokumentationsjournalistin beim SPIEGEL.

Dr. Rainer Traub ist Redakteur bei SPIEGEL GESCHICHTE und SPIEGEL WISSEN.

Volkhard Windfuhr ist SPIEGEL-Korrespondent in Kairo.

Bernhard Zand ist stellvertretender Leiter des Auslandsressorts des SPIEGEL.

Helene Zuber ist Redakteurin im Auslandsressort des SPIEGEL.

Dank

Möglich wurde dieser Band nur, weil viele kluge und sorgsame Kollegen die Autoren unterstützt haben. Die von Dr. Hauke Janssen geleitete SPIEGEL-Dokumentation prüfte alle Beiträge in ihren Details gewohnt sicher und umsichtig auf ihre sachliche Richtigkeit; beteiligt waren Jörg-Hinrich Ahrens, Johannes Erasmus, Cordelia Freiwald, Anne-Sophie Fröhlich, Carsten Hellberg, Bertolt Hunger, Renate Kemper-Gussek, Ulrich Klötzer, Dr. Walter Lehmann-Wiesner, Michael Lindner, Rainer Lübbert, Tobias Mulot, Margret Nitsche, Malte Nohrn, Thorsten Oltmer, Mirjam Schlossarek, Stefan Storz, Jil Sörensen, Heiko Paulsen, Dr. Claudia Stodte, Dr. Eckart Teichert, Nina Ulrich. Schnell und findig besorgten die Bibliothekare Johanna Bartikowski und Heiko Paulsen die Fachliteratur. Die informativen Grafiken erstellten Gernot Matzke, Cornelia Pfauter und Julia Saur, Thomas Hammer bereitete sie für dieses Buch auf. Claus-Dieter Schmidt besorgte die Bildauswahl, Britta Krüger kümmerte sich um die Bildrechte. In der Schlussredaktion hatten Lutz Diedrichs, Reimer Nagel und Tapio Sirkka einen scharfen Blick für letzte Korrekturen. Angelika Kummer und Petra Schwenke hielten im Sekretariat das Organisatorische zuverlässig in der Hand. Antje Wallasch beim SPIEGEL und Karen Guddas bei der DVA kümmerten sich mit großer Umsicht um das gesamte Buchprojekt, für die Herstellung war Brigitte Müller verantwortlich. Ihnen allen herzlichen Dank für die hervorragende Zusammenarbeit.

Annette Großbongardt, Norbert F. Pötzl

Personenregister

Die Geschichte des Islam – von den Zeiten Mohammeds bis heute

Vor 1400 Jahren betrat der Islam die Bühne der Weltgeschichte. Verkündet wurde die neue Religion von einem Mann, der sich als »Siegel der Propheten« verstand, und in erstaunlich kurzer Zeit eroberten die Gläubigen ein riesiges Reich. Gemeinsam mit renommierten Islamwissenschaftlern zeichnen SPIEGEL-Autoren die Geschichte des Islam nach und bieten so eine fundierte Einführung in Glauben, Wissenschaft und Kultur dieser Religion bis hin zu den heftigen Konflikten unserer Tage.

Dietmar Pieper | Rainer Traub (Hg.)
Der Islam
1400 Jahre Glaube, Krieg und Kultur
Ein SPIEGEL-Buch
288 Seiten mit Abbildungen
ISBN 978-3-421-04520-1

Die Staaten der Arabischen Liga

22 Mitglieder zählt die Arabische Liga, von Mauretanien im Westen Afrikas bis zum Oman im Südosten der Arabischen Halbinsel. Gemeinsam haben sie gut 360 Millionen Einwohner, fast ein Drittel weniger als die EU. Kleinstes Mitglied ist Bahrain mit einer Fläche von 665 Quadratkilometern, der Sudan war bis zu seiner Teilung am 9. Juli 2011 mit gut 2,5 Millionen Quadratkilometern der größte Staat Afrikas. Mit einem Bruttoinlandsprodukt von 91 379 US-Dollar pro Kopf steht Katar weltweit an erster Stelle; die Komoren dagegen gehören mit 1183 Dollar zu den ärmsten Ländern der Welt.

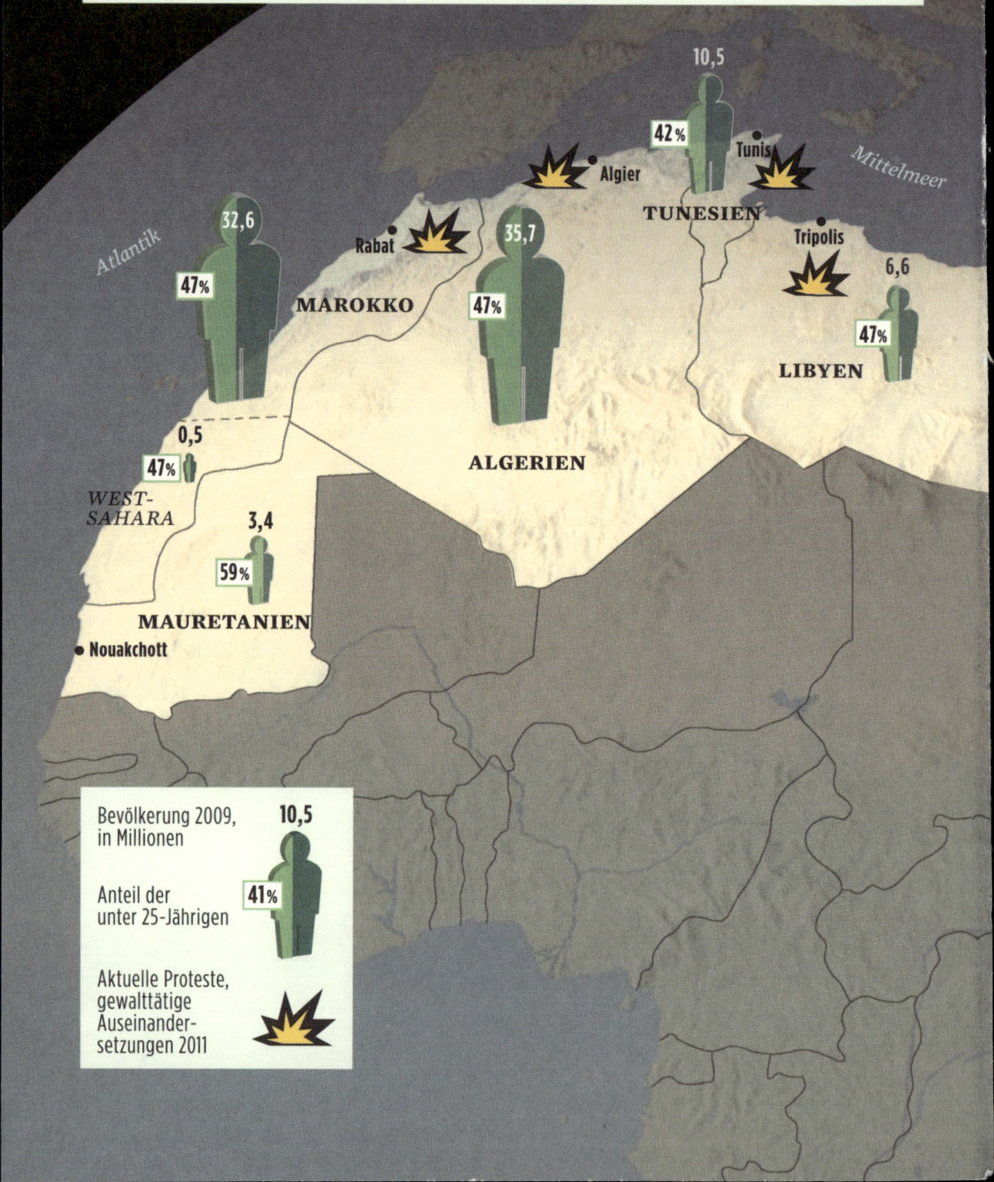